AF618189

Max-Emanuel Geis

Raumplanungsrecht

Für Architekten, Ingenieure, Juristen, Städteplaner

Die Deutsche Nationalbibliothek verzeichnet diese Publikation in der Deutschen Nationalbibliografie; detaillierte bibliografische Daten sind im Internet über http://dnb.d-nb.de abrufbar.

ISBN 978-3-8487-3457-3 (Print)
ISBN 978-3-8452-7798-1 (ePDF)

1. Auflage 2022

Vorwort

Das Recht der Raumordnung und Landesplanung ist im juristischen Studium eher ein „Orchideenfach“. Es findet allenfalls in den 2002 eingeführten Schwerpunktbereichen gem. § 5a Abs. 2 S. 4 des Deutschen Richtergesetzes Berücksichtigung, und dies beileibe nicht an allen juristischen Fakultäten. Da die Schwerpunktbereiche häufig die Forschungsschwerpunkte von Fakultäten (und den sie tragenden Fachvertretern) widerspiegeln, bedarf es in der Regel eine Einbettung in einen im besonderen Verwaltungsrecht angesiedelten Schwerpunktbereichs. Dabei wird das Planungsrecht häufig mit dem Umweltrecht verbunden oder an das Bauplanungsrecht „angehängt“, so z.B. in Bielefeld, Bonn, Frankfurt/Main, Halle, Hamburg, Heidelberg, Konstanz, Leipzig, Münster, Rostock, eingeschränkt auch in Bochum und Trier. Eigenständige Vorlesung ist es meist (nur) im Wahlpflichtbereich (etwa in Erlangen oder Frankfurt/Oder). Dementsprechend überschaubar ist auch die vorhandene Lehrbuchliteratur, da sie infolge der relativ geringen Studierendenzahl für Verlage nur mäßig interessant sind. Meist handelt es sich um eine Darstellung in einem Sammelband oder eine Verbindung mit dem Baurecht. Infolgedessen ist auch die Aktualität nicht immer ganz gewährleistet.

Einen z.T. höheren Verbreitungsgrad hat das Planungsrecht bemerkenswerterweise in nicht-juristischen Studiengängen wie Geographie, Kulturgeographie, Geodäsie, Geoinformatik, Landespflege und Landschaftsentwicklung (z.B. in Kassel), Architektur, Stadtplanung und Städtebau, meist sogar als grundständiges Pflichtfach. Die hier angebotene Lehrbuchliteratur ist erst recht begrenzt und wird meist mit Skripten abgedeckt.

Das vorliegende Lehrbuch ist ein Versuch, die bestehenden Desiderate durch eine kompakte Darstellung abzudecken, die trotz der manchmal „typisch juristischen“ Begriffe für Studierende aller Disziplinen verständlich bleibt. Zahlreiche Beispiele und Merksätze sollen den Text einprägsamer machen. Bei den Nachweisen wurde versucht, dem Spagat zwischen wissenschaftlicher Genauigkeit und bibliothekarischer Verfügbarkeit gerecht zu werden. Das Buch ist insoweit selbst ein Experiment, das sicher pro futuro noch optimierbar ist. Für Anmerkungen und Verbesserungsvorschläge sind wir daher sehr dankbar, über Lob freuen wir uns aber auch.

Das Lehrbuch beruht auf meiner seit 2003 an der Friedrich-Alexander-Universität gehaltenen Vorlesung zur Raumordnung und Landesplanung. Seine Geburt war langwierig und immer wieder unterbrochen, am Ende nicht zuletzt durch die Auswirkungen der Corona-Pandemie. Eine leichte „Bayernlastigkeit“ ergibt sich vor allem aus dem Umstand, dass Bayern das bislang einzige Abweichungsgesetz erlassen hat.

Besonders danken möchte ich meiner Sekretärin Frau Ingrid Mümmler für die editorische Betreuung des Manuskripts und der vielen Grafiken sowie dem z.T. nervenzehrenden Kampf mit versteckten Makros. Gleicher Dank gilt aber auch meinen Mitarbeiterinnen und Mitarbeitern Dipl. jur. Laura Wanek (mittlerweile längst Ass. jur.), Dipl. jur. Yvonne Baumgärtner, Ass. jur. Dipl. jur. Markus Held, Dipl. jur. Kevin Frank und cand. jur. Yasmin Demirhan, die zu unterschiedlichen Zeiten – aber stets mit weit überobligationsmäßigem Einsatz – an der Textwerdung beteiligt waren. Insgesamt ist das Buch Ertrag einer tollen Teamleistung.

Erlangen, im Februar 2022 *Max-Emanuel Geis*

Inhaltsverzeichnis

Literaturverzeichnis 13

Abkürzungsverzeichnis 21

§ 1 Einführung 25
I. Was ist Raumplanung? 25
1. Definition der Raumplanung 25
2. Aufgabe und Leitvorstellung der Raumordnung: Nachhaltige Raumentwicklung 26
3. Funktionen der Raumordnung; insb. das „Gegenstromprinzip" 29
4. Umweltverträglichkeit als integrativer Bestandteil der Raumordnung 31
II. Die europäische Dimension 32
1. Von Bananen und Sternen 32
a) Die „Bananen" 32
b) Der „Blaue Stern" 35
2. Europäische Infrastruktur an zwei Beispielen 37
a) Die Alpentransversalen 37
b) Energieversorgung und -wende 44
3. Europäische Agenden 45
a) EUREK 45
b) Die Zehnjahresprogramme 45
c) INTERREG-Programme, Territoriale Agenda der Europäischen Union (TAEU) 46
d) Die Leipzig Charta (LC) 47
III. Planung als verwaltungsrechtliche Handlungsform 48
1. Konditionalnormen und Finalnormen 48
2. Grundsatz der Konfliktbewältigung 49

§ 2 Eine kurze Geschichte der Raumordnung in Deutschland 52
I. Erste Ansätze einer „Raumordnung" 52
II. Raumplanung im 19. Jahrhundert 52
III. Raumplanung im frühen 20. Jahrhundert 53
IV. Raumordnung im Nationalsozialismus 54
V. Raumplanung in der Nachkriegszeit 55
VI. Das Raumordnungsgesetz (ROG) als Kind der „Planungseuphorie" 57
VII. Raumplanung nach der Wiedervereinigung 58
VIII. Raumplanung nach der Föderalismusreform 60

§ 3 Akteure der Raumordnung und Landesplanung 62
I. Allgemeines 62
II. Organisation auf Bundesebene 63
1. Zuständiges Ministerium 63

2. Bundesamt für Bauwesen und Raumordnung (BBR) 63
3. Weitere mit Themen der Raumordnung befasste Bundesoberbehörden 64
4. Private/Privatisierte Träger (§ 4 Abs. 1 S. 2 ROG) 64
5. Beirat für Raumentwicklung (§ 23 ROG) 65
6. Ministerkonferenz für Raumordnung (MKRO) 65
III. Organisation auf Landesebene 68
1. Baden-Württemberg 68
2. Bayern 69
3. Berlin/Brandenburg 69
4. Bremen/Niedersachsen 70
5. Hamburg/Schleswig-Holstein/Metropolregion Hamburg 71
6. Hessen 71
7. Mecklenburg-Vorpommern 72
8. Nordrhein-Westfalen 72
9. Rheinland-Pfalz 72
10. Saarland 73
11. Sachsen 73
12. Sachsen-Anhalt 73
13. Thüringen 73
IV. Forschungsinstitutionen 73
1. Inländische Forschungseinrichtungen 73
2. Ausländische Forschungseinrichtungen, ESPON 74

§ 4 Rechtsgrundlagen der Raumordnung 76
I. Das Raumordnungsgesetz von 1965 76
II. Raumordnung auf Bundesebene 77
1. Bundesraumordnungspläne (§ 17 ROG) 77
2. Raumordnungspläne für die ausschließliche Außenwirtschaftszone (AWZ) 78
3. Raumordnungspläne für länderübergreifende Standortkonzepte 85
4. Raumordnungspläne für die räumliche Entwicklung des Bundesgebietes 85
III. Raumordnung auf Landesebene (Landesplanung) 86
1. Die Landesplanungsgesetze 86
2. Landesentwicklungsprogramme/-pläne 86
3. Exemplarisch: Der „Alpenplan“ 87
4. Umweltprüfung und -bericht 90
IV. Raumordnung auf regionaler Ebene (Regionalplanung) 91
1. Regionen und Regionalpläne 91
2. Der regionale Flächennutzungsplan 93
3. Der sachliche Teilflächennutzungsplan 94
V. Influenzierende Planung 95

§ 5 Instrumente der Raumordnung 96
I. Erfordernisse der Raumordnung 96
1. Ziele der Raumordnung 96
2. Grundsätze der Raumordnung (§ 2 ROG) 98
3. Sonstige Erfordernisse der Raumordnung 99
II. Festlegungen zur Raumstruktur 100
1. Das System der zentralen Orte 100
a) Genese 100
b) Umsetzung im deutschen Recht 102
c) Kritik 104
2. Gebietstypen 105
a) Vorranggebiete 105
aa) Innergebietliche Ausschlussfunktion 105
bb) Zielcharakter 106
cc) Keine außergebietliche Ausschlusswirkung 107
dd) Praxisbeispiel: Syrgenstein 107
b) Vorbehaltsgebiete 108
aa) Allgemeines 108
bb) Einordnung als Ziel oder Grundsatz der Raumordnung 108
cc) Vergleich mit Vorranggebieten 109
dd) Praxisbeispiel: Friedberg 110
c) Eignungsgebiete 110
d) Eignungsgebiete für den Meeresbereich (§ 7 Abs. 3 S. 2 Nr. 4 ROG) 112
e) Ausschlussgebiete 112
aa) Allgemeines 112
bb) Zielcharakter 113
cc) Praxisbeispiel: Nördlinger Ries 114
f) „Weiße Flächen“ 114
g) „Verhinderungsplanung“ 115
h) Weitere Festsetzungen 117
aa) Ballungsräume 118
bb) Verdichtete Räume 119
cc) Ländliche Räume 120
dd) Strukturschwache Räume 120

§ 6 Verfahren der Raumplanung 122
I. Verfahrensprinzipien der Raumordnung 122
1. Das Gegenstromprinzip (§ 1 Abs. 3 ROG; Art. 1 Abs. 3 BayLplG) 122
a) Allgemeines 122
b) Gesamtraum und Teilräume 123
c) Das „Sich-Einfügen“ 124
d) Verfahrensrechtliche und materiellrechtliche Bedeutung 125
2. Das Beteiligungsgebot (§ 9 ROG; Art. 16 BayLplG) 127
3. Das Zusammenarbeits- bzw. Abstimmungsgebot (§ 14 ROG) 128
4. Das Abwägungsgebot (§ 7 Abs. 2 ROG; Art. 17 BayLplG) 130
a) Grundlinien der Abwägungsdogmatik 130
b) Raumordnerische Abwägung 131

c) Berücksichtigungen 133
d) Grundsatz der Planerhaltung (§ 11 Abs. 1 ROG; Art. 23 BayLplG) 133
5. Bindungswirkung (§ 4 ROG; Art. 3 Abs. 1 BayLplG) 134
a) Ziele der Raumordnung 135
b) Abgrenzung Ziele – Grundsätze der Raumordnung 138
c) Beschränkung der Bindungswirkung gem. § 5 ROG 138
d) Ausnahmen, § 6 Abs. 1 ROG 139
e) Zielabweichungsverfahren 139
6. „Verknüpfungsnormen“ in anderen Gesetzen – sog. Raumordnungsklauseln 139
a) § 1 Abs. 4 BauGB (kommunale Bauleitplanung) 140
b) § 16 Abs. 2, § 17 S. 2 BFStrG: Planung von Bundesfernstraßen 142
c) Straßenplanung auf Landesebene (z. B. Art. 35 Abs. 2 BayStrWG) 142
d) § 10 Abs. 1 S. 2, Abs. 3 BNatSchG: Landschaftsplanung 144
e) § 50 BImSchG: Immissionsschutz; Erhaltung der bestmöglichen Luftqualität 144
f) § 15 Abs. 2 S. 2 Nr. 5 KrWG, § 30 Abs. 5 KrWG: Abfallbeseitigung und -wirtschaftsplanung 145
g) Art. 28 BayEUG: Errichtung und Betrieb von Schulen 146
II. Bindung der kommunalen Ebene 147
1. Vorrang von Fachplanungen (§ 38 BauGB) 147
a) Privilegierte Fachplanung und Bauleitplanung 147
b) Fachplanung und Raumordnung 149
2. Bindung der kommunalen Bauleitplanung 150
a) Das Anpassungsgebot in der Bauleitplanung (§ 1 Abs. 4 BauGB) 150
b) Anpassungspflicht bei Änderung und Aufhebung von Plänen 151
c) Anpassungspflicht und -gebot bei bestehenden Plänen 151
d) Erstplanungspflicht der Gemeinden nach § 1 Abs. 3 BauGB? 153
e) Voraussetzungen der Planungspflicht 154
f) Durchsetzung der Anpassungspflicht im Aufsichtsweg 157
III. Bindungswirkung für Private (z.B. Grundstückseigentümer) 158
1. Keine unmittelbare Rechtswirkung der Ziele und Grundsätze der Raumordnung 158
2. Keine Einwirkung auf konkrete Genehmigungsverfahren 159
3. Relevanz für § 34 und § 35 BauBG (insb. für „Konzentrationszonen“ im Außenbereich nach Abs. 3 S. 3 BauGB) 159
IV. Abstimmung, Ausnahmen, Abweichungen 160
1. Abstimmung mit Planungen anderer Länder 160
2. Bindungswirkung für Bundesbehörden (§ 5 ROG iVm Art. 3 Abs. 3 BayLplG) 161
3. Ausnahmen von den Zielen der Raumordnung (§ 6 Abs. 1 ROG; nicht in Bayern!) 163

4. Zielabweichung und Zielabweichungsverfahren (§§ 6, 19 ROG, Art. 4 BayLplG) 164

§ 7 Sicherung der Raumordnung 165
I. Raumordnungsverfahren (§ 15 ROG; Art. 24 ff. BayLplG) 165
1. Funktion und Bedeutung 165
2. Verfahren und Ergebnis 166
a) Raumordnungsverfahren 166
b) Ergebnis des Raumordnungsverfahrens 168
3. Vereinfachtes Raumordnungsverfahren, § 16 Abs. 1 ROG 170
a) § 16 Abs. 1 ROG 170
b) Art. 24 BayLplG 171
II. Untersagung raumordnungswidriger Planungen und Maßnahmen (§ 12 ROG) 171
1. Unbefristete Untersagung, § 12 Abs. 1 ROG 171
2. Befristete Untersagung, § 12 Abs. 2 ROG 173
3. Teilweise Untersagung 175
4. Rechtsnatur und Zuständigkeit 175
III. Weitere Instrumente staatlicher Kontrolle 178
1. Mitteilungs- und Auskunftspflichten 178
2. Raumbeobachtung (Monitoring) 178
3. Aufsicht über regionale Planungsverbände 178
4. Kommunalaufsicht 178
5. Unterrichtung des Landtags 179

§ 8 Rechtsschutz 180
I. Allgemeines 180
1. Verfassungsrechtlicher Rahmen 180
2. Raumordnung als „Binnenrecht“ 180
II. Mögliche Beteiligte 181
1. Bund und Länder 181
2. Planungsverbände 181
3. Gemeinden 182
4. Sonstige Planungsträger 183
5. Bürger 183
III. Streitgegenstand und Statthaftigkeit verwaltungsgerichtlicher Klagen 183
1. Ziele und Grundsätze der Raumordnung 184
2. Ergebnisse eines Raumordnungsverfahrens 185
3. Untersagung raumordnungswidriger Maßnahmen 185
4. Normerlassklagen? 186
5. Klagen auf Beteiligung am Planungsverfahren? 186
IV. Klage- bzw. Antragsbefugnis 186
1. Allgemeines 186
2. Antragsbefugnis natürlicher oder juristischer Personen 187
3. Antragsbefugnis der Behörden 188

4. Klagebefugnis bei Klage gegen die raumordnerische Untersagung 188

V. Begründetheit 189

1. Formelle Rechtmäßigkeit: Zuständigkeit und Verfahren 189

2. Materielle Rechtmäßigkeit 190

a) Übereinstimmung mit höherrangiger Planung 190

b) Beachtung des Abwägungsgebots; die Abwägungsfehlerlehre 190

aa) Formelle Abwägungsfehler 191

bb) Materielle Abwägungsfehler 191

c) Rücksichtnahmegebot 193

d) Systemgerechtigkeit 193

VI. Inzidente Kontrolle 194

Stichwortverzeichnis 195

Literaturverzeichnis

Hinweis: Literatur vor der Föderalismusreform I (2006) wurde nur in Einzelfällen aufgenommen.

Abelshauser, Werner/Köllmann, Wolfgang (Hrsg.), Das Ruhrgebiet im Industriezeitalter, Geschichte und Entwicklung, Düsseldorf 1990.

Albers, Sönke/Klapper, Daniel/Konradt, Udo u.a. (Hrsg.), Methodik der empirischen Forschung, 3. Aufl., Wiesbaden 2009.

Albrecht, Juliane/Janssen, Gerold/Schumacher, Anke u.a, (Hrsg.) Raumordnungsgesetz, Kommentar, 2. Aufl., Wiesbaden 2017.

Bachof, Otto/Brohm, Winfried, Die Dogmatik des Verwaltungsrechts vor den Gegenwartsaufgaben der Verwaltung, in: VVDStRL (30) 1972, S. 193 ff., 245 ff.

Battis, Ulrich, Öffentliches Baurecht und Raumordnungsrecht, 7. Aufl., Stuttgart 2017.

Battis, Ulrich/Kersten, Jens, Die Raumordnung nach der Föderalismusreform, DVBl. 2007, 152–159.

Battis, Ulrich/Kersten, Jens, Europäische Raumentwicklung, EuR 2009, 3–23.

Battis, Ulrich/Mitschang, Stephan/Reidt, Olaf (Hrsg.), Baugesetzbuch, Kommentar, 14. Aufl., München 2019.

Battis, Ulrich/Söfker, Wilhelm/Stüer, Bernhard (Hrsg.), Nachhaltige Stadt- und Raumentwicklung, Festschrift für Michael Krautzberger zum 65. Geburtstag, München 2008.

Bielenberg, Walter/Erbguth, Wilfried/Söfker, Walter, Raumordnungs- und Landesplanungsrecht des Bundes und der Länder, Bielefeld 1979, Stand 2019 (LBl.).

Blotevogel, Hans Heinrich, Zentrale Orte: Zur Karriere und Krise eines Konzepts in Geographie und Raumplanung (Central Places: The Rise and Crisis of a Concept in Geography and Spatial Planning), Erdkunde 50 (1996), 9–25.

Blotevogel, Hans Heinrich/Döring, Thomas/Grotefels, Susan u.a., Handwörterbuch der Stadt- und Raumentwicklung, Hannover 2018.

Borchard, Klaus (Hrsg.), Grundriss der Raumordnung und Raumentwicklung, Bd.-Nr. GW 54, Hannover 2011.

Bracher, Christian-Dietrich/Reidt, Olaf /Schiller, Gernot (Hrsg.), Bauplanungsrecht, 8. Aufl., Köln 2014.

Bramke, Werner (Hrsg.), Region und Regionalität in der Sozialgeschichte des 20. Jahrhunderts, Bd. 5,4 – Comparativ, Leipzig 1995.

Brenner, Michael, Öffentliches Baurecht, Start ins Rechtsgebiet, 5. Aufl., Heidelberg, 2020.

Brinktrine, Ralf/Fetzer, Thomas/Fischer, Kristian u.a., Besonderes Verwaltungsrecht, Jurathek Studium, 9. Aufl., Heidelberg 2018.

Brohm, Winfried, Öffentliches Baurecht, Bauplanungs-, Bauordnungs- und Raumordnungsrecht, Grundrisse des Rechts, 3. Aufl., München 2002.

Brügelmann, Hermann/Bank, Wilfried J., Baugesetzbuch, Kommentar, Beck-Online Bücher, 92. Aufl., Stuttgart 2014.

Bull, Hans Peter/Mehde, Veith, Allgemeines Verwaltungsrecht mit Verwaltungslehre, 9. Aufl., Heidelberg 2015.

Cholewa, Werner/Dyong, Hartmut/von der Heide, Hans-Jürgen (Hrsg.), Raumordnung in Bund und Ländern, Kommentar, 3. Aufl., Stuttgart 1981, Stand Februar 2019.

Demps, Laurenz/Materna, Ingo, Geschichte Berlins von den Anfängen bis 1945, Berlin 1987.

Detterbeck, Steffen, Allgemeines Verwaltungsrecht. Mit Verwaltungsprozessrecht, (Lernbücher Jura), 18. Aufl., München 2020.

Dirnberger, Franz, Windkraftanlagen in der Bayerischen Kommune, Planung, Errichtung, Betrieb einer Windkraftanlage – aktive Steuerung und Gestaltungsmöglichkeiten mit dem neuen Windkrafterlass 2012, Schnelleinstieg, Heidelberg 2012.

Dolderer, Michael, Das neue Raumordnungsgesetz (ROG 1998), NVwZ 1998, 345–350.

Dürig, Günter/Herzog, Roman (Hrsg.), Grundgesetz, Kommentar, München Stand 2021 (LBl.) (zuvor Maunz/Dürig).

Ehlers, Dirk/Fehling, Michael/Pünder, Hermann (Hrsg.), Besonderes Verwaltungsrecht, Bd. 1, 4. Aufl., Heidelberg 2018 (zit.: BVwR)

Ehlers, Dirk/Fehling, Michael/Pünder, Hermann ua (Hrsg.), Besonderes Verwaltungsrecht. Planungs-, Bau- und Straßenrecht, Umweltrecht, Gesundheitsrecht, Medien- und Informationsrecht, Bd. 2, 4. Aufl., Heidelberg 2020 (zit.: BVwR).

Erbguth, Wilfried, Beschleunigung von Infrastrukturplanungen versus private oder staatliche Mediation – Warum wird das Raumordnungsverfahren übersehen?, NVwZ 1992, 551–552.

Erbguth, Wilfried, Rechtliche Grundlagen für Raumordnungsverfahren in den neuen Bundesländern, LKV 1993, 145–151.

Erbguth, Wilfried, Planungsrecht in der gerichtlichen Kontrolle, Kolloquium zum Gedenken an Werner Hoppe, Berlin 2012.

Erbguth, Wilfried/Schubert, Matthias, Öffentliches Baurecht, 6. Aufl., Berlin 2014.

Erhard, Ludwig/Langer, Wolfram, Wohlstand für alle, Köln 2009.

Errnst, Werner/Zinkahn, Willy/Bielenberg Walter/Krautzberger, Michael (Hrsg.) Baugesetzbuch, Kommentar, München, Stand 2021.

Eyermann, Erich/Fröhler, Ludwig/Geiger, Harald u.a, Verwaltungsgerichtsordnung, Kommentar, 15. Aufl., München 2019.

Geis, Max-Emanuel, Kommunalrecht (Juristische Kurz-Lehrbücher), 5. Aufl., München 2020.

Geis, Max-Emanuel/Umbach, Dieter C. (Hrsg.), Planung – Steuerung – Kontrolle, Festschrift für Richard Bartlsperger zum 70. Geburtstag, Berlin 2015.

Giesberts, Ludger/Reinhardt, Michael (Hrsg.), Umweltrecht.: Kommentar, 2. Aufl., München 2018.

Giesberts, Ludger/Reinhardt, Michael (Hrsg.), BeckOK UmweltR, München 2020.

Goppel, Konrad, Zur Wirksamkeit raumordnerischer Zielfestlegungen zur Nutzung der Windenergie, BayVBl 2002, 737–739.

Goppel, Konrad, Zum Entwurf des Bayerischen Landesplanungsgesetzes 2011, BayVBl 2012, 225–230.

Grimm, Hans, Volk ohne Raum, München 1926.

Grüner, Johannes Grüner/Kment, Martin, Ausnahmen von Zielen der Raumordnung, UPR 2009, 93–99.

Hartmann, Wolf D./Maennig, Wolfgang/Wang, Run, Chinas neue Seidenstraße, Kooperation statt Isolation – der Rollentausch im Welthandel, 2. Aufl., Frankfurt a.M. 2018.

Haselmann, Cosima, Zur bauplanungsrechtlichen Ausschlusswirkung der raumordnerischen Gebietsarten, ZfBR 2014, 529–534.

Haug, Volker, Öffentliches Recht im Überblick, Staats- und Verwaltungsrecht für Bachelor und Staatsexamen, Jura auf den Punkt gebracht, 2. Aufl., Heidelberg 2017.

Hausmann, Frank-Rutger, "Deutsche Geisteswissenschaft" im Zweiten Weltkrieg, Die "Aktion Ritterbusch" (1940 – 1945), Bd. 12 – Studien zur Wissenschafts- und Universitätsgeschichte, 3. Aufl., Heidelberg 2007.

Heemeyer, Carsten, Zur Abgrenzung von Zielen und Grundsätzen der Raumordnung, UPR 2007, 10–16.

Hendler, Reinhard, Raumordnungsziele und Eigentumsgrundrecht, DVBl 2001, 1233–1242.

Henning, Friedrich-Wilhelm, Deutsche Wirtschafts- und Sozialgeschichte im 19. Jahrhundert, in: Schöningh Paderborn (Hrsg.) Handbuch der Wirtschafts- und Sozialgeschichte Deutschlands. Bd. 2, 1996 (zit.: HWSGD)

Heß, Ulrich, Landes- und Raumforschung in der Zeit des Nationalsozialismus. Die Leipziger Hochschularbeitsgemeinschaften für Raumforschung (1936–1945/46), S. 57, in: *Bramke, Werner* (Hrsg.), Region und Regionalität in der Sozialgeschichte des 20. Jahrhunderts, Leipzig 1995.

Hoffmann-Riem, Wolfgang/Schmidt-Aßmann, Eberhard/Voßkuhle, Andreas (Hrsg.), Grundlagen des Verwaltungsrechts, 2. Aufl., München 2012.

Höhnberg, Ulrich, Rechtsschutz gegenüber Maßnahmen der Landesplanung, BayVBl 1982, 722–726.

Hopp, Wolfgang, Rechts- und Vollzugsfragen des Raumordnungsverfahrens, Eine Untersuchung zu den bundesrechtlichen Vorgaben zum Raumordnungsverfahren, zu ihrer Umsetzung im nordrhein-westfälischen und brandenburgischen Landesplanungsrecht und zur Verwaltungspraxis, Münster 1999.

Hoppe, Werner/Beckmann, Martin, Planfeststellung und Plangenehmigung im Abfallrecht: Vorschläge zur Erleichterung des abfallrechtlichen Zulassungsverfahrens; Rechtsgutachten; Forschungsbericht 103 03 313, Texte / Umweltbundesamt, 1990.

Hoppe, Werner, „Ziele der Raumordnung und Landesplanung“ und „Grundsätze der Raumordnung und Landesplanung“ in normtheoretischer Sicht, DVBl 1993, 681–687.

Hoppe, Werner, Ziele der Raumordnung (§ 3 Nr. 2 ROG 1998) in soll-Formulierungen als durchgängiges Prinzip der Raumordnung in Bayern – Anmerkungen zu dem Fachziel Einzelhandelsgroßprojekt/FOC im Entwurf zur Änderung des Landesentwicklungsprogramms Bayern, BayVBl 2002, 129–135.

Hoppe, Werner, Nachhaltige Raumentwicklung und gelungene Neufassung des Abwägungsgebots im Regierungsentwurf zur Novellierung des Raumordnungsgesetzes, NVwZ 2008, 936–938.

Hoppe, Werner/Bönker, Christian/Grotefels, Susan u.a, Öffentliches Baurecht, Raumordnungsrecht, Städtebaurecht, Bauordnungsrecht, 5. Aufl., München 2021.

Hoppenberg, Michael/de Witt, Siegfried, Handbuch des öffentlichen Baurechts, Sonderdruck: Vergnügungsstätten des Baurechts, München 2014.

Ipsen, Jörn, Allgemeines Verwaltungsrecht, 11. Aufl., München 2019.

Jarass, Hans D., Bundes-Immissionsschutzgesetz, Kommentar, unter Berücksichtigung der Bundes-Immissionsschutzverordnungen, der TA Luft sowie der TA Lärm, 13. Aufl., München 2020.

Jarass, Hans D./Petersen, Frank/Attendorn, Thorsten (Hrsg.), Kreislaufwirtschaftsgesetz, Kommentar, München 2014.

Jarass, Hans D./Schnittker, Daniel/Milstein, Alexander, Schwerpunktbereich – Einführung in das Raumordnungs- und Landesplanungsrecht, JuS 2011, 215–221.

Klamroth, Hans-Burkhard, Organisation und rechtliche Grundlagen der Landesplanung in der Bundesrepublik Deutschland und in Berlin, H. 16 – Mitteilungen aus dem Institut für Raumforschung, 2. Aufl., Bad Godesberg 1954.

Kluczka, Georg, Zum Problem der zentralen Orte und ihrer Bereiche, Wissenschaftsgeschichtliche Entwicklung in Deutschland und Forschungsstand in Westfalen, Bd. 16 – Spieker, Münster 1967.

Kluczka, Georg, Zentrale Orte und zentralörtliche Bereiche mittlerer und höherer Stufe in der Bundesrepublik Deutschland, Bericht z. Gemeinschaftsarbeit d. Zentralausschusses f. Dt. Landeskunde (Forschungen zur deutschen Landeskunde Bd. 194, Bonn- Bad Godesberg 1970.

Kment, Martin, Das Abwägungsgebot des § 7 Abs 7 S 2 ROG, ZfBR 2003, 480–481.

Kment, Martin, Raumordnungsgebiete in der deutschen ausschließlichen Wirtschaftszone, Ein Plädoyer für eine Novelle nach der Novelle, Die Verwaltung 2007, 53–74.

Kment, Martin, Das Raumordnungsverfahren – Befristung und Fristverlängerung, NVwZ 2010, 542–545.

Kment, Martin et.al., Bauplanungsrecht, Band 107 – JuS-Schriftenreihe, 7. Aufl., München 2017.

Kment, Martin (Hrsg.), Raumordnungsgesetz. Mit Landesplanungsrecht, NOMOS-Kommentar, Baden-Baden 2019.

Kment, Martin/Grüner, Johannes, Ausnahmen von Zielen der Raumordnung, UPR 2009, 93–99.

Koch, Hans-Joachim/Hendler, Baurecht, Raumordnungs- und Landesplanungsrecht, 6. Aufl., Stuttgart u.a. 2015.

König, Helmut/Dürr, Hansjochen, Baurecht Bayern, Kompendien für Studium, Praxis und Fortbildung, 5. Aufl., Baden-Baden 2015.

Kratzenberg, Rüdiger, Die Novelle zum Raumordnungsgesetz, NVwZ 1989, 1129–1132.

Kupke, Dana, Eilrechtsschutz gegen die Untersagung eines Bauvorhabens aus landesplanerischen Gründen, ZNER 2004, 377–378.

Lacher, Norbert, Die Neue Seidenstraße – Geopolitik und Macht, Geopolitisch/geostrategische Bruchlinie des 21. Jahrhunderts, Saarbrücken 2016.

Landmann, Robert von/Hansmann, Klaus/Rohmer, Gustav u.a, Umweltrecht, Kommentar, 79. Aufl., München 2016.

Lange, Karl, Der Terminus "Lebensraum" in Hitlers "Mein Kampf" Vierteljahreshefte für Zeitgeschichte, 13 1965, 426 (abrufbar unter https://www.ifz-muenchen.de/heftarchiv/1965_4_4_lange.pdf) (Stand: 4.12.2020).

Lange, Norbert de/*Nipper, Josef*, Quantitative Methodik in der Geographie, Bd. 4933 – Grundriss Allgemeine Geographie, Paderborn 2018.

Lautner, Gerd, Die Untersagung raumordnungswidriger Planungen und Maßnahmen insbesondere in Hessen, VR 1987, 336–343.

Leendertz, Ariane, Ordnung schaffen, Deutsche Raumplanung im 20. Jahrhundert, Göttingen 2008 (zugl.: Tübingen, Univ. Diss., 2006).

Luhmann, Niklas, Legitimation durch Verfahren (1969), 9. Aufl., Frankfurt a.M. 2013.

Martens, Wolfgang/Häberle, Peter (Hrsg.), Grundrechte im Leistungsstaat, Die Dogmatik des Verwaltungsrechts vor den Gegenwartsaufgaben der Verwaltung, VVDStRL 30 (1972), Berlin/New York 1972.

Martini, Mario/Finkenzeller, Xaver, Die Abwägungsfehlerlehre, JuS 2012, 126–131.

Nafziger, Rolf, Wirtschaftlichkeitsanalysen für Ballungsraumfernsehen, Modelltheoretische Untersuchungen aus Sicht potenzieller Investoren, Wiesbaden 1997.

Naisbitt, Doris/Naisbitt, John/Brahm, Laurence J., Im Sog der Seidenstraße, Chinas Weg in eine neue Weltwirtschaft, Stuttgart 2019.

Numberger, Ulrich/Kraus, Matthias (Hrsg.), Raumordnung und Landesplanung in Bayern, Kommentar und Vorschriftensammlung, München Stand 2017 (LBl.)

Ossenbühl, Fritz, Eine Fehlerlehre für untergesetzliche Normen, NJW 1986, 2805–2812.

Posser, Herbert/Wolff, Heinrich Amadeus/Berlit, Uwe (Hrsg.), VwGO, BeckOK, 2. Aufl., München 2014.

Potschies, Tanja, Raumplanung, Fachplanung und kommunale Planung, Schriften zum Infrastrukturrecht 13, Tübingen 2017.

Rabe, Klaus/Pauli, Felix/Wenzel, Gerhard, Bau- und Planungsrecht, Raumordnungs- und Landesplanungsrecht, 7. Aufl., 2014.

Rüthers, Bernd/Fischer, Christian/Birk, Axel, Rechtstheorie (Grundrisse des Rechts), 10. Aufl., München 2018.

Scheidler, Alfred, Rechtsfragen im Zusammenhang mit der Errichtung von Windkraftanlagen, BayVBl 2011, 161–171.

Schenke, Wolf-Rüdiger/Hug, Christian/Ruthig, Josef (Hrsg.), Verwaltungsgerichtsordnung, Kommentar, 26. Aufl., 2020.

Schiefenhövel, Philipp/Leuthold, Frieder/Simon, Olaf, Die Brexbachtalbrücke am Rand der Montabaurer Höhe im Westerwaldkreis, - ein überregional bedeutsame Verbundachse für Wildtiere in Rheinland-Pfalz dargestellt am Beispiel der Wildkatze (*Felix silvestris silvestris*), Fauna und Flora in Rheinland-Pfalz Heft 13/2 (2016), S. 577–596.

Schink, Alexander, Verhältnis der Planfeststellung zur Raumordnung, DÖV 2011, 905–914.

Schink, Alexander, Vorranggebiete für die Windenergienutzung in Regionalplänen, ZfBR 2015, 232–240.

Schink, Alexander/Versteyl, Andreas (Hrsg.) Kommentar zum Kreislaufwirtschaftsgesetz, 2. Aufl., Berlin 2016.

Schoch, Friedrich/Schneider, Jens-Peter/Bier, Wolfgang (Hrsg.), Verwaltungsgerichtsordnung, Kommentar, München Stand 2021 (LBl.).

Schmitz, Holger/Jornitz, Philipp, Die Tücken der Abweichungsgesetzgebung – Dargestellt am Beispiel des neuen Bayerischen Landesplanungsgesetzes, DVBl 2013, 741–746.

Schnur, Katrin/Nauheim-Skrobek, Ulrike, Baurechtliche Fragestellungen im Zusammenhang mit der Genehmigung von Windenergieanlagen, DVP 2014, 223–229.

Schoen, Hendrik, Untersagung in der Raumordnung. Akademie für Raumforschung und Landesplanung, Handwörterbuch der Stadt- und Raumentwicklung, Hannover 2018.

Schreiber, Robert, Das neue Bayerische Landesplanungsgesetz – der Auftakt zur Reform der bayerischen Landesplanung, BayVBl 2012, 741–746.

Schrödter, Wolfgang, Auswirkungen von windkraftbezogenen Zielen der Raumordnung auf Bauleitpläne unter besonderer Berücksichtigung von Haftungs- und Entschädigungsfragen, ZfBR 2013, 535–546.

Sieder, Frank/Zeitler, Herbert/Wiget, Max, (Hrsg.), Bayerisches Straßen- und Wegegesetz, Kommentar, München 2015.

Sieder, Rike, Urbane (Un-)ordnung. Zur Konvergenz der baurechtlichen Gebietstypen in der Smart City, in: Die Verwaltung 54 (2021), S. 1237-187

Sodan, Helge/Ziekow, Jan (Hrsg.), Verwaltungsgerichtsordnung, Großkommentar, Nomos-Kommentar, 5. Aufl., München, Baden-Baden 2018.

Spannowsky, Willy, Die Verantwortung der öffentlichen Hand für die Erfüllung öffentlicher Aufgaben und die Reichweite ihrer Einwirkungspflicht auf Beteiligungsunternehme, DVBl 1992, 1072–1079.

Spannowsky, Willy, Die Grenzen der Länderabweichungsbefugnis gem Art 72 Abs 3 Nr. 4 GG im Bereich der Raumordnung, UPR 2007, 41–53.

Spannowsky, Willy/Runkel, Peter/Goppel, Konrad (Hrsg.), Raumordnungsgesetz (ROG), Kommentar, 2. Aufl., München 2018.

Spiecker, Margarete, Raumordnung und Private, Die Bindungswirkungen der Ziele und Grundsätze der Raumordnung bei Zulassungsentscheidungen über private Vorhaben; zugleich ein Beitrag zur raumordnerischen Steuerung von Kiesabgrabungen, Berlin 1999.

Spoerr, Wolfgang, Raumordnungsziele zum Außenbereich in der Vorhabenzulassung nach § 35 BauGB, DVBl 2001, 90–95.

Steinberg, Rudolf, Landesplanerische Standortplanung und Planfeststellung – unter besonderer Berücksichtigung der Planung von Verkehrsflughäfen, DVBl 2010, 137–147.

Steinberg, Rudolf/Steinwachs, Jennifer, Infrastrukturprojekte als Ziele der Raumordnung im Landesentwicklungsplan, NVwZ 2004, 530–536.

Steinberg, Rudolf/Wickel, Martin/Müller, Henrik, Fachplanung, 4. Aufl., Baden-Baden 2012.

Stüer, Bernhard, Der Bebauungsplan, Städtebaurecht in der Praxis, C.H. Beck Baurecht, 5. Aufl., München 2015.

Stüer, Bernhard, Handbuch des Bau- und Fachplanungsrechts, Planung – Genehmigung – Rechtsschutz, 5. Aufl., München 2015.

Uechtritz, Michael/Spannowsky, Willy (Hrsg.), BeckOK BauGB, München 2020.

Venhoff, Michael, Die Reichsarbeitsgemeinschaft für Raumforschung (RAG) und die reichsdeutsche Raumplanung seit ihrer Entstehung bis zum Ende des Zweiten Weltkrieges 1945, Bd. 258 – Arbeitsmaterial / Akademie für Raumforschung und Landesplanung, Hannover 2000.

Voigt, Tina, Das Raumordnungsgesetz 2009 und das Bayerische Landesplanungsgesetz 2012, Frankfurt u.a. 2013, zit.: Voigt, ROG 2009.

Waechter, Kay/Mann, Thomas, Großvorhaben als Herausforderung für den demokratischen Rechtsstaat, in: Repräsentative Demokratie in der Krise?, VVDStRL 72 (2013), S. 499-543., 544-589.

Zeise, Lucas, Ende der Party, Die Explosion im Finanzsektor und die Krise der Weltwirtschaft, Bd. 133 – Neue kleine Bibliothek, 2. Aufl., Köln 2009.

Abkürzungsverzeichnis

a. A.	anderer Ansicht
a. a. O.	am angegebenen Ort
a. F.	alte Fassung
AG	Aktiengesellschaft
a. M.	anderer Meinung
Abs.	Absatz
Anh.	Anhang
Anm.	Anmerkung
AO	Abgabenordnung
AöR	Archiv des öffentlichen Rechts
Art.	Artikel
Aufl.	Auflage
Az.	Aktenzeichen
B. v., Beschl. v.	Beschluss vom
BauGB	Baugesetzbuch
BauNVO	Baunutzungsverordnung
BauO	Bauordnung
BayVBl.	Bayerische Verwaltungsblätter
Bay, BY	Bayern, bayerisch
BayEUG	Bayerisches Gesetz über das Erziehungs- und Unterrichtswesen
BayStrWG	Bayerisches Straßen- und Wegegesetz
BayVerfGH	Bayerischer Verfassungsgerichtshof
Bbg.	Brandenburg
Bd.	Band
BezO	Bezirksordnung
BGB	Bürgerliches Gesetzbuch
BGBl.	Bundesgesetzblatt
BGH	Bundesgerichtshof
BGHZ	Entscheidungen des Bundesgerichtshofs in Zivilsachen
BImSchG	Bundesimmissionsschutzgesetz
BNatSchG	Bundesnaturschutzgesetz
BT-Drs.	Bundestags-Drucksache
BV	Bayerische Verfassung
BVerfG	Bundesverfassungsgericht
BVerfGE	Entscheidungen des Bundesverfassungsgerichts, amtliche Sammlung
BVerwG	Bundesverwaltungsgericht

BVerwGE	Entscheidungen des Bundesverwaltungsgerichts
B.-W., bw.	Baden-Württemberg, baden-württembergisch
BWGZ	Die Gemeinde (Organ des Gemeindetags Baden-Württemberg)
bzw.	beziehungsweise
ders.	derselbe/dieselbe
DÖV	Die Öffentliche Verwaltung
DVBl.	Deutsches Verwaltungsblatt
DVP	Deutsche Verwaltungspraxis
EAG Bau	Europarechtsanpassungsgesetz Bau
EG	Europäische Gemeinschaft
El.	Ergänzungslieferung
EU	Europäische Union
EWG	Europäische Wirtschaftsgemeinschaft
f.; ff.	folgende
Fn.	Fußnote
FS	Festschrift
FStrG	Bundesfernstraßengesetz
G. (v.)	Gesetz (vom)
gem.	gemäß
GewArch	Gewerbearchiv
GG	Grundgesetz
GmbH	Gesellschaft mit beschränkter Haftung
GO, GemO	Gemeindeordnung
grdl.	grundlegend
GrStG	Grundsteuergesetz
GBl., GVBl.	Gesetzblatt, Gesetz- und Verordnungsblatt
GVG	Gerichtsverfassungsgesetz
Hg., Hrsg.	Herausgeber
Hs.	Halbsatz
HKWP I	Handbuch der kommunalen Wissenschaft und Praxis, Band 1 2007 (hrsg. von Mann/Püttner)
HStR	Handbuch des Staatsrechts (hrsg. von Isensee/Kirchhof)
i. d. F.	in der Fassung
i. d. R.	in der Regel
i. S. d.	im Sinne des (der)
i.V. m.	in Verbindung mit
JA	Juristische Arbeitsblätter
Jhdt.	Jahrhundert
JURA	Juristische Ausbildung
JuS	Juristische Schulung

JZ	Juristenzeitung
KG	Kommanditgesellschaft
KrO	Kreisordnung
KrWG	Gesetz zur Förderung der Kreislaufwirtschaft und Sicherung der umweltverträglichen Bewirtschaftung von Abfällen (Kreislaufwirtschaftsgesetz)
KStZ	Kommunale Steuerzeitschrift
KV	Kommunalverfassung
KWG	Kreditwesengesetz, Kommunalgesetz
LBl.	Loseblattausgabe
LKrO	Landkreisordnung
LKV	Landes- und Kommunalverwaltung
LEntwG	Landesentwicklungsgesetz
LplG, LPlG	Landesplanungsgesetz
LT-Drs.	Landtags-Drucksache
M.-V.	Mecklenburg-Vorpommern
m.w.N.	mit weiteren Nachweisen
Nds.	Niedersachsen
NdsVBl.	Niedersächsische Verwaltungsblätter
n. F.	neue Fassung
NJ	Neue Justiz
NJW	Neue Juristische Wochenschrift
NRW	Nordrhein-Westfalen
NVwZ	Neue Zeitschrift für Verwaltungsrecht
NVwZ-RR	Rechtsprechungsreport der Neuen Zeitschrift für Verwaltungsrecht
NWVBl.	Nordrhein-Westfälische Verwaltungsblätter
oHG	offene Handelsgesellschaft
OLG	Oberlandesgericht
OVG	Oberverwaltungsgericht
OVGE	1. Entscheidungsssammlung der Oberverwaltungsgerichte Münster und Lüneburg 2. Entscheidungsssammlung des Oberverwaltungsgerichts Berlin
PdK	Praxis der Kommunalverwaltung
PrALR	Allgemeines Landrecht für die Preußischen Staaten
PrGS	Preußische Gesetzessammlung
RGBl.	Reichsgesetzblatt
Rh.-Pf.	Rheinland-Pfalz
Rl.	Richtlinie

Rn.	Randnummer
ROG	Raumordnungsgesetz
ROV	Raumordnungsverordnung
Rspr.	Rechtsprechung
S.	Seite, Satz
S.-A.	Sachsen-Anhalt
S.-H.	Schleswig-Holstein
SN, Sächs	Sachsen, sächsisch
SächsVBl.	Sächsische Verwaltungsblätter
Saarl.	Saarland
s. o.	siehe oben
SUP	Strategische Umweltprüfung
Thür	Thüringen, thüringisch
ThürVBl.	Thüringische Verwaltungsblätter
UPR	Umwelt und Planungsrecht (Zeitschrift)
U. v., Urt. v.	Urteil vom
UVPG	Gesetz über die Umweltverträglichkeitsprüfung
UWG	Gesetz gegen den unlauteren Wettbewerb
v. a.	vor allem
VerwArch	Verwaltungsarchiv
VG	Verwaltungsgericht
VGH	Verwaltungsgerichtshof
vgl.	vergleiche
Vorb.	Vorbemerkung
VOBl.	Verordnungsblatt
VVDStRL	Veröffentlichungen der Vereinigung deutscher Staatsrechtslehrer
VwGO	Verwaltungsgerichtsordnung
VwVfG	Verwaltungsverfahrensgesetz
ZfBR	Zeitschrift für deutsches und internationales Baurecht
ZPO	Zivilprozessordnung

§ 1 Einführung

I. Was ist Raumplanung?

1. Definition der Raumplanung

Planung ist der Versuch einer gezielten vorausschauenden Gestaltung der Zukunft. Staatliche Planung vollzieht sich auf verschiedenen Ebenen und in verschiedenen Rechtsformen. Ihre Bindung kann politischer oder rechtlicher Art sein. Der politische Bereich reicht von einfachen Absichtserklärungen über Regierungserklärungen bis zu sog. Roadmaps. Soll die Planung rechtsverbindlichen Charakter tragen, kommt das Planungsrecht ins Spiel. Hier unterscheidet man **Fachplanung, Bauleitplanung** und **Raumplanung**. 1

Die Ebene der **Fachplanung** dient der Verwirklichung konkreter (Groß-)vorhaben, regelmäßig im Bereich der Infrastruktur und/oder der Daseinsvorsorge (z.B. Straßen, Wasserstraßen, Eisenbahntrassen, Flughäfen, Abfalldeponien, Energietrassen), bei denen die rechtlichen Interessen und Belange einer Vielzahl von Beteiligten betroffen sind.[1] Handlungsinstrument der Fachplanung ist das Planfeststellungsverfahren (§§ 74 ff. VwVfG), das mit einem **Planfeststellungsbeschluss** nach § 75 VwVfG abgeschlossen wird; er ist die Sonderform eines Verwaltungsaktes mit allgemein verbindlicher Wirkung.[2] 2

Bauleitplanung ("örtliche Planung") ist als Ausfluss der kommunalen Planungshoheit der von der Selbstverwaltungsgarantie (Art. 28 Abs. 2 GG) geschützte Bereich gemeindlicher eigenverantwortlicher Entwicklung („Recht am eigenen Ortsbild").[3] 3

Raumplanung ist demgegenüber die zusammenfassende, überörtliche und überfachliche Ordnung des Raumes durch Programme und Pläne.[4] Während Fachplanung immer die Zulässigkeit *einzelner* Vorhaben aus der Perspektive des jeweiligen Fachrechts verfolgt,[5] andere Aspekte dagegen tendenziell als mögliche entgegenstehende Belange begreift, unternimmt Raumordnung die Erstellung eines integrativen Konzepts, in dem räumliche Strukturen an unterschiedlichen Orten letztlich ergebnisoffen verschieden gewichtet und verwirklicht werden, alle Interessen jedoch in einer Gesamtbetrachtung prinzipiell als gleichwertig bzw. gleichrangig angesehen werden. Insbesondere ist es Aufgabe der Raumordnung, die verschiedenen Fachplanungen mit ihren gegenläufigen 4

1 Ausführlich dazu Steinberg, Fachplanung, 2012, passim.

2 Im Gegensatz zu einem „einfachen" Verwaltungsakt i.S.d. § 35 VwVfG, der nur Wirkung zwischen den beteiligten Parteien („inter partes") entfaltet.

3 Geis, Kommunalrecht, § 6 Rn. 20.

4 BVerfGE 3, 407 (425) – sog. „Baurechtsgutachten" (auch „Raumordnungsgutachten").

5 Vgl. Dörr, in: Ehlers/Fehling/Pünder, BVwR, § 38 Rn. 2.

Zielen und Interessen zu integrieren, Kollisionen abzuschwächen (Flughäfen versus Hochspannungsleitungen, Eisenbahntrassen versus Straßenstraßen, Bauleitplanung versus Abfallplanung etc.) und dabei ausreichend die Belange des Umwelt- und Naturschutzes zu berücksichtigen. Ziel ist es, eine ausgewogene Nutzung des Gesamtraumes herzustellen.

5 **Raumplanung** und **Raumordnung** sind hingegen Synonyme; letzterer Begriff suggeriert lediglich, dass Inanspruchnahme von Raum, die nicht geplant erfolgt, per se „Un-Ordnung" erzeugt. **Landesplanung** ist nichts Anderes als **Raumordnung auf Landesebene**. Die Terminologie ist allerdings in den Bundesländern nicht einheitlich.

2. Aufgabe und Leitvorstellung der Raumordnung: Nachhaltige Raumentwicklung

6 § 1 Abs. 1 S. 1 ROG definiert die Aufgabe der Raumordnung folgendermaßen:

> **„Der Gesamtraum der Bundesrepublik Deutschland und seine Teilräume sind durch zusammenfassende, überörtliche und fachübergreifende Raumordnungspläne, durch raumordnerische Zusammenarbeit und durch Abstimmung raumbedeutsamer Planungen und Maßnahmen zu entwickeln, zu ordnen und zu sichern. Dabei sind**
> 1. unterschiedliche Anforderungen an den Raum aufeinander abzustimmen und die auf der jeweiligen Planungsebene auftretenden Konflikte auszugleichen sowie
> 2. Vorsorge für einzelne Nutzungen und Funktionen des Raums zu treffen."

Leitvorstellung hierfür ist eine „nachhaltige Raumentwicklung", die die sozialen und wirtschaftlichen Ansprüche an den Raum mit seinen ökologischen Funktionen in Einklang bringt und zu einer dauerhaften, großräumig ausgewogenen Ordnung mit gleichwertigen Lebensverhältnissen in den Teilräumen führt.[6] Der Begriff der Nachhaltigkeit ist ebenso sperrig wie als politischer Modebegriff überstrapaziert, ja ubiquitär. Ursprünglich stammt er aus der Forstwirtschaft und besagt im Kern: Man soll nur so viele Bäume fällen, wie wieder nachwachsen können. Erstmals ausgedrückt bei Hans Carl von Carlowitz (1713):

> „Wird derhalben die größte Kunst/Wissenschaft/Fleiß und Einrichtung hiesiger Lande darinnen beruhen / wie eine sothane Conservation und Anbau des Holtzes anzustellen / daß es eine continuierliche beständige und nachhaltende Nutzung gebe..."

6 Vertiefend Battis/Söfker/Stüer, Nachhaltige Stadt- und Raumentwicklung, FS Krautzberger, 2008.

Etwas moderner und abstrakter begegnet uns der Begriff im Umweltbereich:

> „Nachhaltig ist die Nutzung eines regenerierbaren (Öko-) systems in einer Weise, dass dieses System in seinen wesentlichen Eigenschaften erhalten bleibt und sein Bestand auf natürliche Weise erneuert werden kann."

Letztlich verbindet sich damit die Binsenweisheit, dass jede Planung auch die langfristigen Folgen in den Blick nehmen muss und sowohl dauerhaft negative Auswirkungen als auch „Strohfeuereffekte" vermeiden sollte. Zwei Beispiele aus der Geschichte mögen dies verdeutlichen:

Beispiel 1: „Die funktionale Stadt"

Schon lange vor dem Zweiten Weltkrieg wurde auf dem 4. Internationalen Architekten-kongress der „Congrès Internationaux d'Architecture Moderne" (CIAM) die sog. **Charta von Athen** (1933) verabschiedet, bei der Le Corbusier als *spiritus rector* fungierte. Als Ausdruck eines modernen Urbanismus wurde darin das Leitbild der „funktional gegliederten Stadt" propagiert, die durch die funktionale Trennung von (Groß-)wohnquartieren („Urbanität durch Dichte") und Arbeitsbereichen (Büro-, Industrie- und Gewerbeviertel), von Versorgungsbereichen (insb. das in den USA erfundene Konzept von Einkaufsmärkten) sowie die Errichtung großer Freiflächen (sowohl zur Erholung wie auch als politische Bühne) gekennzeichnet ist. Dem damals gerade entstehenden Massenindividualverkehr entsprechend, war damit vor allem die Vorstellung von der „autogerechten Stadt" verbunden.[7] Diese Konzeption wurde, so makaber dies auch wirken mag, in den ersten Jahrzehnten nach dem Weltkrieg flächendeckend realisiert, weil die massiven Kriegszerstörungen einen völligen Neuaufbau begünstigten und durch die nachkriegsbedingten Wanderungsbewegungen großer Bedarf an billigem Wohnraum bestand. So entstanden die berühmt-berüchtigten Wohn- und Schlafsiedlungen, Trabanten und Satellitenstädte, in Berlin etwa die „Gropiusstadt" (1962–1975) und das „Märkische Viertel" (1963–1976).[8] Diese Entwicklung wird durch die steigenden Immobilienpreise noch verstärkt, die ein Wohnen im Zentrum für immer weniger Personen möglich erscheinen lassen. Diese Konzeption bringt es mit sich, dass jeden Tag ein Großteil der arbeitenden Bevölkerung lange Zeiten auf dem Weg von der Wohnung zur Arbeit und zurück verbringt – meist in der S- oder U-Bahn.[9] Im Gegenzug besteht die Gefahr einer Verödung der Innenstädte, die nach 18.00 Uhr nur noch Orte der Freizeitgestaltung, nicht mehr des Woh- 7

---

7 Instruktiv Sinder, Urbane (Un-)ordnung, DV 54 (2021), S. 157 (161 ff.).

8 Das Phänomen war freilich nicht auf Deutschland beschränkt, sondern bildete sich – z.T. noch krasser – in den meisten Metropolen und Großstädten aus (Paris, Strasbourg, London, Rom, Mailand, Stockholm). In Frankreich verbindet sich damit der Begriff der „banlieus" (die v.a. durch die nach dem Algerienkrieg repatriierten Franzosen nordafrikanischer Herkunft geprägt werden), in Italien entsprechen dem die „borgate".

9 Ein Bonmot des französischen Dichters Pierre Bearn bezeichnet diesen Alltag als „Métro, boulot, dodo" (Pendeln, Arbeit, Schlafen).

nens sind. Dabei können sich grundsätzlich zwei gegenläufige Entwicklungen herausbilden: das „Speckgürtelphänomen“ (Prägung der Umlandgemeinden durch einen eher wohlhabenden Mittelstand) oder „Banlieuisierung“, d.h. zunehmende Isolation und/oder Ghettoisierung, steigende Arbeitslosigkeit (insb. bei der Jugend), steigende Kriminalitätsraten bis hin zu deutlichen Sicherheitsdefiziten. Auch in Deutschland gibt es Erscheinungsformen einer „Banlieuisierung“ (wenn auch in weitaus moderaterer Form als in Frankreich), z.B. in Frankfurt am Main, Hamburg, Köln, München, Duisburg und auch in Berlin.

8 Das „Speckgürtelphänomen“ führt überdies zu einer Unwucht im Recht der Kommunalfinanzen: Handelt es sich um selbstständige Gemeinden, so kommen ihnen die Schlüsselzuweisungen nach dem System des kommunalen Finanzausgleichs zugute, weil dort der Wohnsitz der Steuerpflichtigen liegt, obgleich die Arbeitsleistung im zentralen Ort erbracht und damit dort der Beitrag zum Bruttosozialprodukt erwirtschaftet worden ist.

9 Die Politik versucht seit einiger Zeit, dem durch einen fundamentalen Wechsel urbaner Politik entgegenzuwirken: Anstatt der Vorstellung von der Stadt als Arbeitsraum wird nun die Vorstellung von der Stadt als Lebensraum propagiert; diesem Wandel widmet sich das Feld der Stadtsoziologie. Unter dem Strich zeigt sich damit, dass das Konzept der funktionalen Stadt *à la longue* nicht als nachhaltig zu beurteilen war.

Beispiel 2: IT-Boom der 90er Jahre und Dotcom-Blase

10 Ein weiteres Beispiel war der IT-Boom der 90er Jahre. Die Etablierung des Internet, der erdrutschartige Siegeszug der Mobiltelefonie und die Entwicklung kleiner tragbarer PCs (Notebooks), sowie der rasante Anstieg von Speicherkapazität durch immer neuere, leistungsfähigere Mikroprozessoren erzeugten Spekulationen auf hohe Gewinnerwartungen, insb. durch steigende Aktienkurse im Bereich der sog. New Economy (Beispiel: die Telekom-Aktie als Volksaktie), die im NASdaq notiert waren. Dieser goldrauschartige Prozess führte auch zu einem Immobilienboom auf dem flachen Land, da ja für die Entwicklung von Software keine teuren Innenstadtobjekte nötig waren, vielmehr die sprichwörtliche „Garage im Dorfgebiet“ ausreichte. Dies verleitete viele kleinere „Speckgürtel“-Gemeinden zu einer exzessiven bauplanerischen Ausweisung von Misch- und Gewerbegebieten, um durch Ansiedlungen von IT-Firmen über die zu erwartende Gewerbesteuer am großen Kuchen teilhaben zu können. Der Aktienmarkt überhitzte sich zusehends („*Dotcom-Blase*“) die Gesellschaft entpuppte sich mangels „harten“ Deckungskapital als unterfinanziert und weniger profitabel als erhofft. Im März 2000 platzte die Blase, die Kurse fielen ins Bodenlose, der

Neue Markt brach zusammen.[10] Allein in Deutschland wurden nach heutiger Währung ca. 200 Mrd. € verbrannt, etliche Betriebe mussten Insolvenz anmelden. Was am flachen Land übrig blieb, waren leerstehende, schnell hochgezogene Zweckbauten,[11] sowie versiegelte Bodenflächen. Auch hier umfasste die Planung und Realisation einen Zeitraum von durchschnittlich nur 5 Jahren, bevor sie obsolet wurde; der Flächenverbrauch war jedoch nicht revidierbar.

Die Dotcom-Blase ist freilich kein singuläres Ereignis, sondern hat ein histori- **11**
sches Vorbild in der sog. Gründerkrise: Nach dem Gewinn des deutsch-französischen Kriegs 1870/71 musste Frankreich hohe Reparationsforderungen Deutschlands begleichen, mit denen in Deutschland zahlreiche Bauprojekte in Angriff genommen wurden.[12] Dies führte zu einer gigantischen Hausse in Deutschland (die berühmte „Gründerzeit"), die allerdings ganz ähnlich wegen Überhitzung schon nach 1873 zum sog. – von Wien ausgehenden – „Gründerkrach" und in der Folge zu einer bis ca. 1890 andauernden wirtschaftlichen Schwankungsphase führte (sog. „Gründerkrise")[13]. Auch hier zeigt sich, dass eine große Anzahl der damaligen Projekte das Merkmal der Nachhaltigkeit nachhaltig verfehlt hatte.

Der Schlüsselbegriff der Nachhaltigkeit hat damit eine ökonomische und eine **12**
ökologische Komponente: Aus *ökonomischer* Sicht soll mit den vorhandenen Ressourcen effizient und schonend umgegangen werden; Ressourcenverbrauch, der nur zu kurzfristigen positiven Effekten („Strohfeuer") führt, ist zu vermeiden. Aus *ökologischer* Sicht sind Eingriffe zu vermeiden, die nicht mehr revidierbar sind (z.B. durch Zerstörung von Biotopen und Habitaten).

3. Funktionen der Raumordnung; insb. das „Gegenstromprinzip"

Raum und Boden sind in der Bundesrepublik im Vergleich zu anderen Staaten **13**
knapp (hohe Bevölkerungsdichte, jahrhundertelange Besiedlungstradition). Daher ist eine ressourcenverteilende Planung unumgänglich. Allerdings ist eine zentrale staatliche Planung (wie sie in den sozialistisch-kommunistischen Staaten des Warschauer Paktes üblich war) in dieser Form nicht möglich; die **föderalistische Struktur** der Bundesrepublik, der besondere verfassungsrechtliche Schutz der **kommunalen Selbstverwaltung** (Art. 28 Abs. 2 GG) und die aus

---

10 Zeise, Ende der Party – Die Explosion im Finanzsektor und die Krise der Weltwirtschaft, 2009.

11 Hoppe, „Nachhaltige Raumentwicklung" und gelungene Neufassung des „Abwägungsgebots" im Regierungsentwurf zur Novellierung des Raumordnungsgesetzes, NVwZ 2008, 936 ff.

12 Die berühmt hohen Reparationsleistungen im Versailler Vertrag waren insoweit letztlich nur eine Retourkutsche.

13 Henning, in: db. der Wirtschafts- und Sozialgeschichte Deutschlands, Bd. 2, 1996.

Art. 14 Abs. 1 GG folgende grundsätzliche **Privatnützigkeit des Grundeigentums** (durch die die Sozialbindung zwar beschränkt, aber nicht beseitigt wird).

14 Raumordnung muss daher drei Funktionen erfüllen:

- Unterschiedliche Teilpolitiken (z.B. Verkehrsplanung, wirtschaftliche Entwicklung, Sozialpolitik, Umweltplanung) sollen in ein großes Ganzes integriert werden (**Integrationsfunktion**);
- Konfligierende Belange sollen in einen vernünftigen, gerechten Ausgleich gebracht werden (**Koordinationsfunktion**). Dazu werden alle öffentlichen und privaten Belange miteinander und gegeneinander mit dem Ziel eines stimmigen Ergebnisses so abgewogen, dass diese soweit wie möglich verwirklicht werden (**Abwägungsgebot**), ein Instrument, das dem Bauplanungsrecht nachgebildet ist (§ 1 Abs. 7 BauGB) und das dort zentrale Bedeutung hat;
- Bürger, Kommunen und Fachbehörden sollen baldmöglichst in das Planungsverfahren einbezogen werden (**Informationsfunktion):** Kommunale Bauleitplanung, Investitionen Privater und Unternehmensstrategien bedürfen einer frühzeitigen Kenntnis der überörtlichen Planungen. Umgekehrt müssen überörtliche Planungen auf die durch Art. 28 Abs. 2 GG geschützte kommunale Planungshoheit und auf die grundrechtgeschützten Positionen Privater Rücksicht nehmen. Infolge der EU-Richtlinie zur strategischen Umweltprüfung (SUP-Richtlinie) ist seit 2004 die Öffentlichkeit in das Planaufstellungsverfahren einzubeziehen[14].

15 Der optimalen Umsetzung dieser Funktionen dient das in § 1 Abs. 3 ROG fixierte **Gegenstromprinzip**:

> „Die Entwicklung, Ordnung und Sicherung der Teilräume soll sich in die Gegebenheiten und Erfordernisse des Gesamtraumes einfügen; die Entwicklung, Ordnung und Sicherung des Gesamtraumes soll die Gegebenheiten und Erfordernisse seiner Teilräume berücksichtigen (Gegenstromprinzip)" (ausf. □ Rn. 169 ff.).

Das Gegenstromprinzip hat eine formale und eine materielle Komponente: Formell sollen die von einer höherrangigen Planung Betroffenen (seien es öffentliche oder private Akteure), durch Beteiligungsrechte Gelegenheit zur Einflussnahme im Vorfeld haben. Dies geschieht im Verhältnis überörtliche (regionale) – örtliche Planung etwa dadurch, dass in den Organen der regionalen Planungsverbände, die die Regionalpläne aufstellen, die Träger der örtlichen Planung (Bauleitplanung) vertreten sind. Materiell müssen die vorgebrachten Erwägungen in der Abwägung berücksichtigt werden. Andererseits sind die nachgeordneten Planungsträger an die dann getroffenen Festlegungen

---

14 RL 2003/35/EG, umgesetzt durch das EAG Bau (BGBl. I, 1359); dazu Wächter/Mann, VVDStRL 2013, 72.

gebunden und müssen ihre eigenen Planungen entsprechend anpassen (vgl. § 1 Abs. 4 BauGB). Es handelt sich also um eine Kombination von „Top-down" und „Bottom-up"-Prozessen; durch die personelle Verzahnung wird verhindert, dass die Planung zur „Einbahnstraße" von oben nach unten stattfindet.[15] Auf der anderen Seite wird die Planungshoheit der kommunalen Ebene[16] geschützt.

4. Umweltverträglichkeit als integrativer Bestandteil der Raumordnung

Die Raumordnung erfuhr im Laufe der Zeit auch eine Erweiterung dahin gehend, dass Belange des Umweltschutzes nicht mehr nur als Einwände im späteren Verfahren ggf. berücksichtigt werden, sondern bereits bei der Planung die Auswirkungen derselben auf die Umwelt zu berücksichtigen sind. Das ursprüngliche Verständnis der Raumordnung als reine Raumverteilung wurde aufgegeben. Die Umweltverträglichkeit raumbedeutsamer Planung als mit zu berücksichtigender Faktor trat in den 80er Jahren hinzu. Grund dafür war die Erkenntnis, dass raumbedeutsame Maßnahmen immer auch „umweltbedeutsame" Maßnahmen sind. Diese Erkenntnis folgte vor allem durch den Einfluss des Europarechts. Ein Beispiel ist die Fauna-Flora-Habitat-Richtlinie (Richtlinie 92/43/EWG des Rates zur Erhaltung der natürlichen Lebensräume sowie der wildlebenden Tiere und Pflanzen), hat insbesondere die Schaffung von Schutzgebieten zum Ziel. Bei der Planung sind daher auch diese Anforderungen zu berücksichtigen. So stellt die Planung von Grünzonen auch gleichzeitig Umweltflächen im Sinne der Richtlinie dar. 16

Auch bei der Planung von Verkehrsachsen lässt sich das Erfordernis der Umweltverträglichkeit aufzeigen. So müssen die klimatologischen und weitere umweltbezogene Auswirkungen von Autobahnen oder ICE-Trassen bei der Planung dieser berücksichtigt werden. Dass dies auch tatsächlich geschieht, lässt sich durch den Bau von Wildbrücken zeigen. Der Bau einer Autobahn hat insbesondere nachteilige Auswirkungen auf die dort herrschende Fauna. Um dies bei der Planung ausreichend zu berücksichtigen, müssen beispielsweise die genannten Wildbrücken in die Planung miteinbezogen werden, um die Verträglichkeit des Vorhabens mit der Umwelt, insbesondere der Fauna, abzusichern. Die Lebensräume der Tiere werden durch derartige Vorhaben teils zerschnitten; Wildbrücken stellen sicher, dass eine Verbindung dieser Lebensräume wieder sichergestellt werden kann.[17] 17

Als weiteres Beispiel für das Erfordernis der Umweltverträglichkeit als integrati- 18
ven Bestandteil der Raumordnung kann der Neubau eines Verkehrsflughafens

15 Battis, Öffentliches Baurecht und Raumplanungsrecht, Rn. 82.
16 Dazu Geis, Kommunalrecht, § 6 Rn. 20 f.
17 Vgl. Schiefenhövel u.a., Fauna Flora, 13/2016 577, S. 580.

genannt werden. Dieser beansprucht nicht nur Raum dort, wo er tatsächlich errichtet wird, sondern setzt eine Kettenreaktion weiterer Anforderungen in Gang. So sind aufgrund der enormen Größe eines solchen Vorhabens und dessen Benutzung Ansiedlungen für Mitarbeiter und deren Familien erforderlich. Es entsteht ein Bedürfnis nach Einkaufsmöglichkeiten, Kindergärten und Schulen. Aufgrund dieses enormen Umfangs eines solchen Vorhabens beschränkt sich die Umweltverträglichkeit des Vorhabens nicht nur auf das Vorhaben an sich, es sind vielmehr die gesamten Auswirkungen auf ihre Umweltverträglichkeit bei der Planung zu untersuchen. Durch das Erfordernis von Wohnraum auch außerhalb des Planungsbereichs müssen beispielsweise Lebensräume von Tieren und Pflanzen verlagert werden. Aus diesen Gründen kommt auch der Umweltverträglichkeit eine entscheidende Rolle bei der Planung raumbedeutsamer Vorhaben zu.

II. Die europäische Dimension

1. Von Bananen und Sternen

a) Die „Bananen“

19 Die sog. „*Blaue Banane*“ ist eine geographische Metapher für den europäischen Raum mit dem größten Wirtschaftspotential, der als gekrümmtes Agglomerationsband (Verdichtungsraum) von Liverpool/Manchester/Birmingham/London über die holländische „Randstad“ sowie das Rhein-Ruhr-, Rhein-Main- und Rhein-Neckar-Gebiet, die Metropolregion Oberrhein, die Schweizer Ballungsräume Basel – Zürich bis nach Turin, Mailand und Genua reicht; sie wurde von dem französischen Geographen Roger Brunet (*1931 in Toulouse) kreiert und umfasst acht EU-Länder sowie die Schweiz und Liechtenstein. Vor der EU-Erweiterung 2007 umfasste dieser Raum mit ca. 40 Prozent der EU-Bevölkerung (Europa: 740 Mio. Einwohner); seine Nordsüdausdehnung betrug ca.1.300 km, die Westostausdehnung: ca. 900 km.

Gegenwärtig werden in der *Blauen Banane* werden 20 *Global and World Cities* (GaWC) gezählt.[4] Mit der City of London als einem der zumindest vor dem Brexit größten Finanzplätze der Welt, Mailand, Frankfurt am Main, Amsterdam, Brüssel, Zürich, München, Düsseldorf, Luxemburg, Manchester, Birmingham, Genf, Stuttgart, Köln, Bristol, Antwerpen, Leeds, Rotterdam, Mailand-Turin und Southampton umfasst die Blaue Banane damit einen überproportional bedeutenden Raum in der globalisierten Welt.

Das nachfolgende Bild mag dies verdeutlichen:

Blaue Banane Metropolregion

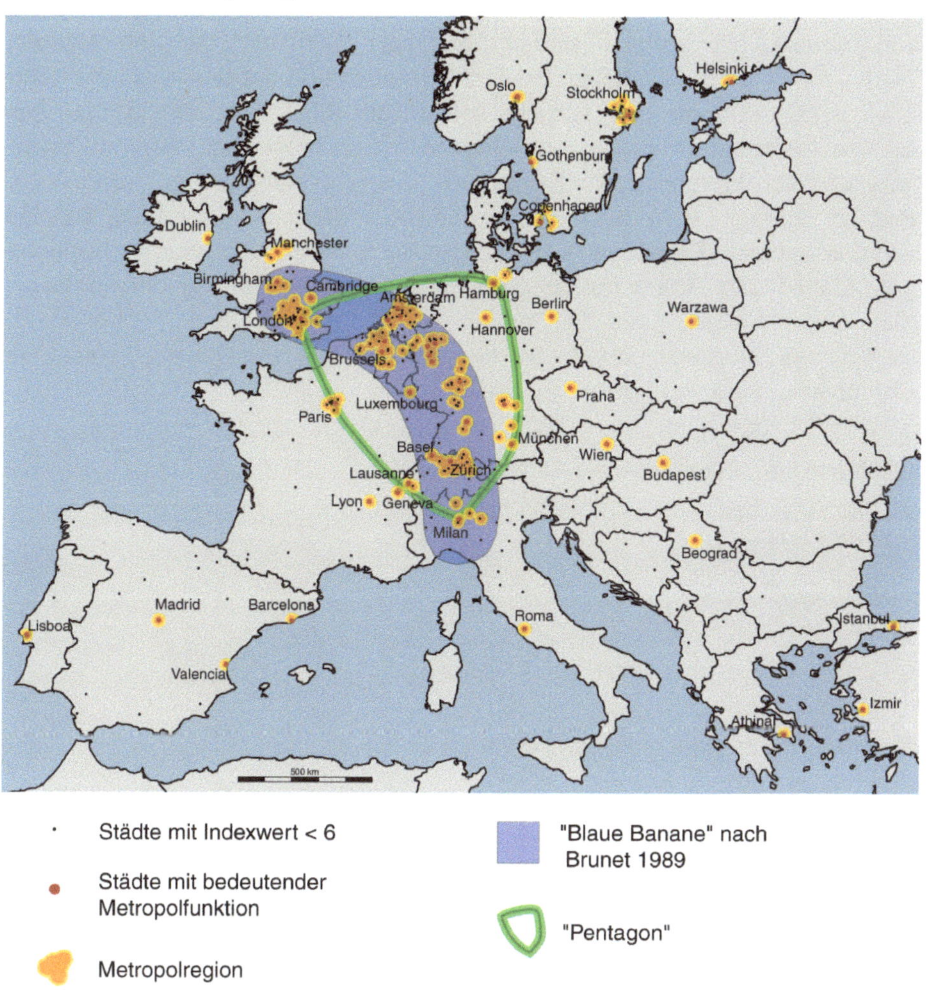

Bildquelle: Bundesinstitut für Bau-, Stadt- und Raumforschung, Bonn

Die Blaue Banane ist freilich – entsprechend ihrer Entstehungsgeschichte – 20
noch stark von der Zeit vor der Öffnung des Eisernen Vorhangs geprägt. Auffallend ist, dass zu dieser Zeit – obwohl von einem französischen Geographen kreierten Modell – Frankreich keine Rolle spielt, mit Ausnahme des von der Blauen Banane erfassten industrialisierten Bereichs Unterelsass (Straßburg), ebenso wie die deutschen Nordseehäfen. Um dieses Defizit zu korrigieren, ergänzt die

Raumwissenschaft die Blaue durch die „Gelbe Banane“[18], die den Großraum Paris („Ile-de-France“) über Flandern und die Niederlande mit den deutschen Nordseehäfen Hamburg und Bremen verbindet. Im Süden gesellt sich die „*Goldene Banane*“ dazu, die den mediterranen Bogen von Valencia über Barcelona, von Marseille bis Genua beschreibt (auch als „Sun-Belt“ bekannt). Mit dem Beitritt von Ungarn, Slowenien, der Tschechischen und der Slowakischen Republik zur EU 2004) hat sich schließlich noch der Wirtschaftsraum der „Grünen Banane“ herausgebildet, die vom Mittelmeerhafen Triest über Wien und Bratislava bis nach Warschau und Danzig reicht. Drei „Mini-Bananen“ runden das Bild ab: „String“ als Verbindung der deutschen Nordsee- (Hamburg, Bremen) und Ostseehäfen (Flensburg, Kiel, Lübeck, Rostock) mit den Räumen Kopenhagen, Malmö und Göteburg); „Gulf of Finland“ als Verbindung der nördlichen Metropolen Helsinki, Turku, St. Petersburg und Tallinn sowie die – ökonomisch freilich vergleichsweise unbedeutende – „Atlantic Axis“ (La Coruna, Santiago de Compostela, Vigo und Porto).

Blaue Banane, Grüne Banane, Goldene Banane

Bildquelle: TU Graz

18 Abbildung: http://www.ruhrgebiet-regionalkunde.de/html/grundlagen_und_anfaenge/lage_grenzen_verwaltungsgliederung/Lage_Grenzen.php%3Fp=0.html.

Dementsprechend hat Brunet sein Raummodell nach der deutschen Wiedervereinigung, dem Wegfall des Eisernen Vorhangs 1990 und der grundlegenden politisch-ökonomischen Neuausrichtung der Länder des ehemaligen „Ostblocks" (Transformation) durch Inhalte und Erweiterungen über Berlin bis zu den polnischen Ballungsgebieten (Warschau, Danzig, Łódź) aktualisiert.[19] Die Pfeile bezeichnen neue Entwicklungsachsen, nicht zwangsläufig gebündelte Infra- Wirtschaftsstrukturen. Potenzielle Ausweitungen der „Gelben Banane" reichen nach Skandinavien und den Baltischen Raum, den Donauraum sowie über Minsk bis Moskau. 21

Blaue Banane, Grüne Banane

Quelle: TU Graz

b) Der „Blaue Stern"

Die „Bananen"[20] bilden das Grundgerüst des sog. „Blauen Sterns", der den raumwissenschaftlichen und ökonomischen „Motor" Europas bildet. Die tradi- 22

19 Brunet, Lignes de force de l'espace européen, in: mappemonde 66 (2002), S. 14 ff.
20 Abbildung: https://de.wikipedia.org/wiki/Blaue_Banane.

tionell eher westliche Zentrierung wird zunehmend auf Zentraleuropa verschoben, wobei die Erweiterungspotentiale nach Skandinavien, Polen, über Österreich nach Ungarn und schließlich nach Mittelitalien weisen (dabei ist die Grüne Banane noch nicht adäquat einbezogen).

Bananen, Stern

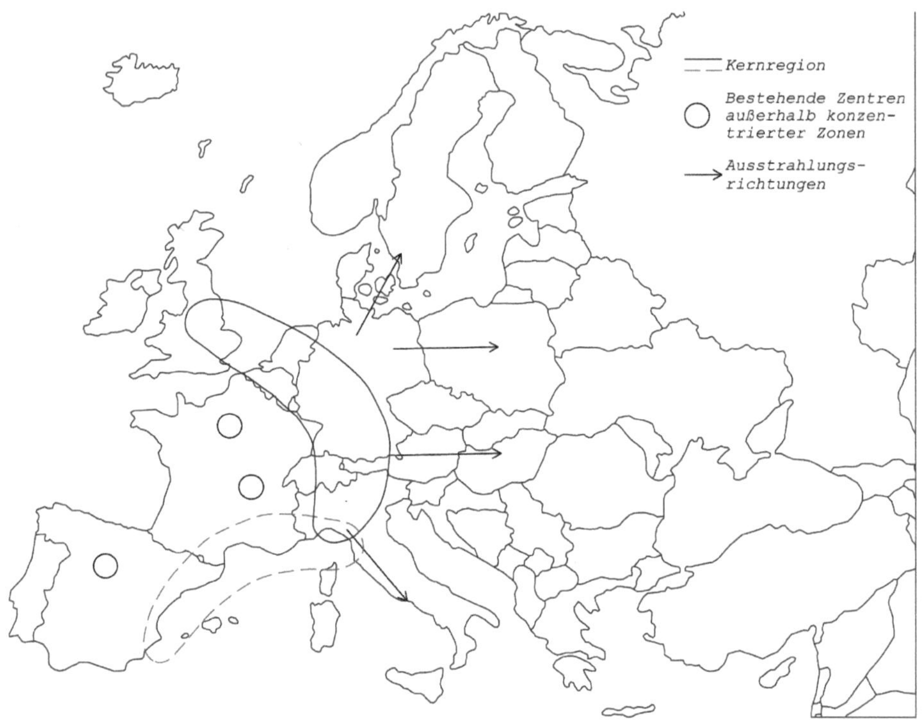

Bildquelle: TU Graz

Im Gegenzug haben alle Wirtschaftsräume, die nicht in einer „Banane“ bzw. dem „Blauen Stern“[21] liegen, deutlich schlechtere Entwicklungschancen. Randständig bleiben so große Teile Spaniens und Portugals, Süditalien (der „Mezzogiorno“), Irland sowie der gesamte Balkan und Griechenland. Neuerdings bringt allerdings das chinesische Jahrhundertprojekt „Neue Seidenstraße“, das neue transkontinentale Handelsrouten über den Suezkanal mit den Endhäfen Piräus, Triest und Genua vorsieht,[22] erhebliche Dynamik in diese Modelle. Im Gegenzug

21 Abbildung: https://www.klett.de/alias/1019091.

22 Vgl. Lacher, Die neue Seidenstraße – Geopolitik und Macht; Hartmann u.a., Chinas neue Seidenstraße: Kooperation statt Isolation; Naisbitt u.a., Im Sog der Seidenstraße: Chinas Weg in eine neue Weltwirtschaft.

gibt es noch keine verlässlichen Prognosen, inwieweit der Brexit sich auf die Dynamik der „Blauen Banane“ und des „Blauen Sterns“, die ja beide in London/ Manchester/Birmingham einen Ausgangspunkt haben, auswirken wird.

2. Europäische Infrastruktur an zwei Beispielen

a) Die Alpentransversalen

Die fortschreitende Verflechtung und Erweiterung der Mitgliedstaaten der EWG/EG/EU bildet sich in der Entwicklung der europäischen Verkehrsströme unmittelbar ab. Dabei sind vor allem drei Ereignisse (im wahrsten Sinne des Wortes) wegweisend: 23

(1) Der Entfall der innereuropäischen Grenzkontrollen durch das Schengener Abkommen 1985 und seine Ergänzungen;[23]

(2) Der Fall des „Eisernen Vorhangs“ und die Deutsche Wiedervereinigung (1989/90);

(3) Die Errichtung des gemeinsamen EU-Binnenmarktes einschließlich der Grundfreiheiten (Freier Warenverkehr, Personenfreizügigkeit, Dienstleistungsfreiheit, Freier Kapital- und Zahlungsverkehr) durch den Vertrag von Maastricht (1992) und sein Ausbau durch die Verträge von Amsterdam (1997), von Nizza (2003) und von Lissabon (2008).

Die schlagartige Öffnung der Grenzen zum ehemaligen Ostblock stieß zunächst auf den Umstand, dass keine oder nur sehr begrenzt leistungsfähige Straßen vorhanden waren.[24] Dies führte zu großen Anstrengungen im Ausbau des Autobahnnetzes. Dabei führte das in den 80er und 90er Jahren stark entwickelte Umweltbewusstsein zu deutlich aufwändigeren Planungsverfahren.[25] Der europäische Binnenmarkt bedingte neue Konzentrationsbewegungen und Verlagerungen (die Anbindung der Nordseehäfen von Calais bis Hamburg wurde hochdringlich, während die Ostseehäfen in der Bedeutung abnahmen).

---

23 Die Abkommen Schengen I (1985), Schengen II (1990) und Schengen III (2005) bilden den sog. „Schengen“-Besitzstand.

24 Dabei waren naturgemäß Bayern, Sachsen und Brandenburg besonders betroffen. Die langwierigen Strecken über die Grenzübergänge Furth im Wald und Schirnding/Waidhaus waren die einzigen schwerverkehrstauglichen Verbindungen nach Prag, eine Autobahn existierte nicht (die A6 wurde erst 2006 fertiggestellt). Die A3 endete bis 1980 ca. 10 km hinter Regensburg auf der grünen Wiese, die Weiterfahrt über Passau und Linz erfolgte auf wenig ausgebauten Bundesstraßen. Heute bildet sie den Kern der verkehrsreichsten West-Ost-Verbindung Rotterdam – Frankfurt – Nürnberg – Wien – Budapest – Bukarest – Schwarzes Meer bzw. Budapest – Belgrad – Sofia – Istanbul.

25 „Berühmtheit“ erlangte z.B. die Fertigstellung der A7 im Raum Pfronten/Füssen/Reutte, die über 20 Jahre in Anspruch nahm.

24 Ebenso lastet steigender Verkehrsdruck auf den großen Nord-Süd-Transversalen, die durch das Nebeneinander von Schiene und Straße gekennzeichnet sind. Die westliche Variante (nicht zufällig im Bereich der „Blauen Banane") verläuft von Rotterdam über das Rhein-Ruhr-Gebiet, das Rhein-Main-Gebiet und die Oberrheinschiene, in der Schweiz von Basel und Zürich über die Gotthardroute ins Tessin und die industriestarke Lombardei (Turin, Mailand). Die östliche Variante verläuft von Hamburg/Hannover über Kassel/Würzburg oder Berlin/Leipzig nach Nürnberg und München, von dort über Innsbruck und den Brenner durch die östliche Po-Ebene in den Raum Bologna; die Verlängerung nach Skandinavien (Kopenhagen-Malmö-Göteborg-Oslo/Stockholm) und in die Mittelmeerhäfen, bis Bari und Sizilien umschreibt das EU-Projekt *„ScanMedCorridor"*.[26]

Die westliche Achse

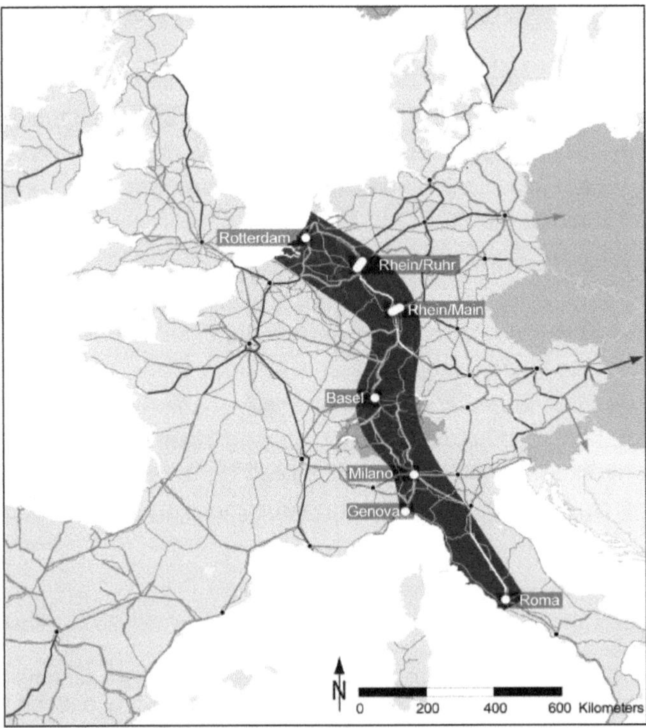

Bildquelle: ARL – Akademie für Raumentwicklung in der Leibniz-Gemeinschaft

26 „Scandinavian-Mediterranean Corridor"; vgl. dazu die offizielle EU-Website "Mobilitiy and Transport" (www.ec.europa.eu).

Wie erwähnt, zeichnet die westliche Achse die „Blaue Banane“ nach; es bleibt aber abzuwarten , ob die Verlängerung nach GB nach dem Brexit deutlich in der Bedeutung reduziert wird.

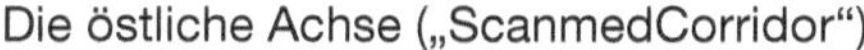

Die östliche Achse („ScanmedCorridor“)

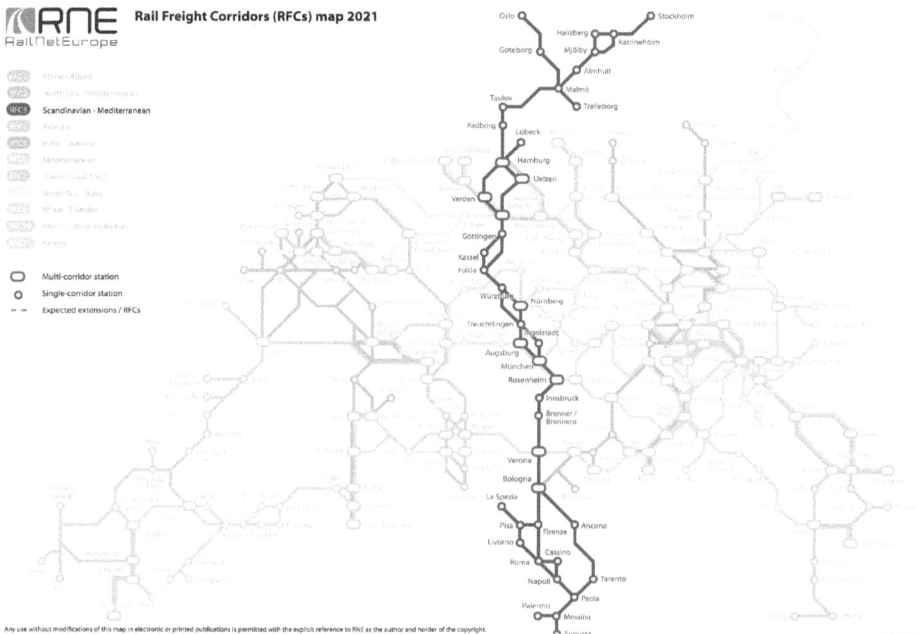

Bildquelle: RailNetEurope

Der ScanmedCorridor ist erheblich länger als die westliche Achse und verläuft von den Hauptstädten Norwegens und Schwedens im Süden bis Sizilien.

Das nachfolgende Schaubild zeigt die großen europäischen Verkehrsachsen und -netze, die unter dem Kürzel TEN („Trans-European Transport Network“) firmieren; hier lässt sich auch der Ausgriff auf die baltischen Staaten erkennen, die den Bau einer Eisenbahn-Hochgeschwindigkeitstrecke von Tallinn bis Warschau einbezieht („BalticRail“). Von Warschau ist dann ein Anschiuss an die westeuropäischen Hochgeschwindigkeitsstrecken geplant.

Aufbau des Verkehrsnetzes

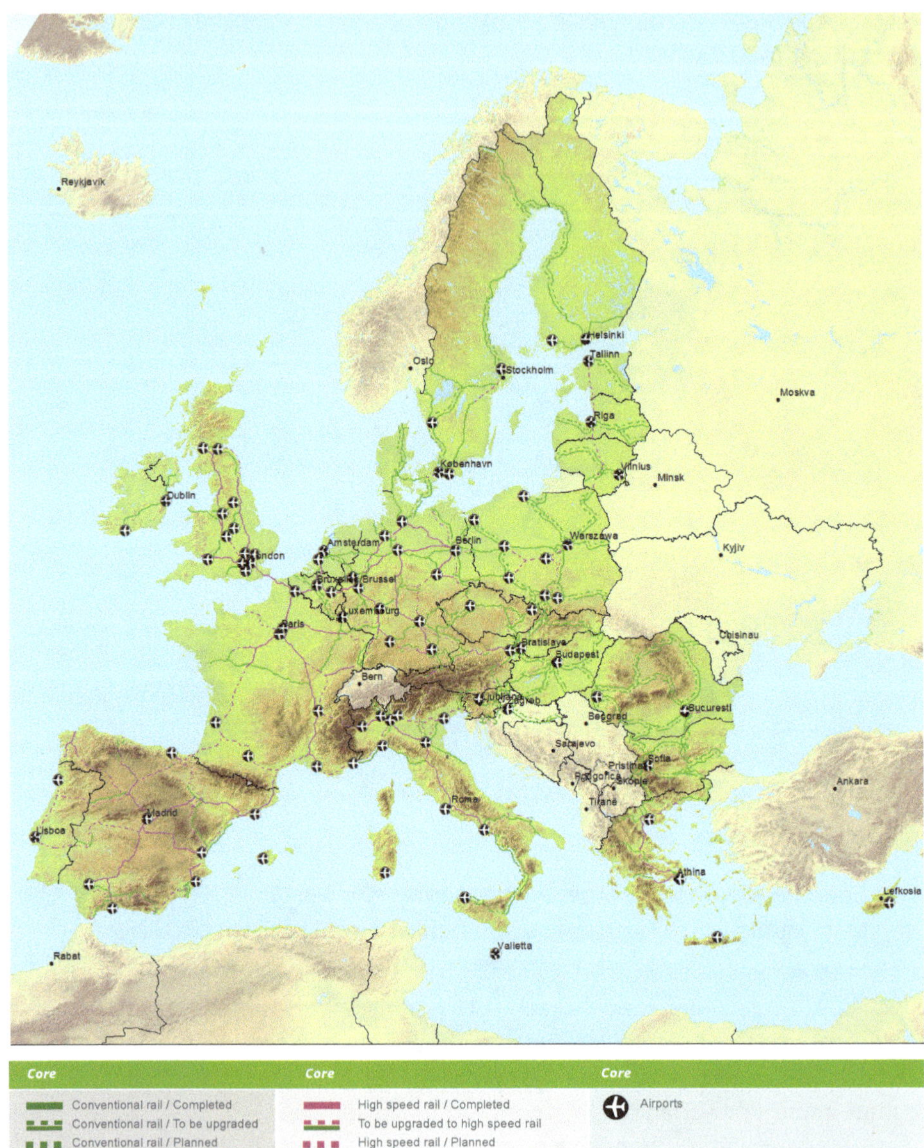

Bildquelle: EU Kommission

Auch hier zeigen sich jedoch noch deutliche Lücken, etwa im Bereich Norwegens, Schwedens und Finnlands sowie in Teilen Frankreichs. Die Anschlüsse in die Ukraine sowie nach Belarus sind aufgrund der kriegerischen Ereignisse 2022 völlig ungeklärt.

Von deutlich geringerer wirtschaftlicher Bedeutung sind die westlichste Transversale durch das Wallis (Lötschberg – Simplon) und die östlichste Verbindung Wien (Semmering) bzw. Salzburg (Tauerntunnel)– Villach – Udine – Triest.

Gleichwohl ist in allen Varianten der Alpentransit das heikle Nadelöhr, was die von Jahr zu Jahr zunehmenden Reaktionen des Pass-Anrainer (v.a. am Brenner) dokumentieren. Eine nachhaltige Abhilfe kann hier nur durch eine massive Verlagerung auf die Schiene (sowohl des Güter- als auch des Personenverkehrs) erfolgen. Das erfordert – zur Vermeidung steiler, zeitraubender Bahnrampen[27] – den Bau von langen Basistunneln mit möglichst geringer Steigung und wenig Kurven. Auch aus Sicherheitsgründen ist hier der Schiene der Vorzug vor der Straße zu geben. **25**

Schweiz und Österreich sind hier naturgemäß die zentralen Player. Die Schweiz traf 1992 ein Transitabkommen mit der EU über die Neue Eisenbahn-Alpentransversale (NEAT), das im Kern den Bau des Gotthard-Basistunnels und Lötschberg-Basistunnels umfasst. Letzterer wurde bereits 2007 einspurig fertiggestellt; die Leistungsfähigkeit ist aber eingeschränkt, weil bislang kein Basistunnel auf der Simplon-Fortsetzung geplant ist. Der Bau des Gotthardbasistunnels, der Erstfeld (CH) und Bodio (I) auf einer Höhe von 549 m ü.M. zweispurig verbindet, ist mit 57 km derzeit der längste Eisenbahntunnel der Welt. Er wurde nach 17 Jahren Bauzeit 2016 in Betrieb genommen; diese hatte sich wegen Finanzierungsproblemen und sehr komplizierten geologischen Bedingungen erheblich in die Länge gezogen. Immerhin ist die Strecke jetzt für Güterzüge bis zu 4000 t Gesamtgewicht befahrbar (zuvor 1400 t); die Fahrzeit Zürich-Mailand verkürzt sich um bis zu 1 h. Mit 64 km noch länger ist der seit 1994 geplante, seit 2004 in Bau befindliche Brenner-Basistunnel zwischen Innsbruck und Franzensfeste (Fortezza), seine Inbetriebnahme sollte eigentlich 2028 erfolgen.

27 Exemplarisch, wenngleich aus eisenbahnromantischer Sicht „unverzichtbar", der dreifache Kehrtunnel von Wassen (Gotthardroute) oder der Kehrtunnel bei Gossensaß (Brennerroute), die sowohl von den Schienenradien als auch von der Tunnelhöhe sowie der Steigung den effektiven Einsatz moderner Güterzüge limitieren.

Gotthard-Basistunnel

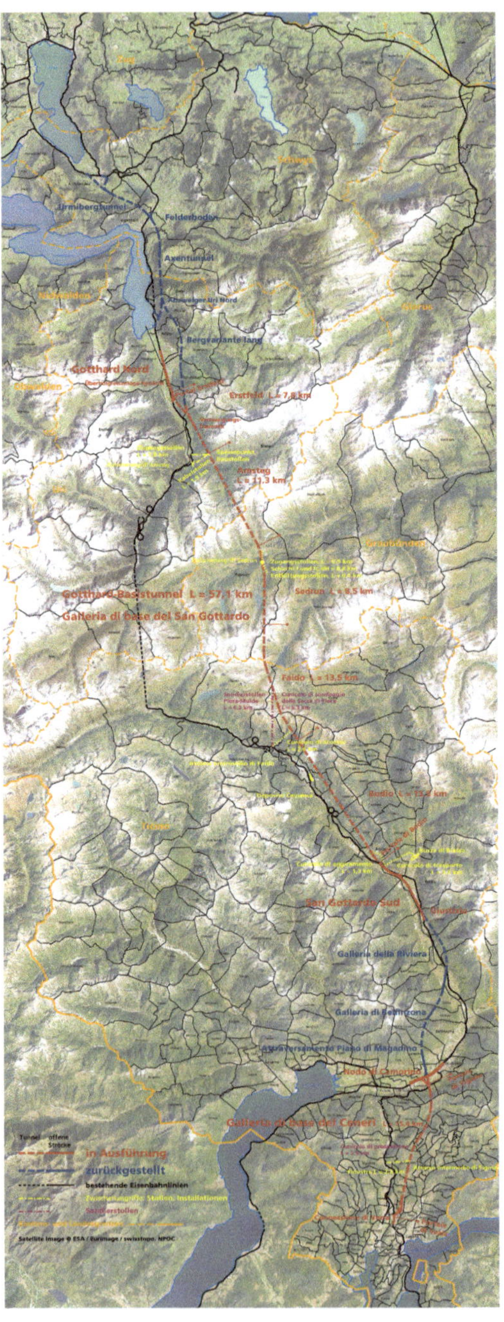

Bildquelle: Linienführung GBT und CBT, Grafik: AlpTransit Gotthard AG

Die Alpentransversalen zeigen freilich überdeutlich auf, dass die Verkehrsströme nur staatenübergreifend realisierbar sind. Die durch die Tunnel gewonnenen Kapazitäten sind nur realisierbar, wenn die nördlichen und südlichen „Zulaufstrecken“ ebenfalls massiv ertüchtigt werden (d.h. vierspuriger Ausbau mit Trennung von Fern- und Nahverkehr, Überholbahnhöfe für Güterverkehr etc., moderne Zugsteuerung über ECTS etc.), weil sonst die „Flaschenhälse“ nur verlagert werden. Im Fall Gotthard reicht die nördliche Zulaufstrecke auf deutscher Seite von Karlsruhe bis Basel. Im Vertrag von Lugano (1996) verpflichtete sich Deutschland gegenüber der Schweiz, die Voraussetzungen für einen leistungsfähigen Verkehr auf der NEAT zu schaffen. Deutschland ist allerdings mit dem Ausbau der Oberrheinlinie massiv im Verzug[28], nicht zuletzt wegen der unklaren Finanzierung, die auf ca. 2,5 Mrd. € geschätzt wird. 26

Flaschenhälse entlang der Nord-Süd-Transversale

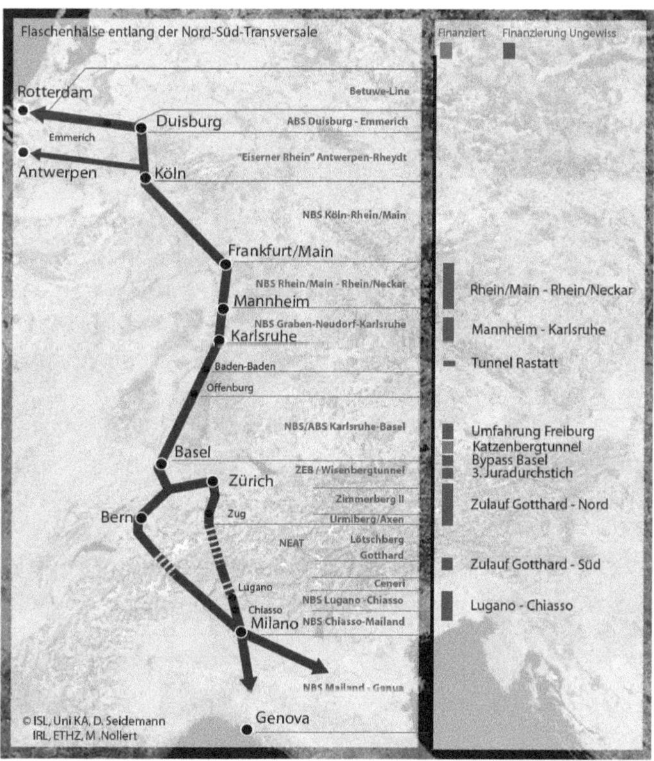

Bildquelle: ARL – Akademie für Raumentwicklung in der Leibniz-Gemeinschaft

28 Dies unter anderem aufgrund des Einsturzes eines neuen Tunnels bei Rastatt 2017.

Ganz ähnlich hatte sich Deutschland im Fall des Brennerbasistunnels 2009 gegenüber Österreich und Italien verpflichtet, den nördlichen Trassenkorridor von München bis Kufstein (Nordzulauf) bis 2022 bautechnisch zu ertüchtigen; die deutsche Seite ist jedoch auch hier massiv im Planungsrückstand; erst im April 2021 fiel die Entscheidung für die östlichste von vier Varianten, die durch lange Tunnelstrecken am schonendsten für Anwohner und Umwelt eingeschätzt wurde.[29]

27 Jedenfalls zeigen diese Beispiele überdeutlich die Bedeutung einer großflächigen Raumplanung: Der vierspurige Ausbau von Hochgeschwindigkeitstrassen hat einen erheblichen Flächenverbrauch und massive ökologische Auswirkungen (Rheinauen, Inntal), zumal in Verbindung mit den partiell parallel verlaufenden A5/A93. Eine vorausschauende Raumplanung muss dafür sorgen, dass die Erweiterung der Bahntrassen (und der Autobahntrasse der A5, die seit Jahrzehnten sukzessiv auf 6 Spuren erweitert wird) weder mit Erweiterungsflächen für die kommunale Bauleitplanung noch mit Naturschutz- und Landschaftsschutzgebieten kollidiert und dass die ökonomischen und ökologischen Interessen ausgewogen berücksichtigt werden.

b) Energieversorgung und -wende

28 Der Wandel der Energieversorgung, insb. auch unter dem Druck der Klimaveränderung und der Energiewende, hat erhebliche und langwierige Auswirkungen auf die räumliche Politik. Je nachdem, durch welche „Schlüsselenergien" die Energiepolitik geprägt ist, sind ganz unterschiedliche geographische Bedingungen an die Energienetze gegeben. So erfordert ein System, das auf dem klassischen Energieträger Steinkohle aufbaut, ebensolche Bergwerke bzw. in Ermangelung solcher die Verwendung von Importkohle; dies wiederum setzt die Existenz entsprechender Seehäfen, leistungsfähiger Binnenschifffahrtswegen und/oder Eisenbahntrassen für schwere Güterzüge voraus. Bei Braunkohle bedarf es wegen der geringeren Energiedichte eines gesteigerten Transportvolumens sowie eines Schutzes der Abbauflächen mit entsprechendem öffentlichen Konfliktpotential (Tagebau Garzweiler). Die Verwendung von Erdgas (das in Deutschland selbst nicht nennenswert vorkommt) bedarf leistungsfähiger Fernhochdruckleitungen mit Pipelineverbindungen ins Ausland (Nord Stream, South Stream) sowie von großen Gasspeichern; indes ist gerade Nord Stream wegen der politischen Spannungen mit Russland ein hochgradiges Politikum. Die Wende zu erneuerbaren Energien verändert die Anforderungen an die Netzinfrastruktur: Windkraft bedarf unbebauter Gebiete mit hinreichendem Windaufkommen („Windhöffigkeit") und leistungsfähiger, neu zu bauender Gleichstrom-

---

29 Aktuelle Informationen unter www.infomarkt.brennernodzulauf.eu.

leitungen von Norden nach Süden.[30] Wasserkraft bedarf Flüsse, Stauseen und generell ein ausreichendes Oberflächengefälle. Das Energieaufkommen von Solarparks ist dagegen dezentraler verteilt und verlangt daher ein engmaschigeres Leitungsnetz.

3. Europäische Agenden

Im Rahmen der begrenzten Einzelermächtigung wurden auf die Europäische Union verschiedene Rechte übertragen, welche übergreifend den Umweltschutz zum Ziel haben. Auf dieser Grundlage wurden unterschiedliche Konzepte auf europäischer Ebene entwickelt. 29

a) EUREK

Unter der deutschen Ratspräsidentschaft wurde vom Informellen Rat der Raumordnungsminister 1999 das Europäische Raumentwicklungskonzept (EUREK) vorgelegt. Darin verständigten sich die EG und ihre Mitgliedstaaten auf einen Orientierungsrahmen für die gemeinsame Leitlinien, nämlich die wirtschaftliche und soziale Zusammenarbeit, die Erhaltung der natürlichen Lebensgrundlagen und des kulturellen Erbes sowie der ausgeglichenen Wettbewerbsfähigkeit des europäisches Raumes. Als wichtigste raumbedeutsame Themen wurden dabei die Entwicklung urbaner Netze[31], die Funktion des ländlichen Raums, die Lenkung und Entwicklung der Transportströme und -korridore, die Koordination der Seewege und die Integration von Natur und Kultur ins Auge gefasst.[32] Die Festlegungen entfalten keine rechtlichen Bindungswirkungen, sondern fungieren als „To-do-Liste" der gemeinsamen Politik, die in speziellen Programmen weiterentwickelt und ausdifferenziert werden sollen. 30

b) Die Zehnjahresprogramme

Als solche sind einmal die Zehnjahresprogramme zu nennen. Hierunter fällt unter anderem die sog. Lissabon-Strategie (2000–2010). Dabei handelt es sich um ein, auf einem Sondergipfel der europäischen Staats- und Regierungschefs im März 2000 in Lissabon verabschiedetes Programm, das zum Ziel hat, die EU innerhalb von zehn Jahren, also bis 2010, zum wettbewerbsfähigsten und dynamischsten wissensgestützten Wirtschaftsraum der Welt zu machen. Das 31

30 Ultranet, SuedLink, SuedOstLink.
31 Nach dem Vorbild des Systems zentraler Orte, vgl. dazu unten § 5.
32 Offizieller Text unter www.ec.europa.eu (veröffentlicht unter ISBN 92–828–7656-X); siehe auch www.ARL-net.de.

Ziel der Lissabon-Strategie wurde allerdings durch die Auswirkungen der globalen Finanzkrise 2008 deutlich verfehlt.

Als Nachfolgeprogramm wurde das Konzept „Europa 2020" (2010–2020) aufgelegt. Dieses hat die Erhöhung der Beschäftigungsquote der Bevölkerung (also die Bekämpfung der Arbeitslosigkeit vor allem in den südlichen Mitgliedstaaten der EU) zwischen 20 und 64 Jahren von derzeit 69 % auf mindestens 75 % zum Ziel. Die Investitionen in Forschung und Entwicklung (F+E) sollen dazu auf mindestens 3 % des BIP anwachsen. Treibhausemissionen sollen um 20 % im Vergleich zu 1990 reduziert werden. Der Anteil an erneuerbaren Energien soll auf 20 % gesteigert werden. Gleichsam soll die Energieeffizienz um 20 % erhöht werden. Der Anteil an Schulabbrechern soll von zwischenzeitlich 15 % auf 10 % reduziert werden. Die Hochschulabsolventenquote soll von 31 % auf mindestens 40 % erhöht werden. Angaben zum Stand der Umsetzung werden turnusgemäß vom der EUROSTAT erhoben.[33] Nachfolger ist die Agenda 2030, die Schwerpunkte auf nachhaltige Entwicklung, insb. in den Bereichen Kreislaufwirtschaft, Umwelt- und Klimapolitik setzt.[34]

c) INTERREG-Programme, Territoriale Agenda der Europäischen Union (TAEU)

32 Schon seit 1990 bestehen die INTERREG-Programme der EG/EU;[35] danach werden sog. *„Euregios"* geschaffen, in denen eine unmittelbare grenzüberschreitende Kooperation gepflegt wird, die oft an alte historische Verbindungen oder gemeinschaftliche ethnische Merkmale anknüpft.[36] Die ältesten Kooperationen bestehen zwischen Deutschland und den Niederlanden. So bestehen die Euregio Rhein-Waal, die die Gebiete Niederrhein und Niederlande umfasst, die Euregio Maas-Rhein im Dreiländereck Rheinland-Wallonie-Flandern, die Euregio Bodensee (Deutschland- Österreich-Schweiz), die alemannische Regio TriRhena (früher: Euregio Basiliensis) mit Südbaden-Oberelsass-Nordwestschweiz, die Euregio Egrensis (Oberpfalz-Oberfranken-Südthüringen-Böhmen); die Euregio Wattenmeer/-inseln (nord-, west-, ostfriesische, dänische Wattenmeerinseln, Helgoland) sowie weitere Verbünde im deutsch-dänischen Grenzland.

33 Aufbauend auf diesen gewachsenen territorialen Kooperationen hatten die EU-Mitgliedstaaten parallel zur LC 2007 auch eine Raumordnungsstrategie über die urbanen Bereiche hinaus vereinbart. Hier wurde insb. das Konzept territorialer Kohäsion entwickelt, das zentral eine Angleichung zwischen unterschiedlich

33 Zuletzt: EUROSTAT, Smarter, greener, more inclusive? Indicators to support the Europe 2020 Strategy, Luxemburg, ed. 2019, ISBN 978-92-76-09826-3.

34 Rat der Europäischen Union, 20.6.2017, Dok. 10370/17.

35 INTERREG I (1991–1993), INTERREG II (1996–1999); INTERREG III (2000–2006); INTERREG IV (2007–2013), INTERREG V (2014–2020).

36 Auflistung bei www.de-academic-com.

leistungsfähigen Regionen verfolgt („**European Territorial Governance**"). Da diese Regionen auch grenzüberschreitend definiert werden können, ist damit ein Abschied vom „klassischen" Territorialstaat verbunden, der neuartige Formen des Government erfordert. Ebenso wie bei der LC ist auch hier eine Einbeziehung privater Akteure (Bürger, Non-Profit-Organisationen, Wirtschaftsunternehmen) notwendig. Als Kommunikationsplattform wird das Netzwerk „METREX" gebildet, das der polyzentrischen, auch staatsübergreifenden Verknüpfung von Städten und Stadtregionen dient.[37]

d) Die Leipzig Charta (LC)

Die für die Stadtentwicklung zuständigen Ministerinnen und Minister haben am 24./25.5.2007 die sog. „Leipzig-Charta zur nachhaltigen europäischen Stadt" verabschiedet. Damit sollen Stadtentwicklungspolitik und Raumpolitik verbunden werden.[38] Die LC enthält zwei Hauptagenden: **34**

Durch eine stärkere Nutzung der Ansätze einer *integrierten Stadtentwicklungspolitik*, die wirtschaftliche Akteure, Interessengruppen und die Öffentlichkeit in den Planungsprozess mit einbezieht, und die *Förderung benachteiligter Stadtquartiere im gesamtstädtischen Kontext,* sollen eine städtebauliche Aufwertung folgender Handlungsfelder strategisch angegangen werden:

(1) die Herstellung und Sicherung qualitätsvoller öffentlicher Räume („Baukultur");
(2) die Modernisierung der Infrastrukturnetze (Förderung eines leistungsstarken und preisgünstigen Stadtverkehrs) und die Steigerung der Energieeffizienz (namentlich im Gebäudebereich), Forcierung einer kompakten Siedlungsstruktur;
(3) die Stärkung der lokalen Wirtschaft und der lokalen Arbeitsmarktpolitik;
(4) eine aktive Innovations- und Bildungspolitik (Qualitätssteigerung, Durchlässigkeit), insb. auch „im Quartier".

Im Bereich des ÖPNV ist tatsächlich im letzten Jahrzehnt eine deutliche Ausweitung durch Fusionen festzustellen.[39] Wie langsam die politischen Mühlen dennoch mahlen können, zeigt sich dadurch, dass manche der 2007 erhobenen Forderungen (z.B. die Einrichtung von Verkehrsnetzen für Fußgänger und Fahrradverkehr) bis heute weit hinter den Möglichkeiten zurückbleiben. Auch die jetzt in verschiedenen Kommunen und Großräumen geplante Einführung von 365 €-Jahrestickets hinkt der LC immerhin 13 Jahre hinterher.

37 Battis/Kersten, EuR 2009, 3 ff.
38 www.bmi.bund.de/SharedDocs/downloads/DE/veroeffentlichungen/themen/bauen/wohnen-leipzig-charta.
39 Dies zeigt sich in der zunehmenden Ausweitung regionaler Verkehrsverbünde.

Die Leipzig-Charta markiert damit eine fundamentale Abkehr von der Charta von Athen und vom Leitbild der funktionsgegliederten Stadt hin zum neuen Ideal einer ökologisch-integrierten Stadt.[40] Dem folgt auch die Einführung der neuen Gebietstypen „urbanes Gebiet“ (§ 6a) und „dörfliches Wohngebiet“ (§ 5a) in der Baunutzungsverordnung (BauNVO).[41]

III. Planung als verwaltungsrechtliche Handlungsform

1. Konditionalnormen und Finalnormen

35 Aus dogmatischer Sicht unterscheidet sich Planung grundlegend vom sonstigen Verwaltungsrecht. Herkömmliche verwaltungsrechtliche Normen sind – wie auch zivil- und strafrechtliche – durch eine „Wenn-dann-Struktur“ gekennzeichnet (**Konditionalnormen**). Sie machen die Rechtsfolge vom Vorliegen eines Tatbestands abhängig. So muss beispielsweise eine Baugenehmigung *dann* erteilt werden, *wenn* keine baurechtlichen Vorschriften entgegenstehen. Eine solche Konditionalstruktur liegt den meisten Normen zugrunde, auch wenn sie gelegentlich etwas anders formuliert werden.[42] Auch Fachplanung unterliegt letztlich immer noch einer konditionalen Entscheidungsstruktur, die eine Entscheidung dann für rechtmäßig erachtet, wenn entgegenstehende Belange „ausgeräumt“ werden konnten. Daher ist der Verwaltungsakt, der dies rechtsverbindlich im konkreten Fall feststellt (Planfeststellungsbeschluss) die konsequente Rechtsform.

36 Raumplanung ist dagegen (wie auch die Bauleitplanung) auf ein politisches Ziel gerichtet, das in der Verwirklichung vieler unterschiedlicher öffentlicher und privater Interessen in ebenfalls unterschiedlicher, häufig gegenläufiger Weise besteht. Durch ein geordnetes Verfahren sollen diese Interessen ermittelt, in ihrer Bedeutung gewichtet und schließlich untereinander und gegeneinander abgewogen werden, um schlussendlich zu einem optimalen Ergebnis zu kommen (**Optimierungsgebot**). Normative Festlegungen in einem Plan bezeichnet man daher auch als **Finalnormen.**[43] Da es dabei um allgemeine Regelungen geht, sind die Pläne konsequenterweise Satzungen (kommunale Ebene) oder Rechtsverordnungen (regionale Ebene).[44]

---

40 Sinder, Die Verwaltung 54 (2021), S. 157 (170 ff.)

41 Sinder, Die Verwaltung 54 (2021), S. 157 (171 ff., 175 f.).

42 Vgl. Rüthers/Fischer/Birk, Rechtstheorie, § 4 Rn. 116; Battis, Öffentliches Baurecht und Raumplanungsrecht Rn. 53; Geis in: Schoch/Schneider, VwVfG, Vorb. § 40, Rn. 6 ff.

43 Bull/Mehde, AVwR, § 7 Rn. 273; Geis (Fn. 39, Rn. 7 f.).

44 Dies ist mittlerweile gefestigte Dogmatik. In den Jugendjahren der Raumplanung bestanden divergierende Ansichten, gelegentlich sprach man von einer Rechtsnorm „sui generis“.

2. Grundsatz der Konfliktbewältigung

Eine übergreifende Planung stößt natürlicherweise auf höchst unterschiedliche, oft gegenläufige Interessen. Typischerweise stehen etwa ökonomische und ökologische Interessen, individuelle und Gemeinwohlinteressen, materielle und ideelle Interessen einander diametral gegenüber. Durch eine Abwägung sollen im Idealfall alle auftretenden Konflikte gelöst oder zumindest in einem für alle erträglichen Maß geregelt werden (**Grundsatz der Problem- bzw. Konfliktbewältigung**).[45] Planung darf nicht dazu führen, dass erst durch sie entstandene Differenzen, zulasten der Betroffenen ungelöst bleiben.[46] Solche Konflikte können durch Lärm oder andere Immissionen entstehen, durch Eingriffe in Natur, Umwelt und Landschaft, aber auch durch Beeinträchtigungen von Eigentum und Gewerbeinteressen Dritter. Ursprünglich aus dem Abwägungsgebot des § 1 Abs. 7 BauGB abgeleitet, gilt der **Grundsatz der Konfliktbewältigung** mittlerweile für alle Planungsbereiche, sowohl für die Fachplanung, die Bauplanung und eben auch für die übergreifende Raumplanung.[47] 37

Allerdings sind die Anforderungen an die Konfliktbewältigung nicht zu überspannen: Auch bei sorgfältiger Abwägung lassen sich nicht alle Konflikte völlig beseitigen. Es ist daher anerkannt, dass die Raum- und Bauleitplanung vor allem der „**Grobsteuerung**" dient, während eine ergänzende „**Feinsteuerung**" in einem nachfolgenden Genehmigungsverfahren vorgenommen werden kann.[48] Verbleibende „kleinere" Konflikte etwa im Baugenehmigungsverfahren können dann durch Nebenbestimmungen zum Genehmigungsverwaltungsakt, insbesondere durch Auflagen (§ 36 VwVfG) entschärft werden. 38

Beispiel: Flächenverbrauch durch zu errichtende Gebäude und der durch Versiegelung eines Grundstücks damit verbundene Verlust von „Natur" können z.B. durch die Verpflichtung kompensiert werden, Carport-Dächer zu begrünen, Hecken oder Bäume regionaltypischer Art zu pflanzen. Dies erfolgt durch eine Auflage zur Baugenehmigung (§ 36 Abs. 2 Zf. 4 VwVfG).

Die Details der Konfliktbewältigung können also in Begleit- oder Nachfolgeverfahren verlagert werden. Dies setzt allerdings voraus, dass ein solches auch stattfindet. Im Zuge der Deregulierung der letzten Jahrzehnte wurden etwa im Baurecht die Fälle der genehmigungsfreien Vorhaben und vereinfachter Genehmigungsverfahren deutlich ausgeweitet. Die Einhaltung von Bauvorschriften wird in diesen Fällen letztlich auf den „aufmerksamen" Nachbarn verlagert, der durch die Inanspruchnahme von verwaltungsgerichtlichem Individualrechts- 39

45 BVerwGE 45, 309; 48, 56; BVerwG, U.v.17.12.1985 – 4 B 214.85 = NVwZ 1986, 640 f.; BVerwG, U.v.26.5.2004 – 9 A 6.03 = NVwZ 2004, 1237 ff.

46 Stüer, Der Bebauungsplan, Rn. 565.

47 VglWerk, in: Schumacher/Werk/Albrecht, ROG, § 1 Rn. 24; Wickel, in: Ehlers/Fehling/Pünder, BVwR, Bd. 2, § 39 Rn. 12,17,77 und § 40, Rn. 169.

48 Analyse bei Birk, NVwZ 1989, 905 ff.

schutz selbst für eine nachträgliche Feinsteuerung sorgen muss. Wenn dann der maßgebliche Bebauungsplan nicht nach § 1 Abs. 4 -BauGB angepasst ist, können Fehlentwicklungen zu vollendeten Tatsachen führen.

40 Der Dualismus von Grobsteuerung/Feinsteuerung ist auch bei der „höher" angesiedelten Raumplanung gegeben: So können gröbere Festsetzungen aus dem Landesentwicklungsprogramm durch Festsetzungen im Regionalplan konkretisiert werden; dessen Zielfestsetzungen sind wiederum verbindlich für die örtliche Bauleitplanung sind (§ 1 Abs. 4 BauGB). Solche Abwägungsergebnisse entziehen sich in der Regel einer klaren Bewertung als rechtmäßig bzw. rechtswidrig; dem Normgeber ist vielmehr ein weitgehender Abwägungsspielraum eingeräumt. Daher ist die korrekte Durchführung des Planungsverfahrens umso wichtiger, da es dem Planungsergebnis Legitimation und (befriedende) Akzeptanz verleiht. So kann ein Abwägungsergebnis auf der Basis eines korrekten Planungsverfahren als exemplarischer Anwendungsfall der rechtssoziologischen Theorie von der „Legitimation durch Verfahren" (Niklas Luhmann) verstanden werden[49].

41 Weist ein Bebauungsplan auf der einen Seite ein Gebiet als Kerngebiet aus, setzt aber auf der anderen Seite zugleich Wohnung oberhalb des ersten Vollgeschosses als allgemein zulässig fest, kann darin ein Verstoß gegen das Gebot der Konfliktbewältigung und damit ein Verstoß gegen § 1 Abs. 7 BauGB liegen. Das Gebot der Konfliktbewältigung ist Folge des Abwägungsgebots aus § 1 Abs. 7 BauGB und verlangt, dass die durch Festsetzungen des Bebauungsplans zurechenbar verursachten Konflikte grundsätzlich auch durch den Bebauungsplan im Wege eines gerechten Ausgleichs der berührten Belange selbst gelöst werden. Der Bebauungsplan darf »planerische Zurückhaltung« üben und einzelne Problemlösungen auf die nachgelagerte Vollzugsebene verlagern. Er darf jedoch nicht solche Interessenskonflikte offenlassen, die sich absehbar im nachfolgenden Verwaltungsverfahren nicht sachgerecht lösen lassen. Ein Verstoß gegen das Gebot der Konfliktbewältigung führt grundsätzlich zur Unwirksamkeit des Bebauungsplans, sofern der Fehler nicht als Fehler im Abwägungsvorgang nach den Grundsätzen der Planerhaltung gemäß §§ 214, 215 BauGB unbeachtlich oder heilbar ist. Ist der Verstoß danach unbeachtlich, stellt sich die Frage, ob die offen gelassenen Konflikte bei der Prüfung des Rücksichtnahmegebots nach § 15 Abs. 1 BauNVO berücksichtigt werden dürfen. Sind Nutzungskonflikte bei der Aufstellung des Bebauungsplans bereits abgewogen und gelöst worden, bleibt für eine Berücksichtigung dieser Belange im Rahmen des Gebots der Rücksichtnahme aus § 15 Abs. 1 BauNVO insoweit kein Raum mehr. Fand die eigentlich gebotene Konfliktlösung bei der Aufstellung

49 Luhmann, Legitimation durch (1969)6. Aufl.

des Bebauungsplans gerade nicht statt, stellt der Rückgriff auf das Gebot der Rücksichtnahme keine unzulässige Korrektur der planerischen Entscheidung im Bebauungsplan mehr dar.[50]

50 Ein anschauliches Beispiel liefert BVerwGE 147, 379 ff.

§ 2 Eine kurze Geschichte der Raumordnung in Deutschland

I. Erste Ansätze einer „Raumordnung"

42 Erste Ansätze zu einer gezielten, flächenweiten Gestaltung des Raumes in Europa finden sich schon im alten Rom: Der Bau der Römerstraßen und die gezielte Einrichtung eines Netzes von Militärlagern und Siedlungen dienen der gezielten Strukturierung und Verwaltung des Hoheitsgebiets, die bis heute (einschließlich Limes und Hadrianswall) sichtbar sind. Auch im (Hoch-)mittelalter dienen entsprechende Maßnahmen der Sicherung von Verteidigung und Handel: Die Errichtung von Pfalzen, die gezielte Gründung oder der Ausbau von befestigten Städten an wichtigen Punkten von Verkehrswegen (Brücken, Furten, unterhalb von Burgen) stabilisieren die Herrschaft über ein Gebiet und garantieren sichere Zoll- bzw. Mauteinnahmen.[51] Ähnliche Erscheinungen sind die Bastiden Südfrankreichs oder die Wehrdörfer entlang der mittelalterlichen Via francigena (Krönungsstraße nach Rom). Mit dem Übergang von der Lehens- zur Territorialherrschaft gewinnt der Gedanke der bewussten Raumgestaltung weiter an Gewicht. Eine betont planungsfreundliche Epoche stellt der Absolutismus nach französischem Vorbild dar: die Errichtung von Schlössern zur augenfälligen Verherrlichung der Monarchie, von starken militärischen Festungen (Vauban), der Bau guter Verkehrswege, die neben den merkantilistisch geprägten Gewerbe- und Industrieansiedlungen zur Profitmaximierung und wirtschaftlichen Autarkie (Colbert) auch schnelle Truppenverlegungen begünstigen, sowie städtische Neugründungen zu repräsentativen oder merkantilen Zwecken (in Deutschland z.B.: Karlsruhe, Mannheim, Erlangen).

II. Raumplanung im 19. Jahrhundert

43 Das 19. Jahrhundert ist eher „planungsfeindlich". Die Auswirkungen des Wirtschaftsliberalismus, der Gewerbefreiheit und der Baufreiheit, aber auch der Industrialisierung führen zu massivem, kaum koordiniertem Flächenverbrauch, ja bisweilen zu Wildwuchs. So entwickelte sich die Siedlungsstruktur des Ruhrgebiets aufgrund des raschen Wachstums der Schwerindustrie weitgehend unkontrolliert.[52]

51 Geis, Kommunalrecht, § 2 Rn. 5 ff.

52 Henle, Industriekultur und Architektur, in: Köllmann/Korte/Petzina, Das Ruhrgebiet im Industriezeitalter, Bd. 2 (1990), S. 223.

Besonders sprunghaft verlief die Entwicklung in der Gründerzeit nach dem deutsch-französischen Krieg und der Reichsgründung 1871: Hier entstand – begünstigt durch die französischen Kontributionszahlungen – eine der ersten neuzeitlichen Immobilienblasen, durch die sich etwa der Siedlungsraum um die neue Reichshauptstadt Berlin explosionsartig vergrößerte und in die Peripherie ausgriff. Das Platzen dieser Blase nur zwei Jahre später und die folgende langanhaltende Gründerkrise hinterließ eine Mixtur von erbärmlichen Proletariervierteln (v.a. den „Wilhelminischer Mietskasernengürtel"[53] und marode Industriegebäude).[54] Dies wurde auch durch die beschränkte Steuerungswirkung des Baurechts begünstigt: Die Preußische Bauordnung von 1851 beschränkte sich im Wesentlichen auf die sicherheitsrechtliche Gefahrenabwehr (namentlich Straßenplanung und Brandschutz). Das legendäre „Kreuzbergurteil" des PrOVG vom 14.6.1882 verbot sogar dezidiert eine baugestalterische (ästhetische) Einflussnahme des Staates. Aspekte des Gesundheitsschutzes spielten zu dieser Zeit keine Rolle, von Umwelt- bzw. Naturschutz ganz zu schweigen. Diese restriktive Handhabung verhinderte auch eine länger schauende, ordnende Planung. Einer gemeinsamen Planung des Großraums Berlin stand zudem entgegen, dass diese sich kommunalrechtlich auf 8 Städte, 59 Landgemeinden und 27 Gutsbezirke aufteilte, eine Koordinationspflicht aber noch unbekannt war. 44

III. Raumplanung im frühen 20. Jahrhundert

Die Notwendigkeit, dem Wildwuchs der im 19. Jahrhundert weitgehend unkoordiniert entstandenen Industrieagglomerationen gegenzusteuern, führte noch vor Beginn des 1. Weltkriegs zur Erkenntnis, dass die in der Gründerzeit entwickelte, kommunal begrenzte Bebauungsplanung über die kommunalen Grenzen hinaus in den Blick genommen werden müsste. So kam es zum „**Gesetz über den Zweckverband für Groß-Berlin**" v. 19.7.1911 (PrGS S. 123), in dem erstmals eine Pflicht zur Zusammenarbeit statuiert wurde, die allerdings so vage formuliert war, dass sie überwiegend folgenlos blieb; immerhin geht die Vereinigung der Berliner Straßenbahnen zu einem gemeinsamen Transportunternehmen des öffentlichen Nahverkehrs darauf zurück (Vorgänger der BVG). Eine Fortentwicklung gab es allerdings erst in der Nachkriegszeit durch den Planungsentwurf „Schematische Massenteilung Berlins" (von *Martin Mächler*), der Grundlage für das „Groß-Berlin-Gesetz" von 1920 mit seinen flächendeckenden Eingemeindungen wurde. Dadurch wurde aus den o.g. Kommunen die Stadtgemeinde Berlin gebildet; die Bevölkerungszahl von Berlin verdoppelte sich schlagartig auf ca. 3,8 Mio., die Fläche verdreizehnfachte (!) sich sogar von 45

53 Literarisch u.a. verewigt durch die Zeichnungen von Heinrich Zille („Zilles Milieu")
54 Demps/Materna, Geschichte Berlins, 1987, S. 425.

66 km^2 auf ca. 880 km^2. Dadurch waren die Grundlagen für eine umfangreichere Planung gelegt.

46 Eine parallele Entwicklung für das Ruhrgebiet erfolgte durch das **„Gesetz betreffend die Verbandsordnung für den Siedlungsverband Ruhrkohlenbezirk“** v. 5.5.1920 (PrGS S. 286), der zunächst zu dem Zweck gegründet wurde, die Reparationsforderungen des Versailler Vertrags bedienen zu können. Hierzu sollte vor allem der Ruhrbergbau forciert werden, um entsprechende Gewinne zu erwirtschaften. Dazu war eine Ansiedlung von bis zu 750.000 neuen Einwohnern vorgesehen. Eine zentrale Aufgabe des Verbands war es, die völlige Zersiedlung zu vermeiden und unverzichtbare Grün- und Freiflächen zu schützen („Regionale Grünzüge“), die größtenteils bis heute erhalten (Konzept der sog. Revierparks) und 2005 in den Emscher Landschaftspark[55] eingegangen sind. Weitere regionale Planungsgemeinschaften entstanden in den 20er Jahren in Sachsen, in Thüringen und im Großraum Hamburg.

47 In den 20er Jahren wurden außerdem in großem Umfang lokale Wirtschaftspläne aufgestellt, die im Sinne einer gesamtstädtischen Entwicklung – ähnlich einem Flächennutzungsplan – örtliche Strukturen beeinflussen sollten. Diese Planungen mündeten u.a. im Wohnsiedlungsgesetz 1933. Parallel wurde am 28.10.1922 als unabhängige Eigeninitiative von Architekten und Städtebauern die „Freie Akademie des Städtebaus“ gegründet, um den fachlichen Austausch zu pflegen.

IV. Raumordnung im Nationalsozialismus

48 Der Rechtsbegriff „Raumordnung“ erscheint erstmals im „Dritten Reich“ und bezeichnet die Usurpation großflächiger Planung im Dienste der nationalsozialistischen Ideologie. Die Begriffe „Raum“ und „Boden“ wurden – z.T. schon vor 1933[56] – im Sinne einer völkisch-darwinistischen Geographie aufgeladen („Volk ohne Raum“; „Blut und Boden“, „Lebensraum im Osten“ „Aktion Ritterbusch“[57]) und dienten der Vorbereitung der Landnahme durch die Eroberungskriege im Osten.[58] Zudem hatte Hitler selbst für Raumplanung und Monumentalarchitektur ein persönliches (freilich dilettantisches) Faible, was auch dem von ihm protegierten *Albert Speer* zu Gute kam.

---

55 Vgl. Masterplan ELP 2010 (www.elp2010.de; www.projektruhr.de).

56 Z.B. Grimm, Volk ohne Raum, 1926.

57 Hausmann, „Deutsche Geisteswissenschaft“ im Zweiten Weltkrieg. Die „Aktion Ritterbusch“ (1940–1945), 2007.

58 Vgl. Lange, Der Terminus „Lebensraum in Hitlers „Mein Kampf““, Vierteljahreshefte für Zeitgeschichte, 13 (1965), 426 m.w.N.

Bereits 1934 wurde die „Freie Akademie des Städtebaus“ als „Deutsche Akademie für Städtebau, Reichs- und Landesplanung (DASRL)“ gleichgeschaltet. Mit dem „Gesetz über die Regelung des Landbedarfs der öffentlichen Hand“ vom 29.3.1935[59] und dem „Erlaß über die Reichsstelle für Raumordnung“ vom 26.6.1935[60] wurde eine direkt der Reichskanzlei unterstellte Behörde geschaffen, die die zusammenfassende, übergeordnete Planung und Ordnung des deutschen Raumes für das gesamte Reichsgebiet zur Aufgabe hatte und zu diesem Zweck Unterrichtungs-, Auskunfts-, Beteiligungs- und Einspruchsrechte gegenüber allen örtlichen Planungen besaß (allerdings deswegen häufig auch Schwierigkeiten im Verhältnis zu den Fachplanungsstellen hatte). Der RfR waren 23 Landesplanungsgemeinschaften unterstellt. Als Forschungsorganisationen waren ihr die „Reichsarbeitsgemeinschaft für Raumforschung (RAG) unter Leitung ihres „Obmanns“ *Konrad Meyer* sowie zahlreiche Hochschularbeitsgemeinschaften zugeordnet;[61] bei der RAG erschien auch ab 1936 die Zeitschrift „Raumforschung und Raumordnung“. 49

V. Raumplanung in der Nachkriegszeit

Aufgrund seiner nationalsozialistischen Konnotationen wird der Begriff der Raumordnung in der Nachkriegszeit und der jungen Bundesrepublik in der Politik nur zögerlich gebraucht, und wenn, dann ausschließlich als Synonym für die überörtliche Planung.[62] Der Begriff der Landesplanung erscheint demgegenüber – nicht nur aus föderalen Gründen – vorzugswürdig, da unbelasteter. Gleichwohl wird die Notwendigkeit einer gesetzlichen Regelung der großflächigen Planung gesehen, gerade im Sinne eines kontrollierten Wiederaufbaus. So bezeichnet § 1 des Nordrhein-Westfälischen Landesplanungsgesetzes vom 11.3.1950 (GVBl. S. 41) es als Aufgabe der Landesplanung, „die übergeordnete, zusammenfassende Planung für eine den sozialen, kulturellen und wirtschaftlichen Erfordernissen entsprechende Raumordnung im Lande Nordrhein-Westfalen zu entwickeln...". Als „Raumordnungspläne" werden in § 3 Pläne bezeichnet, „die die geordnete Nutzung des Bodens, insbesondere im Hinblick auf die Erfordernisse der Land- und Forstwirtschaft, der Wasserwirtschaft, der Industrie, 50

59 RGBl. I S. 468; ergänzt durch die Erste Verordnung zur Durchführung der Reichs- und Landesplanung vom 15.2.1936 (RGBl. I S. 104).

60 RGBl. I S. 793.

61 Vertiefend Heß, Comparativ 5 (1995), 67;Venhoff, Die Reichsarbeitsgemeinschaft für Raumforschung (RAG) und die reichsdeutsche Raumplanung seit ihrer Entstehung bis zum Ende des Zweiten Weltkriegs (ARL Bd. 258), 2000.

62 Vgl. Klamroth, Organisation und rechtliche Grundlagen der Landesplanung in der Bundesrepublik Deutschland und Berlin, Heft 16 der Mitteilungen aus dem Institut für Raumforschung Bonn, Anhang A, S. 18 ff.

des Verkehrs, der Bebauung, des Schutzes des Heimatbildes und der Erholung in den Grundzügen regeln."

51 Die Verordnung über die Organisation der Landesplanung in Bayern vom 23.6.1949 (GVBl. S. 175) ordnete die Bildung eines „Ausschusses für Landesplanung“ zur Gewährleistung einer gegenseitigen Abstimmung aller den Raum beeinflussenden Planungen der einzelnen Geschäftsbereiche Fachplanungen als Aufgabe der Landesplanung wird in dem Entwurf des Bayerischen Landesplanungsgesetzes (Drucks. d. Bayerischen Senates Anl. 418/1951) bestimmt, „die Raumnutzung im Gebiet des Freistaates Bayern nach wirtschaftlichen, sozialen und kulturellen Erfordernissen zusammenfassend zu planen und zu ordnen; sie erstellt Entwicklungs- und Raumordnungspläne.“[63] Bezeichnenderweise ressortiert die Landesplanung in dieser Phase im Wirtschaftsministerium, deren Wiederaufbau nach dem Krieg von elementarer ökonomischer Bedeutung ist.

52 Als Aufgabe der Landesplanungsbehörde von Rheinland-Pfalz wird in der Landesverfügung vom 10.6.1947 (VOBl. S. 305) "die grundlegende, übergemeindliche Zusammenfassung aller raumberührenden Planungen im Lande Rheinland-Pfalz" bezeichnet. § 3 des Aufbaugesetzes für Rheinland-Pfalz vom 1.8.1949 (GVBl. S. 317) besagt:

„Der Aufbauplan muß sich der Raum- und Landesplanung einfügen." Damit stimmt § 5 des Badischen Aufbaugesetzes vom 25.11.1949 (GVBl. S. 29) wörtlich überein.

Nach der Verfügung des Oberpräsidenten von Hannover vom 4.7.1946 (P.Nr. 2541) obliegt es der Landesplanung, "einen Gesamtplan aufzustellen, der alle Fachgebiete erfasst und aufeinander abstimmt (Raumordnungsplan)“. Auch der Hessischen Landesplanung ist durch den Kabinettsbeschluss vom 11.7.1951 (Staatsanzeiger Nr. 32 Satz 461) die Aufgabe gestellt, „die sozialen, kulturellen, wirtschaftlichen und technischen Fachplanungen in gemeinsamer Beratung mit den Fachministern aufeinander abzustimmen (...) und einen Raumordnungsplan aufzustellen".

53 Relativ geräuschlos vollzog sich dagegen die Transformation auf behördlicher und wissenschaftlicher Ebene – wie in der Nachkriegszeit so oft! Nach dem Kriegsende ging aus dem RAG die Akademie für Raumforschung und Landesplanung in Hannover sowie das Institut für Raumforschung in Bad Godesberg (als Vorgänger des späteren BBR) hervor.[64]

---

63 In Übernahme des sog. „Raumordnungsgutachtens“ des BVerfG vom 16.6.1954 – 1 PBvV 2/52 = BVerfGE 3, 407 (426 f.).

64 Leendertz, Ordnung schaffen – Deutsche Raumplanung im 20. Jahrhundert, 2008; Blotevogel, Geschichte der Raumordnung, in: Borchard, Grundriss der Raumordnung und Raumentwicklung, 2011, S. 75 ff; 182 ff.

Auch ungeachtet der „Last der Vergangenheit“ war Raumplanung bis in die sechziger Jahre ein misstrauisch betrachtetes Feld, spielt doch der Begriff der Planung als solcher auch in sozialistischen bzw. kommunistischen Regimen eine tragende Rolle (Planwirtschaft, Siebenjahrespläne, Dogma der Planerfüllung) und erhielt so vor allem in den „bürgerlichen“ Parteien einen pejorativen Beigeschmack; tiefe Ablehnung jeder Form von Planung bzw. Planwirtschaft wird etwa in Äußerungen des Bundeswirtschaftsministers und späteren Bundeskanzlers *Ludwig Erhard* deutlich.[65] Dementsprechend waren die damaligen Raumordnungspläne rechtlich bewusst wenig bindend; man spricht von der Phase der „persuasorischen Raumplanung“, d.h. die aufgestellten Planziele sollten weniger durch rechtliche Verbindlichkeit als durch ihre überzeugende Konzeption Wirkung entfalten. **54**

VI. Das Raumordnungsgesetz (ROG) als Kind der „Planungseuphorie“

Nach dem Wirtschaftswunder der 50er Jahre, dem schleichenden Ende der Ära *Adenauers* in der ersten Hälfte der 60er Jahre und der betont wirtschaftsliberalen Regierung *Erhards* bedeutete die erste große Rezession 1966/67, in der erstmals kein Wirtschaftswachstum stattfand (parallel zum Vietnamkrieg!), einen vehementen Einschnitt. In der ersten Großen Koalition 1966–1969 kam es zu einem Paradigmenwechsel: Die Staatskrise sollte vermehrt durch Planung auf allen Ebenen überwunden werden; das Dogma der Planbarkeit der Zukunft trat an die Stelle des Dogmas des freien Marktes. Folgen dieses Denkens sind der Erlass des StWG, das mit dem „magischen Viereck“ den Einzug der antizyklischen Finanzpolitik (Keynesianismus) verband. Die anschwellende Planungseuphorie wurde u.a. von dem Freiburger Staatsrechtslehrer *Joseph Kaiser* als „großer Zug der Zeit“ bezeichnet. Damit kam es auch zu einem starken Schub für die Raum- und Landesplanung, die von einer ursprünglichen persuasorischen „Arkanaufgabe“ der Verwaltung zu einer Parlamentarisierung der Landesplanung in den frühen 70er Jahren führen sollte. Während der sozialliberalen Regierung Brandts wurde die Raumordnung zum „Modethema“ der 70er Jahre. Das eher im linken Denken verankerte keynesianische Dogma der Steuer- und Planbarkeit staatlicher und gesellschaftlicher Fortentwicklung (vgl. die 5-Jahres-Pläne im Sozialismus) führte zur regelrechten Planungseuphorie (mittelfristige Finanzplanung, Stabilitäts- und Wachstumsgesetz 1967), folgende Bedingungen waren für die mehrstufige Entwicklung der Raumplanung prägend: **55**

- Raum und Boden sind in der Bundesrepublik bei einer hohen Bevölkerungsdichte knapp.
- Eine zentrale staatliche Planung ist rechtlich nicht möglich

65 Erhard/Langer, Wohlstand für alle, 1957, S. 103, 112 f.

(Föderalismus, kommunale Selbstverwaltung, Privatnützigkeit des Bodens).

- Der Raum muss unterschiedliche Funktionen erfüllen (Wohnbedürfnisse, Erholung, Industrie/Gewerbe, Urproduktion/Landwirtschaft, Verkehr, Naturschutz – nicht immer deckungsgleich mit Erholung). Nicht zu vergessen auch: Gewinnung von geographisch/geologisch ungleich verteilte Bodenschätze (*Beispiel* Südbayern: kaum Bodenschätze außer Kalk, Kies, Steine, bedingt durch eiszeitliche Geröllmoränen). Daraus ergeben sich in hohem Maße konfligierende Interessen.
- Verkehrs-, Bevölkerungs- und Umweltprobleme machen nicht an politischen und rechtlichen Grenzen Halt.
- Ein Prototyp für diese Interessenkollisionen ist das Ruhrgebiet, insbesondere durch die Transformation der schwerindustriellen Prägung zu einer differenzierenden Raumnutzung.

56 Eine erste Ernüchterung der Planungseuphorie lässt indes nicht lang auf sich warten: Die Ölkrise 1973 vermittelt die (banale) Erkenntnis, dass nicht alles Wünschenswerte planbar ist. Mit dem Wechsel zur sozialliberalen Koalition *Schmidt/Genscher* 1973 wird auch die Planungseuphorie deutlich zurückgefahren.[66] Einen neuen Aufschwung erlebt der Planungsgedanke dann durch den Aufschwung der Ökologiegedankens in den 80er und 90er Jahren, der maßgeblich durch europarechtliche Impulse getragen wird.[67] Der Gedanke der Umweltverträglichkeit wird zum zentralen Gedanken des Planungsrechts,[68] sowohl im Raum- als auch im Fachplanungsrecht; Der Erlass des Gesetzes über die Einführung einer Umweltverträglichkeitsprüfung (UVPG) und das Gesetz über die strategische Umweltprüfung (SUPG) als zentrale Gesetzeswerke berücksichtigten beide diesen Ansatz.

VII. Raumplanung nach der Wiedervereinigung

57 Die deutsche Wiedervereinigung 1990 hat dann wieder neue raumordnerische Aktivitäten ausgelöst. In „Deutschland als Ganzem“ ist das großräumige West-Ost-Gefälle in den Lebensbedingungen der Bevölkerung auszugleichen. Auch wurde 1992 ein raumordnungspolitischer Orientierungsrahmen vom Bundesministerium für Raumordnung veröffentlicht, welcher die Planung im gesamtdeutschen Raum zum Ziel hatte.

---

66 Zusammenfassend Dörr, in: Ehlers/Fehling/Pünder, BVwR, § 38, Rn. 7 ff.

67 Am Beginn steht die EG-Vogelschutzschutzrichtlinie v. 2.4.1979 (79/409/EWG), novelliert durch die Richtlinie 2009/147/EG des Europäischen Parlaments und des Rates vom 30.11.2009.

68 Dörr, in: Ehlers/Fehling/Pünder, BVwR, 38 Fn. 12 ff.

Dabei wurden Leitbilder zur Siedlungsstruktur, zur Umwelt- und Raumnutzung und zum Verkehr bestimmt. Stadtgrenzen und Stadtregionen wurden definiert, der raumordnungspolitische Ressourcenschutz geriet in den Fokus, Nutzungskonflikte wurden definiert, die europäische Dimension und die grenzüberschreitende Zusammenarbeit wurden skizziert.

Gerade auf supranationaler Ebene hat sich im Bereich des Umweltschutzes 58
vieles getan. Der Ursprung dieser Entwicklung geht dabei auf die Vogelschutzrichtlinie (79/409/EWG) aus dem Jahr 1979 zurück. Seither haben sich die europäischen Vorgaben immer weiter konkretisiert und gemehrt. Die Richtlinie EG 85/337/EWG vom 27.6.1985 verpflichtete die Mitgliedstaaten beispielsweise bei bestimmten Großvorhaben zur Einführung einer Umweltverträglichkeitsprüfung (kurz: UVP). Damit rückte der Klimawandel in den Fokus. Außerdem wurde bei zukünftigen Vorhaben auch die Anfälligkeit für schwere Unfälle und Katastrophen in den Blick genommen. Es handelt sich mithin um eine projektbezogene Vorgabe für alle Mitgliedsländer. Die UVP-Richtlinie wurde dabei in Deutschland in der Novelle zum ROG von 1989 umgesetzt. Damit waren diese verpflichtende selbstständige Vorschaltverfahren vor Genehmigungsverfahren. Seit der ROG-Novelle 1993 findet sich die Umsetzung der UVP-Richtlinie nunmehr in § 15 ROG. Damit ist sie seither ein unselbstständiges Element von Planungsverfahren.

Der Schutz der Biodiversität wurde bereits seit der Konferenz in Rio de Janeiro 59
1992 artikuliert. Auf der Ebene des Europarechts folgt ihr die Fauna-Flora-Habitat-Richtlinie (92/43/EWG). Danach werden die Mitgliedstaaten verpflichtet, ein Netz von zusammenhängenden Schutzgebieten zu schaffen. In Deutschland sind die einzelnen Bundesländer verpflichtet, sogenannte FFH-Flächen auszuweisen, in denen schützenswerte bzw. bedrohte Arten und Lebensräume existieren. Diese werden an das für Umwelt zuständige Bundesministerium gemeldet und nach § 32 BNatSchG formell als Schutzgebietszonen ausgewiesen. Entsprechend werden die von allen Mitgliedsstaaten zurückgemeldeten Listen nach einer Prüfung („Konzentrierung") in den Natura 2000-Katalog aufgenommen.

Die ebenfalls erlassene SUP-Richtlinie 2001/42/EG sorgte ergänzend für eine 60
strategische Umweltprüfung unter Berücksichtigung der Wechselwirkungen und Kumulationen von mehreren Vorhaben. Auch hierbei handelt es sich um planbezogene und nicht mehr um projektbezogene Vorgaben. Anlass für dieses supranationale Vorgeben war die zerklüftete und uneinheitliche Umweltpolitik durch unterschiedlichste Regelungs- und Lösungsansätze. Damit sollte ein Wandel von technikorientierter zu qualitativer Umweltpolitik erfolgen. Seither steht der nachsorgende und vorsorgende Ansatz im Umweltrecht im Mittelpunkt. Damit einhergehend ist auch eine andere Wahrnehmung bezüglich der Umweltprobleme. Der schleichenden Umweltdegeneration kann nur mit Globalisierung begeg-

net werden, wobei neben den Ursachen und Wirkungen auch die Lösungsansätze global gedacht werden müssen. Die Kernelemente der strategischen Umweltprüfung (SUP) sind dabei die Erarbeitung eines Umweltberichts. In diesem sind die voraussichtlichen erheblichen Auswirkungen, die die Durchführung des Plans oder Programms auf die Umwelt hat zu ermitteln, zu beschreiben und zu bewerten (Art. 5, Anh. I SUP-RL). Auch ist eine aktive Suche nach alternativen Lösungen vorgeschrieben. Diese Prüfungsnotwendigkeit ergibt sich jedoch nur bei übergreifenden, nicht-projektbezogenen Planungsverfahren. Mehrere kleinere Projekte sind dabei bezüglich ihrer kumulativen Umweltauswirkungen zusammenzufassen und zu bewerten.

Die Umsetzung der SUP-Richtlinie erfolgt dabei in jedem Mitgliedstaat individuell. Denkbar ist dabei sowohl die Schaffung neuer Verfahren als auch die Implementierung in bereits bestehende Verfahren. In Deutschland sind dabei dafür das Europarechtsanpassungsgesetz Bau vom 24.6.2004 (BGBl. I, 1359) erlassen worden und einzelne Regelungen in bereits bestehenden Verfahren ergänzt worden (§ 1a BauGB, § 14 g UVPG, ROG).

VIII. Raumplanung nach der Föderalismusreform

61 Von den drei bisherigen Föderalismusreformen ist diejenige von 2006 für das Raumplanungsrecht die bedeutsamste. In dieser ist die bisherige Rahmengesetzgebung (Art. 75 GG a.F.) aus dem Grundgesetz genommen worden. Das ROG hatte darüber hinaus aber gleichwohl Bestand (Art. 125b GG). Die Raumordnung fällt seither in den Bereich der konkurrierenden Gesetzgebung (Art. 74 Nr. 31 GG). Das bietet den Vorteil, dass der Bund nicht mehr nachweisen muss, dass eine übergeordnete Planung *erforderlich* ist. Bezüglich der einzelnen Bundesländer besteht gleichsam ein Abweichungsrecht, Art. 72 Abs. 3 S. 1 Nr. 4 GG. Soweit der Bund von seiner Gesetzgebungskompetenz Gebrauch gemacht hat, können abweichende Regelungen getroffen werden. Bayern hat hiervon 2012 Gebrauch gemacht und das Bayerische Landesplanungsgesetz (BayLplG) erlassen.

62 Das Raumordnungsrecht hat im Zuge der Föderalismusreform 2006 auch umfangreiche notwendige Anpassungen erfahren, die sich vor allem im Gesetz zur Neufassung des Raumordnungsgesetzes und zur Änderung andere Vorschriften (GeROG) vom 22.12.2008 (BGBl. I, 2986) niedergeschlagen haben. Im Zuge dessen wurden auch bisher nicht umgesetzte Änderungen aus dem Europarecht eingearbeitet. Darunter fallen unter anderem die Grundsätze in § 2 ROG. Betont wurden dabei die Innenentwicklung und die Verringerung der Flächeninanspruchnahme. Klimaschutz im Zeichen des Klimawandels, Sicherung der Daseinsvorsorge angesichts des demographischen Wandels, Berücksichtigung

des ländlichen Raumes sowie der Land- und Forstwirtschaft bei den einzelnen Grundsätzen sind dabei nur einige wenige der eingearbeiteten Aspekte. Herausgestellt wurde auch die interkommunale Zusammenarbeit, insbesondere von Stadt und Land-Partnerschaften. Hervorgehoben wurde auch die europäische und grenzüberschreitende Zusammenarbeit. Formal wurden flexiblere Ausnahmen von den Zielen der Raumordnung im Raumordnungsplan ermöglicht. Verbesserungen bei der sogenannten Planerhaltung zur Erhöhung der Rechtssicherheit von Raumordnungsplänen erfolgten. Demgemäß können Fehler bei der Planaufstellung künftig grundsätzlich nur noch in einem bestimmten Zeitraum geltend gemacht werden. Die befristete Untersagungsmöglichkeit wurde von zwei auf drei Jahre verlängert. Die Möglichkeiten einer informellen Planung sowie eines raumordnerischen Zusammenwirkens von Regionen, Kommunen und Personen des Privatrechts wurden erweitert. Insgesamt ergibt sich somit ein konkreterer Planungs- und Koordinierungsauftrag des Bundes.

§ 3 Akteure der Raumordnung und Landesplanung

I. Allgemeines

63 Die Akteure sind maßgeblich durch die Gesetzgebungs- und Verwaltungskompetenzen im Bereich der Raumordnung bestimmt. Die Strukturen reichen immer noch in die Zeit vor der Föderalismusreform zurück. In seinem bereits erwähnten „Raumordnungsgutachten“ hatte das Bundesverfassungsgericht die Raumplanung für den Gesamtstaat der ungeschriebenen Gesetzgebungskompetenz des Bundes kraft Natur der Sache zugerechnet. Ein Bundesgesetz kam allerdings wegen des erheblichen Widerstands der Länder nicht zustande. Stattdessen wurde nach langen Kontroversen das Raumordnungsgesetz als Rahmengesetz nach (Art. 75 GG a.F.) erlassen. Als solche war es von vornherein auf ergänzende Regelungen der Länder angelegt, um administrierbar zu sein. Dies ist freilich nach dem Sinn und Zweck auch angemessen, da die Ordnung des Gesamtraums und der Teilräume gegenseitige Zuordnung und Beachtung der Planungen der unterschiedlichen horizontalen und vertikalen Planungsebenen erfordert (Gegenstromprinzip, § 1 Abs. 3 ROG → Rn. 169 ff.; Zusammenarbeitsgebot, §§ 1 Abs. 1 S. 1, 14, 24 ROG → Rn. 186 ff.).

64 Mit der Föderalismusreform I (2006) und ihrer „Entflechtung“ der Bundes- und Landesebene wurde die Rahmengesetzgebung abgeschafft. Die Raumordnung wurde zum Gegenstand konkurrierender Gesetzgebung (Art. 74 Abs. 1 Nr. 31 GG), das ROG gilt nicht als zustimmungspflichtiges Bundesgesetz fort (Art. 125a Abs. 1 GG; Umkehrschluss aus Art. 74 Abs. 2 GG) Soweit das ROG in den Ländern weitergilt, ist es Gegenstand der Bundesaufsichtsverwaltung (Art. 83, 84 GG). Zugleich fällt der Bereich der Raumordnung in den Bereich der Länderabweichungsmöglichkeit nach Art. 72 Abs. 3 S. 1 Nr. 4 GG.[69] Diese kann durch Modifikationen, aber auch durch den Erlass eines verdrängenden „Vollgesetzes“ erfolgen (Art. 125b Abs. 1 S. 2, 3 GG). Hiervon hat bislang nur der Freistaat Bayern mit dem Erlass eines eigenen Landesplanungsplanungsgesetzes (BayLplG) vom 1.7.2012 (GVBl. 254) Gebrauch gemacht, das das ROG mit Ausnahme verbindlicher Festlegungen für den Gesamtstaat (die aber bislang und wohl auch in Zukunft nicht existieren) und die Bindung von Bundesbehörden (§ 5 ROG) verdrängt.[70]

69 Spannowsky, UPR 2007, 41 ff.; Battis/Kersten, DVBl. 2007, 152 ff.
70 Goppel, BayVBl. 2012, 225; Schreiber, BayVBl. 2012, 741 ff.

II. Organisation auf Bundesebene

1. Zuständiges Ministerium

Die Organisation auf Bundesebene ist seit dem Ressortzuschnitt bei der Kabinettsbildung 2013 nicht unproblematisch, da diese der Raumordnung eine „gespaltene" Zuständigkeit beschert hat. Für die Ressortbildung gibt es keine generelle gesetzliche Regelung, vielmehr obliegt die Ressortbildung nach der Wahl dem Bundeskanzler/der Bundeskanzlerin (§ 9 GO-BReg). Dementsprechend wurde das Ressort häufig umgeformt. In früheren Zeiten war die Zuständigkeit dem *Bundesminister für Raumordnung, Städtebau und Wohnungswesen* zugewiesen. Die in den 70er Jahren forcierte Raumordnung ist mittlerweile aus der Denomination ganz verschwunden. So nennt der Organisationserlass (OE) der Bundeskanzlerin v. 22.11.2005 (BGBl. 3197) das *Bundesministerium für Verkehr, Bau und Stadtentwicklung* als das auch für die Raumordnung zuständiges Ressort. Im Zuge der Föderalismusreform wurde dies gemäß § 17 Abs. 1 ROG in Bezug auf den Raumordnungsbericht dann auch gesetzlich verankert. Mit dem OE v. 17.12.2013 wurde die Raumordnung im Rahmen der Koalitionsvereinbarungen dem (SPD-geführten) *Bundesministerium für Umwelt, Naturschutz, Bau und Reaktorsicherheit* (BMUB) zugeschlagen; die Zuständigkeit des *Bundesministeriums für Verkehr und digitale Infrastruktur* (BMVI) für den Fall § 17 Abs. 1 ROG blieb jedoch erhalten, so dass eine dogmatisch nicht geklärte Doppelressortzuständigkeit entstand. Seit der Regierungsbildung 2018 fungiert das *Bundesministerium des Innern, für Bau und Heimat* als für die Raumplanung zuständig, was allerdings an der Doppelzuständigkeit nach § 17 ROG nichts ändert. Die Zuweisung nach der Wahl 2021 ist noch unklar. 65

2. Bundesamt für Bauwesen und Raumordnung (BBR)

Die maßgebliche Gestaltung des Raumordnungsrechts liegt indes nicht beim jeweils zuständigen Ministerium, sondern beim *Bundesamt für Bauwesen und Raumordnung* (BBR, § 22 ROG) als Bundesoberbehörde. Das BBR wurde 1998 durch eine Fusion der Bundesforschungsanstalt für Landeskunde und Raumordnung (BfLR), die in der Kontinuität bis auf die „Reichsstelle für Raumforschung" (→ Rn. 49) zurückzuführen ist und der Bundesbaudirektion (BBD), die für Bauvorhaben des Bundes zuständig war. Im Jahre 2004 wurden diverse Bundesbauämter zur OFD Berlin ausgegliedert. Die wissenschaftlichen Abteilungen des BBR wurden als **Ressortforschungseinrichtung** des Bundes zum (rechtlich unselbständigen) *Bundesinstitut für Bau- Stadt- und Raumforschung* (BBSR) in Bonn-Mehlem umgebildet (ein weiterer Dienstsitz befindet sich in Berlin). Es ist u.a. für die periodischen Raumordnungsberichte des BBR gemäß 66

§ 2 Abs. 2 ROG zuständig[71] und fungiert als deutscher „contact point" von ESPON (→ Rn. 92). Von der Konzeption ist es beim jeweils für Raumordnung zuständigen Bundesministerium angesiedelt, das allerdings – wie bereits erläutert – häufig wechselte. Nach der Bundestagswahl 2013 wurde das BBSR zusammen mit dem BBR im Zuge der Koalitionsvereinbarung zum damaligen, von der SPD geführten *Bundesministerium für Umwelt und Bau* (BMUB) umressortiert, was zu erheblichen Verwerfungen, insb. zu einer faktisch doppelten Ministerialaufsicht (s.o.) führte; nach der Wahl 2018 wurde es dem Geschäftsbereich des *Bundesministeriums des Innern, für Bau und Heimat* zugewiesen.

3. Weitere mit Themen der Raumordnung befasste Bundesoberbehörden

67 Neben dem BBR/BBSR sind noch weitere unselbständige und selbstständige Bundesoberbehörden mit raumplanerischen Gegenständen befasst, wie das *Bundesamt für Wehrverwaltung* und das *Bundesamt für Wehrtechnik und Beschaffung* (Bundeswehrverwaltung, Art. 87b GG), das *Luftfahrt-Bundesamt* (Luftverkehrsverwaltung, Art. 87d GG), das *Eisenbahn-Bundesamt* (Eisenbahnverkehrsverwaltung, Art. 87e GG), die *Bundesnetzagentur*[72] (Art. 87f GG), die *Bundesanstalt für Post und Telekommunikation* (Art. 87f Abs. 3 GG) sowie die *Bundesanstalt für Gewässerkunde* und die *Bundesanstalt für Wasserbau* (Bundeswasserstraßenverwaltung, Art. 89 GG).

4. Private/Privatisierte Träger (§ 4 Abs. 1 S. 2 ROG)

68 Die Privatisierungswelle der 90er Jahre hatte dazu geführt, dass vor allem im Bereich der öffentlichen Daseinsvorsorge (Netzversorgung, Infrastruktur, Verkehr) eine Reihe vormals öffentlich-rechtlicher Akteure in Privatrechtssubjekte umgewandelt wurden und so ihren Behördenstatus verlustig gegangen waren. Gleichwohl erfüllen sie nach wie vor öffentliche Aufgaben. Dabei handelt es sich durchweg um formelle Privatisierungen, die mehrheitlich von der öffentlichen Hand gehalten werden[73]. Da sich keine öffentliche Stelle via Privatisierung ihren öffentlichen Aufgaben entziehen kann („keine Flucht ins Privatrecht")[74], ist die Bindung dieser privat(isiert)en Träger an die Erfordernisses der Raumordnung konsequent. Dazu zählen: die Deutsche Bahn AG; die DB Netz AG; die DB Projektbau GmbH; die Deutsche Post AG; die Deutsche Telekom AG; die Rhein-

71 Die Raumordnungsberichte erscheinen in mehrjährigen Abständen (ursprünglich zweijährig, mittlerweile in deutlich längeren Abständen).

72 Zuvor: Regulierungsbehörde für Post und Telekommunikation.

73 Vgl. Goppel in: Spannowsky/Runkel/Goppel, ROG, § 4 Rn. 66.

74 BVerfGE 128, 226 (244); BGHZ 91, 84 (97); Spannowsky, DVBl. 1992, 1072 f.; Geis, Kommunalrecht, § 12 Rn. 123.

Main-Donau AG; die DEGES (Deutsche Einheit Fernstraßenplanungs und -bau GmbH); die Planungsgesellschaft Bahnbau Deutsche Einheit GmbH sowie die deutschen Verkehrsflughäfen (z.B. die FRAPORT AG, die Flughafen München GmbH, die Flughafen Berlin Brandenburg GmbH). Diese Gesellschaften betreiben raumbedeutsame Planungen und Maßnahmen, exemplarisch sei hier die Neubau- oder Ausbauplanung von ICE-Trassen genannt, etwa im Rahmen der Verkehrsprojekte Deutsche Einheit oder der Ertüchtigung der ICE-Schnellfahrstrecken der „ersten Stunde“ (Würzburg – Hannover, Mannheim – Stuttgart) nach ca. 30 Jahren.

5. Beirat für Raumentwicklung (§ 23 ROG)

Nach § 23 ROG ist ein Beirat für Raumentwicklung zu bilden, dass das Bun- 69
desministerium für Verkehr und digitale Infrastruktur in Grundsatzfragen berät. Die Mitglieder sollen im Benehmen mit den zuständigen Spitzenverbänden aus der Wissenschaft und der Praxis aus Bereichen mit relevanten Bezügen zur räumlichen Entwicklung des Bundesgebiets berufen werden (§ 23 Abs. 2 ROG). Derzeit (19. Legislaturperiode) umfasst er 29 Mitglieder. [75] Der Beirat kann in Einzelfällen und in allgemeinen Dingen Stellung beziehen. Er gibt allerdings – dem Wesen eines Beirats entsprechend – nur politische Empfehlungen, die keine rechtliche Bindung entfalten. Eine zentrale Veröffentlichung war die Empfehlungen zur „Territorialen Agenda 2006“ der EU [76], die sich mit fünf Hauptagenden der Raumordnung befasst: (1) Umsetzung der Lissabon-Strategie/Strategie „Europa 2020“; (2) Weiterentwicklung des EUREK; (3) Ausgestaltung der INTERREG I- IV-Programmen; (4) Ausgestaltung von ESPON und (5) Konkretisierung des Konzepts der territorialen Verwaltungsstruktur.

6. Ministerkonferenz für Raumordnung (MKRO)

Eine der wichtigsten Akteure ist schließlich die Ministerkonferenz für Raumord- 70
nung (MKRO), als Gremium der für Raumordnung zuständigen Minister in Bund und Ländern (vergleichbar der Kultusministerkonferenz, der Innenministerkonferenz, der Justizministerkonferenz usw.). Ursprünglich durch Verwaltungsabkommen vom 29.6.1967 (BAnz Nr. 122) errichtet, findet sie ihre Rechtsgrundlage nunmehr in § 24 Abs. 1 ROG. Ihre gesetzlichen Aufgaben sind (1) die Erarbeitung von **Leitbildern der räumlichen Entwicklung** und die (2) Erarbeitung einer **Politik der Raumordnung in der Europäischen Gemeinschaft** und im

75 Die Mitglieder finden sich auf www.bmi.bund.de/Themen/Heimat & Integration/Raumordnung & Raumentwicklung//Grundlagen & Grundbegriffe/Beirat für Raumentwicklung (zul. abgerufen am 25.6.2020).

76 Fortgeschrieben durch die Europäische Agenda 2020.

größeren europäischen Raum. Letzteres umfasst auch Grundsatzfragen der grenzüberschreitenden Zusammenarbeit in der Raumordnung, sowie die Behandlung von Zweifelsfragen der Abstimmung von raumbedeutsamen Planungen und Maßnahmen, sowie über die Folgen der Verwirklichung von Erfordernissen der Raumordnung in benachbarten Ländern und im Bundesgebiet in seiner Gemeinsamkeit. Dabei wird die Pflicht zur Zusammenarbeit explizit betont (§ 24 Abs. 3, 4 ROG).

Die MRKO hat am 30.6.2006 eine **Entwicklungsstrategie** für Städte und Regionen verabschiedet, in der die Aufgabenschwerpunkte der folgenden Jahre für die Raumordnung von Bund und Ländern festgehalten sind. Diese stellt Aussagen zu drei Leitbildern auf: „Wachstum und Innovation", „Daseinsvorsorge sichern" und „Ressourcen bewahren, Kulturlandschaften gestalten".

71 Die wahrscheinlich breitenwirksamste und folgenschwerste Aufgabe der MRKO ist die Festlegung der sog. Europäischen Metropolregionen (EMR) in Deutschland, die erstmals im von der MKRO 1995 verabschiedeten „Raumordnungspolitischen Handlungsrahmen" thematisiert wurde. Seitdem wurden in Deutschland sukzessiv elf „Europäische Metropolregionen" bestimmt. Seit 2005 ist jede deutsche Stadt über 400.000 Einwohner Mitglied einer EMR. Aktuell existieren folgende Metropolregionen: Berlin/Brandenburg, Bremen-Oldenburg, Frankfurt/Rhein-Main, Hamburg, Hannover-Braunschweig-Göttingen, München, Nürnberg, Rhein-Neckar (Mannheim, Ludwigshafen, Heidelberg), Rhein-Ruhr, das Sachsendreieck sowie der Raum Stuttgart.

Organisation auf Bundesebene

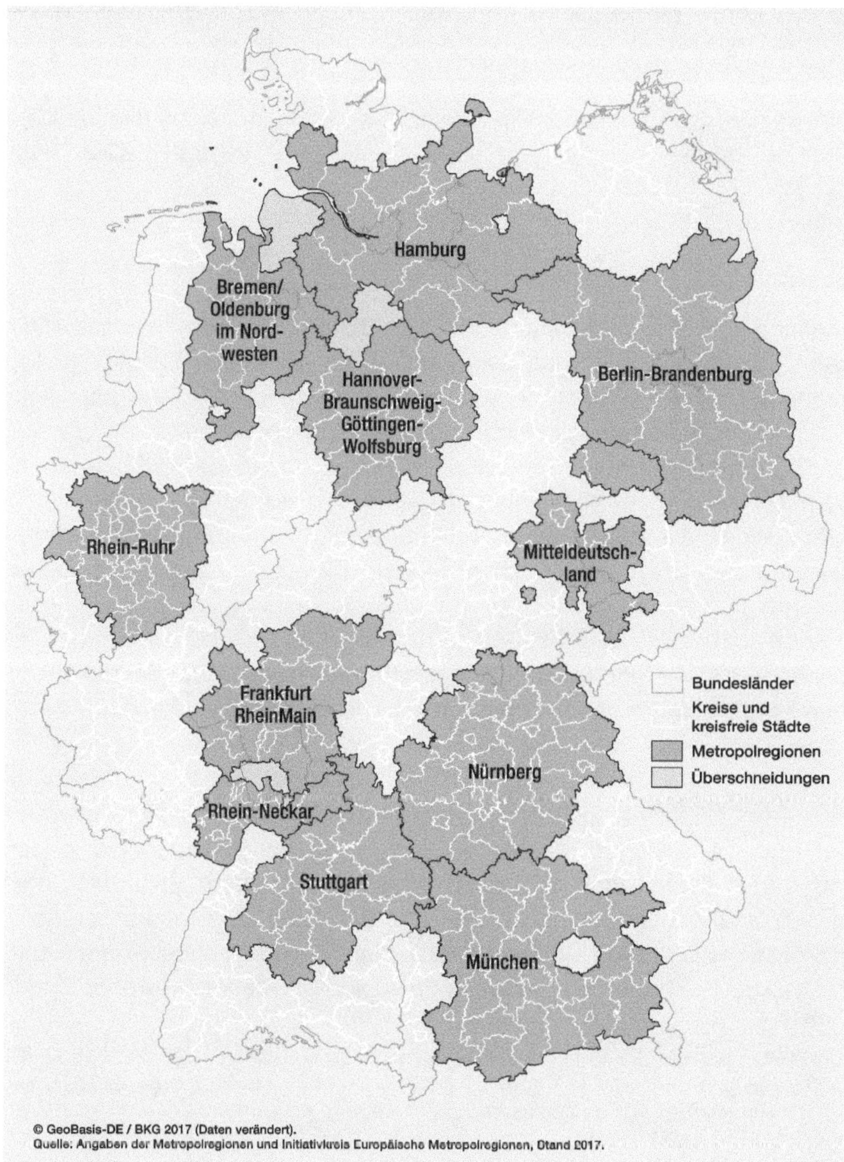

Bildquelle: https://www.nuernberg.de/imperia/md/statistik/dokumente/veroeffentlichungen/berichte/sonderberichte/sonderbericht_2019_s263_vergleich_der_metropolregionen_nbg.pdf

72 Unterhalb dieser Größenordnung hat sich für Großstädte unterhalb von 400.000 Einwohner, die keiner Metropolregion angehören, und ihren Verflechtungsbereich der Begriff der Regiopolregion etabliert. Ursprünglich hatten Metropolregionen und Regiopolregionen als rein politische Festlegungen keinen direkten Bezug zum nationalen Raumplanungsrecht. Neuerdings bilden sie allerdings eigene Kategorie im sog. „System der zentralen Orte" (vgl. § 13 Abs. 5 S. 1 Nr. 1 ROG).[77]

III. Organisation auf Landesebene

73 Die Verteilung der Zuständigkeiten und der Behördenaufbau obliegen nach Art. 84 Abs. 1 Satz 1 GG den Bundesländern.[78] Dabei ist die Organisation freilich – der Größe der Länder entsprechend – recht unterschiedlich. Klassischerweise ist die Landesverwaltung dreigliedrig in oberste Landesbehörde, obere Landes- und Mittelbehörde und untere Verwaltungsbehörde aufgebaut.[79] Dabei können teilweise auch Stellen bzw. Vereinigungen geschaffen worden sein, welche nicht unmittelbar diesem Behördenaufbau entspringen und nur in besonderen Einzelfällen planungsbedeutsam sind.[80] Meist besteht sie nur aus zwei behördlichen Ebenen: Unter den jeweils für Raumordnung/Landesplanung zuständigen Ministerien[81] findet sich meist eine Mittelbehörde (Regierung als höhere Landesplanungsbehörde).[82] Die Planung auf regionaler Ebene erfolgt durch die regionalen Planungsverbände als Verbandskörperschaften des öffentlichen Rechts.

1. Baden-Württemberg

74 Baden-Württemberg ist als flächenmäßig und hinsichtlich der Einwohnerzahl drittgrößtes Bundesland zweistufig organisiert. Oberste Raumordnungs- und Landesplanungsbehörde ist das Wirtschaftsministerium. Höhere Raumordnungsbehörden sind die vier Regierungspräsidien der Regierungsbezirke (Stuttgart, Karlsruhe, Freiburg und Tübingen). Regionale Planungsverbände sind

77 Vgl. die VO über das Landesentwicklungsprogramm Bayern vom 22.08.2013 (GVBl. S. 550), zul. geänd. durch VO vom 3.12.2019, Stand 1.1.2020 (GVBl. S. 751), sub 2.1.2 mit Anlage 1 (dort Regionalzentren und Metropolen genannt).

78 Ipsen, AVwR, Rn. 251.

79 Ipsen, AVwR, Rn. 251.

80 Eine gute Übersicht einiger vorhandener Stellen findet sich hier: https://www.arl-net.de/en/content/.

81 Z.B. in Bayern derzeit das Staatsministerium für Wirtschaft, Infrastruktur, Verkehr und Technologie.

82 In Bayern war der Behördenaufbau ursprünglich „klassisch" dreistufig. Im 2013 grundlegend novellierten Landesplanungsgesetz wurden die unteren Landesplanungsbehörden (Kreisverwaltungsbehörden) gestrichen, weil auf dieser Ebene de facto nur marginale Aufgaben angesiedelt waren.

dabei die Träger der Regionalplanung (§§ 30, 31 LplG). Die Tendenz der „Verschlankung“ der Verwaltung ist gerade auf der untersten Verwaltungsebene stark, wobei deren Aufgaben entweder von übergeordneten Stellen erledigt werden oder von einer anderen Stelle mitübernommen werden.[83]

2. Bayern

Das flächenmäßig größte Bundesland ist dreigliedrig organisiert. Oberste Landesplanungsbehörde ist das Bayerische Staatsministerium für Wirtschaft, Infrastruktur, Verkehr und Technologie. Höhere Landesplanungsbehörden sind die sieben Regierungen der Regierungsbezirke (Unterfranken, Oberfranken, Mittelfranken, Oberpfalz, Niederbayern, Oberbayern und Schwaben). Untere Landesplanungsbehörden sind die 71 Landkreise bzw. 25 kreisfreien Städte.[84] Dabei sind die 18 Regionalen Planungsverbände[85] die Träger der Regionalplanung (Art. 8–12 BayLplG). Ein Landesplanungsbeirat (Art. 13 BayLplG)[86] steht dabei fachlich unterstützend zur Seite. 75

3. Berlin/Brandenburg

Berlin ist die Hauptstadt der Bundesrepublik und zugleich eines der Länder, wobei es eines von drei Stadtstaaten ist. Brandenburg ist flächenmäßig das fünftgrößte Bundesland, wobei Berlin geografisch inmitten des Bundeslandes Brandenburg liegt. Als verhältnismäßig kleiner Gebietsabschnitt ist es sinnvoll, dass sich die Stadtstaaten mit anderen Bundesländern zusammengeschlossen haben, um so bestmöglich die Planungsaufgabe wahrzunehmen. 76

Die Regierung von Berlin wird durch einen Senat ausgeübt, wobei dieser aus dem regierenden Bürgermeister und bis zu zehn Senatoren besteht, Art. 55 der Berliner Verfassung. In Berlin besteht ein Senat für die Stadtentwicklung und Umwelt. Die Brandenburgische Regierung besteht aus einem Ministerpräsiden- 77

83 Ipsen, AVwR, Rn. 259.

84 https://www.gesetze-bayern.de/Content/Document/BayVwV97093-8; diese Aussage scheint im ersten Moment irritierend. Zu beachten ist hierbei jedoch, dass Landesplanung eine Angelegenheit des übertragenen Wirkungskreises ist. Zu prüfen ist insoweit immer, wer die Aufgaben des übertragenen Wirkungskreises (= Staatsaufgaben) übernimmt. Kreisfreie Gemeinden übernehmen insoweit Angelegenheiten des übertragenen Wirkungskreises als Kreisverwaltungsbehörden, Art. 9 Abs. 1 GO.

85 https://www.landesentwicklung-bayern.de/handlungsebenen-zustaendigkeiten/landes-und-regionalplanung.

86 Berufung der Mitglieder aufgrund von Vorschlägen der nach der Landesplanungsbeiratsverordnung – LplBV v. 30.6.2005, zul. geänd. durch § 1 Abs. 264 VO v. 26.3.2019 (GVBl. S. 98) vorschlagsberechtigten Organisationen (hierunter fallen etwa die kommunalen Spitzenverbände, die berufsständischen Kammern).

ten und den Landesministern, Art. 82 der Verfassung des Landes Brandenburg. In Brandenburg besteht ein Ministerium für Infrastruktur und Landesplanung.

78 Berlin und Brandenburg haben einen Landesplanungsvertrag geschlossen, wonach für beide Länder eine gemeinsame Landesplanungsabteilung als oberste Landesplanungsbehörde mit Sitz in Potsdam zuständig ist, Art. 2 Abs. 1 Landesplanungsvertrag.[87] Berlin und Brandenburg haben neben diesem allgemeinen Landesplanungsinstrument auch besondere Instrumentarien abgestimmt, welche ihrer wirtschaftlichen und sonstigen speziellen Situation Rechnung trägt. So bestehen Landesentwicklungspläne für die Hauptstadtregion und die Flughafenstandortentwicklung mit Blick auf Berlin[88]. Für die Belange von Brandenburg wurde ein Gesetz zur Regionalplanung und zur Braunkohlen- und Sanierungsplanung verabschiedet.[89]

4. Bremen/Niedersachsen

79 Wie bereits im Falle von Berlin und Brandenburg dargestellt, wird die Freie Hansestadt Bremen, welche einen Stadtstaat darstellt, geographisch von dem Bundesland Niedersachen umschlossen. Niedersachsen ist flächenmäßig das zweitgrößte Bundesland. Die Volksvertretung besteht durch den Landtag, Art. 7 S. 1 der Verfassung des Landes Niedersachsen. Dabei setzt sich die Landesregierung aus dem Ministerpräsidenten und den Ministern zusammen. Es besteht ein Ministerium für Umwelt, Energie, Bauen und Klimaschutz. Bremen stellt flächenmäßig das kleinste Bundesland der Bundesrepublik dar. Seine Regierung besteht aus einem Senat, Art. 107 S. 1 der Verfassung der Freien Hansestadt Bremen. Derzeit gibt es einen Senator für Klimaschutz, Umwelt, Mobilität, Stadtentwicklung und Wohnungsbau. Bremen und Niedersachsen sind in einem Staatsvertrag übereingekommen, dass entsprechende Planungen abgestimmt werden, Art. 1 des Staatsvertrages.[90] Aufgrund hohen Potentials für regenerative Energien, gerade im Bereich der Windenergien,[91] wurden spezielle Klima und Energieprogramme beschlossen.[92]

80 In Niedersachsen ist die oberste Landesplanungsbehörde das für Landesplanung zuständige Ministerium. Die Ämter für regionale Landesentwicklung stellen

87 https://bravors.brandenburg.de/de/vertraege-212619.
88 https://gl.berlin-brandenburg.de/landesplanung/landesentwicklungsplaene.
89 https://bravors.brandenburg.de/gesetze/regbkplg.
90 https://www.transparenz.bremen.de/sixcms/detail.php?gsid=bremen2014_tp.c.73748.de&asl=bremen203_tpgesetz.c.55340.de&template=20_gp_ifg_meta_detail_d.
91 https://www.umweltbundesamt.de/sites/default/files/medien/378/publikationen/potenzial_der_ windenergie.pdf, dort S. 36.
92 https://www.bauumwelt.bremen.de/umwelt/klima_und_energie/klimaschutz__und_energieprogramm _2020-24317.

die obere Landesplanungsbehörde dar. Untere Landesplanungsbehörde sind die kreisfreien Städte und Landkreise, § 18 Abs. 1 S. 1 – 3 NROG.

5. Hamburg/Schleswig-Holstein/Metropolregion Hamburg

Hamburg ist trotz seiner flächenmäßig geringen Größe aufgrund der geographisch bedeutenden Lage ein wichtiger Knotenpunkt. Flughäfen und Seewege führen dazu, dass Hamburg verschiedenste Kooperationsvereinbarungen geschlossen hat, so besonders auch im Bereich der Stadtentwicklung.[93] Besonderer Wert wird dabei auf den „Dialog zur Raumplanung" gelegt.[94] Keine der Stadtsaaten verfügt über ein eigenes Landesplanungsgesetz.[95] Sie stimmen sich sowohl mit dem ihnen geographisch nächsten Bundesland als auch untereinander ab. So wurde im Jahre 1991 eine entsprechende trilaterale Vereinbarung geschlossen.[96] Gerade in Hamburg ist es üblicher, projekt- und interessenspezifisch Vereinbarungen zu treffen.[97] 81

In dem Hamburg umschließenden Bundesland Schleswig-Holstein geht die Landesplanung von der obersten Landesbehörde, der Staatskanzlei, aus, § 4 LaplaG.

6. Hessen

In Hessen ist die Landesplanung zweigliedrig organisiert. Oberste Landesplanungsbehörde ist das für die Raumordnung zuständige Ministerium (§ 20 Abs. 1 S. 1 HLPG). Obere Landesplanungsbehörden sind die drei[98] Regierungspräsidien (§ 20 Abs. 2 S. 1 HLPG). Eigene regionale Planungsverbände existieren nicht. 82

93 https://www.hamburg.de/zusammenarbeit-mrh.

94 https://www.hamburg.de/pressearchiv-fhh/12056340/2019-01-11-bsw-dialog-zur-raumplanung.

95 https://www.arl-net.de/de/lexica/de/landesplanungsgesetz.

96 https://www.ihk-schleswig-holstein.de/standortpolitik/regionalentwicklung/projekte-und-kooperationen/metropolregion-hamburg-1359602.

97 Exemplarisch hierzu die Verordnung über das Landesraumordnungsprogramm Niedersachsen, welches für Hannover, Bremen und Hamburg Schwerpunkte bezüglich der Landesplanung und -entwicklung definiert http://www.nds-voris.de/jportal/?quelle=jlink&query=RaumOPrV+ND&psml =bsvorisprod.psml&max=true&aiz=true#jlr-RaumOPrVND2017rahmen.

98 Kassel, Gießen, Darmstadt.

7. Mecklenburg-Vorpommern

83 Die oberste Landesplanungsbehörde ist das für Raumordnung und Landesplanung zuständige Ministerium (§ 10 S. 1 LPlG). Untere Landesplanungsbehörde sind die Ämter für Raumordnung und Landesplanung (§ 10 S. 1 LPlG). Die Staatsorganisation des Bundeslandes Mecklenburg-Vorpommern sieht keinen Mittelbau vor. Aufgrund der geringen Größe ist ein zweistufiger Aufbau ausreichend.

8. Nordrhein-Westfalen

84 In dem bevölkerungsreichsten Bundesland Nordrhein-Westfalen ist der klassische dreistufige Behördenaufbau auch im Bereich der Landesplanung gegeben. Oberste Landesplanungsbehörde ist die oberste Landesbehörde (die Staatskanzlei). Die Mittelebene bilden als Regionalplanungsbehörden die Bezirksregierungen Detmold und Köln, die Geschäftsführerin bzw. Geschäftsführer des Regionalverbandes Ruhr als staatliche Behörde für das Verbandsgebiet des Regionalverbandes Ruhr sowie die Bezirksregierungen Arnsberg, Düsseldorf und Münster für ihren Regierungsbezirk außerhalb des Verbandsgebiets des Regionalverbands Ruhr (§ 3 LPlG); Untere staatliche Verwaltungsbehörde sind die Landrätin bzw. der Landrat (§ 5 LPlG).[99] Auch hier gibt es keine regionalen Planungsverbände, in denen die Kommunen direkt beteilt wären.

9. Rheinland-Pfalz

85 Auch in Rheinland-Pfalz ist der Behördenaufbau dreistufig. Oberste Landesplanungsbehörde ist das für Landesplanung zuständige Ministerium. Obere Landesplanungsbehörden sind die Struktur- und Genehmigungsdirektionen. Untere Landesplanungsbehörden sind die Kreisverwaltungsbehörden (§ 3 LPlG). Als Träger der Regionalplanung fungieren die sog. Planungsgemeinschaften, die im Prinzip nur die kreisfreien Städte und Landkreise umfassen; kreisangehörige Gemeinden können jedoch einbezogen werden (vgl. § 18 LPlG).

---

99 Hier zeigt sich besonders, wie sich Bundesländer auf unterschiedlichste Art und Weise organisieren können, ohne sich mit anderen Bundesländern abstimmen zu müssen. Dies ist ein Kernaspekt des in Deutschland geltenden Föderalismus. Grenze ist Grundsatz der Bundestreue, welcher allerdings im organisatorischen Bereich einen sehr weiten Rahmen vorgibt.

10. Saarland

Das Saarland sieht als Landesplanungsbehörde ausschließlich das Ministerium für Umwelt, Energie und Verkehr vor, § 2 Abs. 1 SLPG. Eine Regionalplanung ist wegen der kleinen Fläche nicht nötig; an ihre Stelle tritt unmittelbar die kommunale Flächennutzungsplanung. 86

11. Sachsen

In Sachsen sieht der zweigliedrige Behördenaufbau das Staatsministerium des Inneren als oberste Landesplanungsbehörde und die Landesdirektion Sachsen als obere Landesplanungsbehörde vor, § 19 SächsLPlG. Träger der Regionalplanung sind die regionalen Planungsverbände, die jeweils von den kreisfreien Städten und Landkreisen einer Region gebildet werden (§ 9 SächsLPlG). 87

12. Sachsen-Anhalt

Im Bundesland Sachsen-Anhalt ist die oberste Landesplanungsbehörde das für die Landesentwicklung zuständige Ministerium, § 2 Abs. 2 S. 1 LEntwG LSA. Untere Landesplanungsbehörden sind die Landkreise und kreisfreien Städte § 2 Abs. 3 S. 1 LEntwG LSA. Diese sind auch Träger der Regionalplanung und schließen sich in Regionalen Planungsgemeinschaften als Zweckverbänden zusammen (§ 2 Abs. 4 LEntwG LSA). 88

13. Thüringen

In Thüringen ist die oberste Landesplanungsbehörde das für Landesentwicklung zuständige Ministerium. Obere Landesplanungsbehörde ist das Landesverwaltungsamt, § 13 Abs. 1 ThürLPlG. Träger der Regionalplanung sind die regionalen Planungsgemeinschaften als Körperschaft, deren Mitglieder die Landkreise, die kreisfreien Städte und diejenigen kreisangehörigen Gemeinden sind, die im Landesentwicklungsprogramm als Mittelzentrum ausgewiesen sind (§ 13 Abs. 3 ThürLPlG). 89

IV. Forschungsinstitutionen

1. Inländische Forschungseinrichtungen

Wichtige Impulsgeber der Raumplanung finden sich in der Wissenschaft. Neben 90
den mit Planungsaspekten befassten Lehrstühlen und Professuren vor allem an Technischen Universitäten und Hochschulen existiert eine rege Szene außeruniversitärer Forschungseinrichtungen, unter ihnen die *Raumwissenschaftlichen*

Institute der Leibniz-Gemeinschaft (WGL): *Akademie für Raumforschung und Landesplanung* (ARL), Hannover; *Institut für Regionalentwicklung und Strukturplanung* (IRS), Erkner; *Institut für ökologische Raumentwicklung* (IÖR), Dresden; *Institut für Länderkunde* (IfL), Leipzig. Zu nennen sind auch das *Deutsche Institut für Urbanistik* (DIFU), Berlin, sowie das bereits erwähnte *Bundesinstitut für Bau-, Stadt- und Raumforschung* (BBSR), Bonn, als (unselbstständige) Ressortforschungseinrichtung im *Bundesamt für Bauwesen und Raumordnung* (BBR). Daneben werden auch Ressortforschungsinstitute auf Landesebene unterhalten, wie z.B. das *Institut für Landes- und Stadtentwicklungsforschung* (ILS) Dortmund.[100]

Als Nachfolgerin der *„Freien Akademie für Städtebau“* (1922) wurde die 1934 errichtete DASRL im Jahre 1946 in *„Deutsche Akademie für Städtebau und Landesplanung“* (DASL), umbenannt. Sie ist ihrerseits Träger eines Forschungsinstituts, des *„Zentralinstituts für Raumplanung“* (ZIR) in Münster und zweier Fortbildungseinrichtungen, des *„Instituts für Städtebau“* (ISB) in Berlin und des *„Instituts für Städtebau und Wohnungswesen“* (ISW) in München.

Die neun größten raumwissenschaftlichen Forschungseinrichtungen bilden die Arbeitsgemeinschaft der *„9R-Institute“*.[101]

2. Ausländische Forschungseinrichtungen, ESPON

91 Auch in den meisten anderen Staaten existieren „Think tanks“ der Raumplanung; exemplarisch seien genannt das *Departement Urbanism* der *TU Delft* (NL), das *Urban Institute* der *University of Manchester* (UK), das *Centre de recherches en géographie et aménagement – CRGA* der *Université Jean Moulin Lyon 3* (F); das *Institut für Raum- und Landschaftsentwicklung der ETH Zürich* (CH), das *Departement of Urban Studies and Planning* am *Massachusetts Institute of Technology* (USA).

92 Eine zentrale Stellung nimmt in der EU schließlich das 2002 von der EU-Kommission gegründete European Observation Network for Territorial Development and Cohesion (ESPON)[102] ein. Mit Sitz in Luxemburg und “Contact points”[103] in allen EU-Staaten, Island, Norwegen, Liechtenstein und der Schweiz dient als Forschungsplattform der transnationalen Kooperation für eine umfassende Raumbeobachtung, dem Austausch vergleichender Informationen, Daten, Ana-

100 Eine Aufnahme des ILS in die Leibniz-Gemeinschaft (gemeinsame Bund-Länder-Förderung nach Art. 91 b GG) allerdings

101 www.bbsr.bund.de/kooperationen, zul. abgerufen am 22.6.2020.

102 utsch Forschungsnetzwerk für Raumentwicklung und territorialen Zusammenhalt.

103 Als deutscher „contact point“ fungiert das (→ Rn. 66)

lysen und Szenarien über räumliche Entwicklungen zur Steigerung der Wettbewerbsfähigkeit, und der Verbesserung räumlicher Zusammenarbeit.[104]

Das ESPON gibt sich seit 2006 ein Sieben-Jahresprogramm, in denen Schwerpunkte und Instrumente definiert werden. ESPON 2013 schuf die Möglichkeit zu räumlichen Wirkungsanalysen von EU-Politiken (gerade im Regionalbereich), etablierte eine dauerhafte wissenschaftliche Begleitung (*Knowledge Support System*), legte die Grundlage für ein übergreifendes Monitoring, eine gemeinsame Kommunikationsstrategie und Berichte zur Raumentwicklung. Diese Ziele werden im ESPON 2020 Cooperation Programme weiter vertieft, insb. soll die EU Kohäsionspolitik der Strukturfonds (*ESI-Fonds*) aktiv unterstützt und die grenzüberschreitende, transnationale und makroregionale Zusammenarbeit weiter vertieft werden.

104 Weitere Informationen auf www.espon.eu.

§ 4 Rechtsgrundlagen der Raumordnung

I. Das Raumordnungsgesetz von 1965

93 In der jungen Bundesrepublik war die Bundeskompetenz für die verschiedenen Planungsebenen umstritten, in seinem „Baurechtsgutachten“ (auch „Raumordnungsgutachten“ genannt) vom 16.6.1954[105] unterschied das Bundesverfassungsgericht, dass für die Raumplanung als überörtliche Planung dem Bund eine Kompetenz kraft Natur der Sache zustehe.

94 Im Bereich der Rahmengesetzgebung nach Art. 75 Abs. 1 Nr. 4 GG erließ der Bund am 8.4.1965 das Raumordnungsgesetz – ROG (BGBl. I, 306). In den 70er Jahren folgten – vor allem in den Flächenbundesländern – die erste Generation von Landesplanungsgesetzen sowie Landesentwicklungsplänen/ -programmen (z.B. Baden-Württemberg, 10.10.1983, GBl. S. 621[106]; Bayern: 16.9.1997, Landesentwicklungsprogramm 1976; Niedersachsen, dort wurde das Landes-Raumordnungsprogramm – LROP – 1994 neu aufgestellt) und Regionalplänen. Die Rechtsnatur der beiden letzteren war zunächst unbestimmt: Für eine Satzung fehlte es an einer klaren Zuordnung zum Selbstverwaltungsbereich, für eine Verordnung war die Frage der Außenwirkung gegenüber den Bürgern umstritten; häufig wurde daher eine Norm „sui generis“ angenommen. Nach und nach billigte das Landesrecht den Landesentwicklungsprogrammen und den Regionalplänen Verordnungscharakter zu; bei Letzteren ist allerdings eine Verbindlichkeitserklärung durch eine staatliche Behörde Voraussetzung der Außenwirkung (→ Rn. 115). Die Landesentwicklungspläne erfuhren in Abständen von 7–10 Jahren Fortschreibungen. Mit der Föderalismusreform 2006 wurde die Raumordnung der konkurrierenden Gesetzgebungskompetenz zugeschlagen. Das Raumordnungsgesetz gilt nach Art. 125b Abs. 1 S. 1 GG als Bundesrecht fort, kann aber nach S. 2, 3 i.V.m. Art. 72 Abs. 3 S. 1 Nr. 4 GG durch Landesrecht ersetzt werden (Fall der sog. Abweichungsgesetzgebung). Bislang hat allerdings nur der Freistaat Bayern durch Verabschiedung eines als „Vollgesetz“ konzipierten Landesplanungsgesetzes hiervon Gebrauch gemacht.[107] Danach gilt in Bayern gem. Art. 3 Abs. 3 BayLplG nur noch § 5 ROG sowie – Kompetenz

---

105 BVerfGE 3, 407. Das Bundesverfassungsgericht konnte ursprünglich nach § 97 BVerfGG a.F. durch einen gemeinsamen Antrag von Bundestag, Bundesrat und Bundesregierung um die Erstattung von Rechtsgutachten über bestimmte verfassungsrechtliche Fragen ersucht werden. Diese Aufgabe wurde später gestrichen, da eine Dienstleistungsfunktion für andere Staatsorgane der gleichrangigen Organstellung des BVerfG widerspricht.

106 Der erste Landesentwicklungsplan stammt dabei aus dem Jahr 1983.

107 G.v. 25.6.2012 (GVBl. S. 254), zul. geänd. durch G.3 Abs. 263 VO v. 26.3.2019 (GVBl. S. 98).

kraft Natur der Sache – der dritte Abschnitt des ROG: Raumordnung im Bund. In allen anderen Bundesländern ist es bislang bei der klassischen Zweistufigkeit geblieben. Auf Bundesebene setzte das GeROG vom 22.12.2008 die neue Kompetenzlage um.[108]

Unter dem Strich muss die Öffnungsklausel des Art. 72 GG als politisch verfehlt angesehen werden: Auch wenn der Bund durch das GeROG nunmehr ermächtigt wird, Bundesraumordnungsprogramme zu erlassen (§§ 17–25 ROG), dürfte dies politisch illusorisch sein, zum einen, weil die Länder eben wegen des Abweichungsrechts an Pläne des Bundes nicht wirklich gebunden werden können, zum anderen, weil eine einheitliche Konzeption angesichts der üblicherweise parteipolitisch heterogenen Landesparlamente und -regierungen kaum herzustellen ist. Letztlich beschränkt sich die Gestaltungsmacht des Bundes auf die AWZ in Nordsee und Ostsee (→ Rn. 98 ff.). 95

II. Raumordnung auf Bundesebene

1. Bundesraumordnungspläne (§ 17 ROG)

Vor der Föderalismusreform und dem Erlass des GeROG hatte der Bund zwar eine auf die Natur der Sache gestützte Kompetenz[109] zur Ordnung des Gesamtraums, war aber politisch durch die Rahmengesetzgebung auf die Kooperation mit den Ländern angewiesen. Immerhin entwickelten Bund und Länder 1975 gemeinsam ein „Raumordnungsprogramm für die großräumige Entwicklung des Bundesgebiets“[110], das aber mangels rechtlicher Verbindlichkeit keine große Bedeutung erlangte. Mit dem Regierungswechsel 1982 und spätestens mit der Wiedervereinigung 1990 wurde es obsolet. Die Verankerung einer Kompetenz zur gemeinsamen Entwicklung von „Leitbildern für die räumliche Entwicklung“ des Bundesgebiets oder von über die Länder hinausgreifenden Zusammenhängen (§ 26 Abs. 2 ROG) hat daran wenig geändert. 96

Mit der Neuausrichtung der Raumordnungskompetenzen durch das GeROG 2008 hat der Bund erstmals selbst die Möglichkeit erhalten, bundesweite Raumordnungspläne mit Grundsätzen und verbindlichen Zielen aufzustellen. Dabei wurden in § 17 ROG a.F. drei Kategorien unterschieden: Pläne für den Gesamtraum Deutschlands (Abs. 1), Pläne für Standortkonzepte von See-, Binnen und Flughäfen (Abs. 2) und Pläne für die ausschließliche Wirtschaftszone – AWZ (Abs. 3). Da die Planung nach Abs. 1 und 2 a.F. in der Praxis fast keine Rolle spielten, wurden die Kompetenzen nach § 17 ROG durch die Novelle vom 97

108 BGBl. I S. 2986.
109 BVerfGE 3, 407 (427 f.) – 1 PBvV 2/52 – sog. Baurechtsgutachten (→ Rn. 93).
110 BT-Drs. 7/3584.

29.11.2017[111] neugefasst („Raumordnungspläne für die deutsche ausschließliche Wirtschaftszone und für den Gesamtraum").[112] Davon ist die Kompetenz zur Aufstellung von Raumordnungsplänen für die ausschließliche Wirtschaftszone (AWZ) des Bundes die mit Abstand wichtigste (§ 17 Abs. 1 ROG).

2. Raumordnungspläne für die ausschließliche Außenwirtschaftszone (AWZ)

98 Der Begriff der AWZ entstammt dem Seevölkerrecht. Das UN-Seerechtsübereinkommen von 1982 (UNCLOS)[113] unterscheidet das sog. Küstenmeer, das eine Zone von 12 Seemeilen ab der mittleren Gezeitenküstenlinie umfasst und zum Hoheitsgebiet des Anliegerstaates gehört. Daran schließt sich das Gebiet der AWZ bis 200 Seemeilen an (370,4 km), das zwar nicht mehr zum Hoheitsgebiet gehört, in dem der Anliegerstaat aber gleichwohl begrenzte Hoheitsrechte, insb. auf ausschließlich wirtschaftliche Nutzung besitzt.[114] In Nord- und Ostsee ist die deutsche AWZ im Wesentlichen mit dem sogenannten deutschen Festlandsockel identisch. Den Festlandsockel bildet der seewärts des Küstenmeeres gelegene Meeresboden und Meeresuntergrund der Unterwassergebiete. Die AWZ geht entweder in die Hohe See über oder wird durch die AWZ benachbarter Staaten begrenzt. Kollidieren benachbarte AWZ – wie typischerweise in der Nordsee und Ostsee – miteinander, werden die Grenzen vertraglich festgelegt. Dadurch entsteht für Deutschland in der Nordsee der charakteristische „Vogelkopf" (auch „Entenschnabel" genannt) mit einer Fläche von ca. 36.000 km^2, der im nordwestlichen Teil bis zur Doggerbank reicht. Die Festlegung des Entenschnabels erfolgte durch bilaterale Abkommen der Bundesrepublik mit dem Vereinigten Königreich, den Niederlanden und Dänemark. Die Verträge wurden am 30. Oktober 1970 unterzeichnet. Vorausgegangen war dem der sog. **Seegrenzdisput (**Nordsee-Kontinentalschelf-Streit) über die genaue Grenzziehung, der durch Urteil des Internationalen Gerichtshofes zum *North Sea Continental Shelf Case v.* 20.02.1969, entschieden wurde (ICJ Reports 1969, S. 3).

111 Art. 1 G. v. 23.5.2017 (BGBl. I S. 1245).
112 Vgl. dazu Dörr, in: Ehlers/Fehling/Pünder, BVwR, § 38 Rn. 41 ff.
113 In Kraft getreten allerdings erst am 16.11.1994.
114 Art. 55, 57 des Seerechtsübereinkommen der Vereinten Nationen (BGBl. II 1994, 1789).

AWZ der Nordsee-Anrainerstaaten

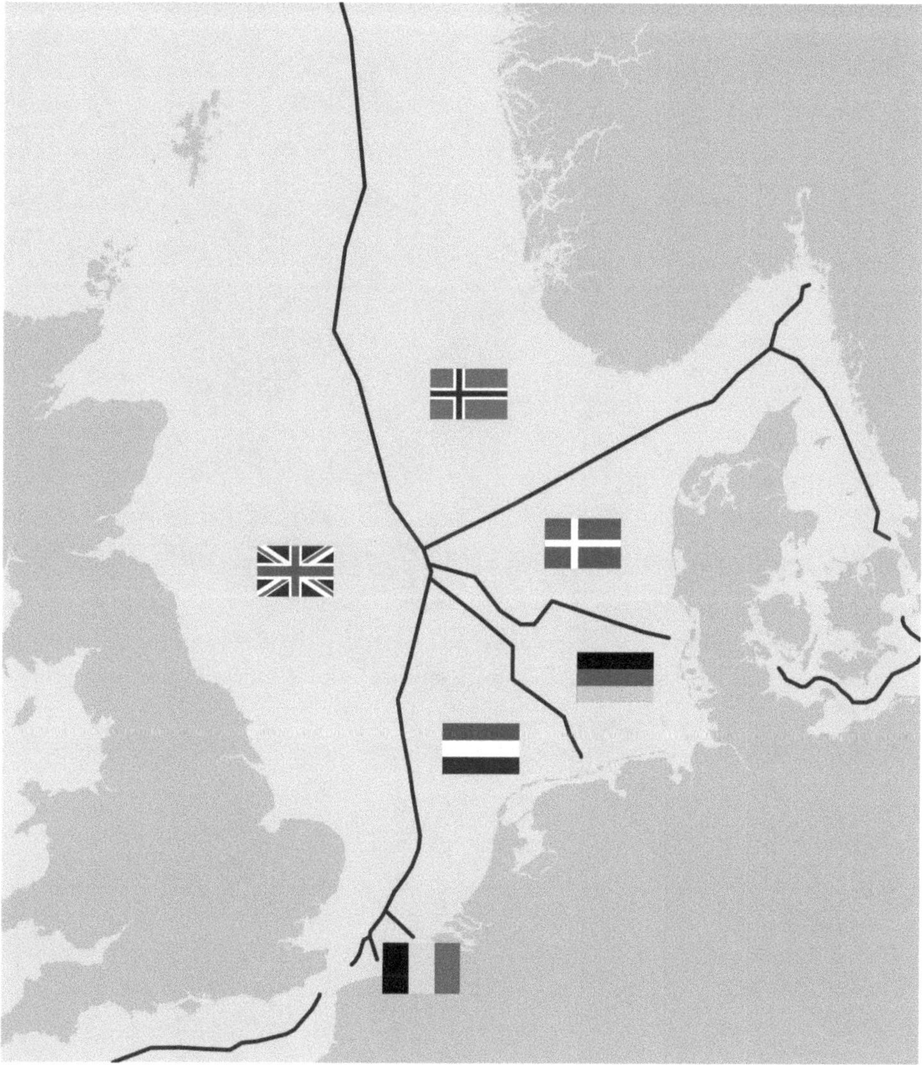

Bildquelle: Thünen-Institut

Die Löwenanteile an AWZ haben das Vereinigte Königreich und Norwegen, was im Streit um die Fischereirechte nach dem Brexit eine wichtige Rolle spielt.

Deutsche AWZ in der Nordsee: Der „Entenschnabel"

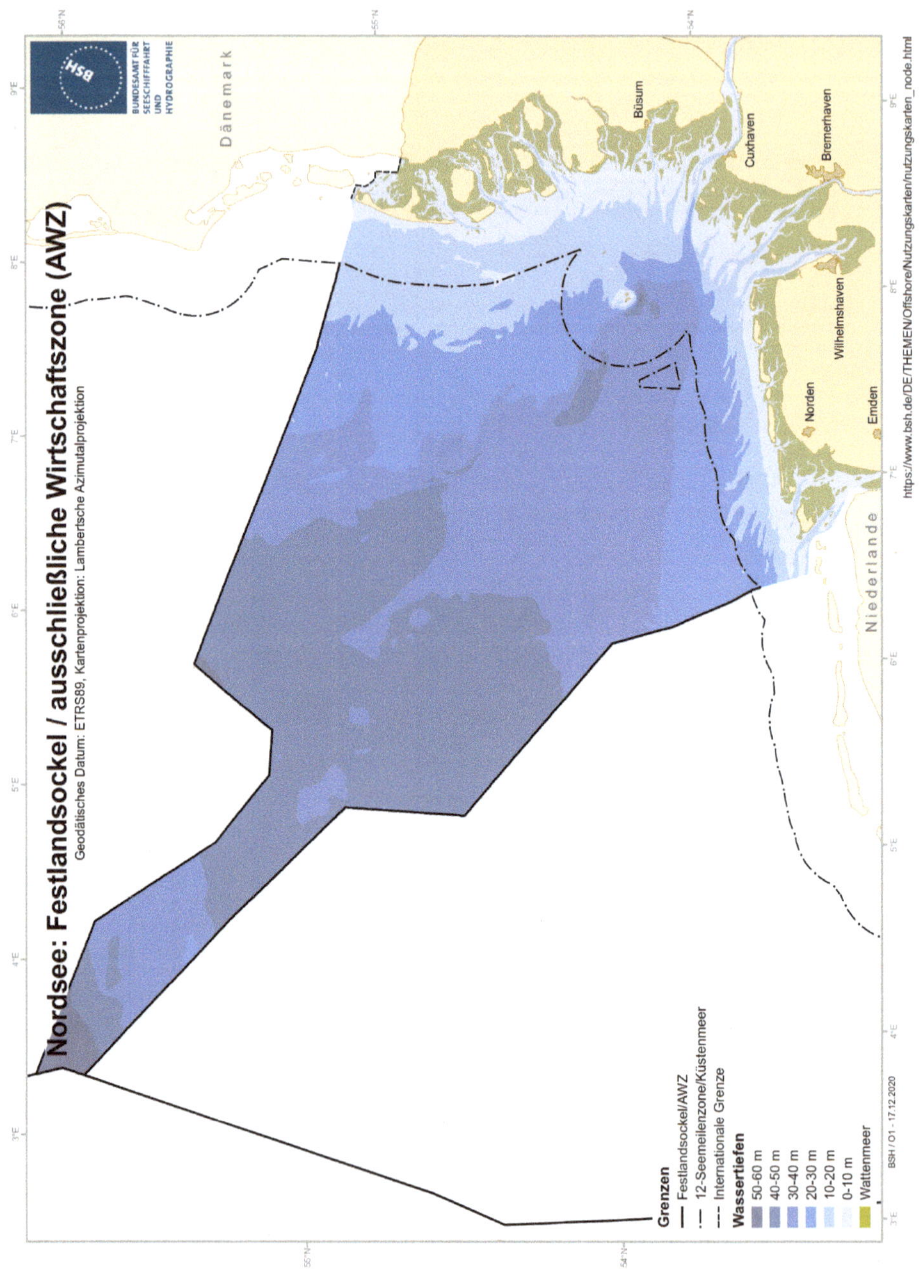

Bildquelle: BSH - Bundesamt für Seeschifffahrt und Hydrographie

Im Gebiet der AWZ sind eine Vielzahl von Nutzungen zu koordinieren: Leitungen und Kabel, Sedimentgewinnung, Marikultur, zivile Schifffahrtswege und Übungsgebiete für die Bundesmarine, Planung und Errichtung von Offshore-Windparks, Naturschutzgebieten und sonstigen Schutzzonen. Durch ein planerisches Gesamtkonzept sind – wie bei jeder Planung – Konflikte zu identifizieren, zu vermeiden bzw. zu lösen, um Schäden vorzubeugen (militärische Sperrgebiete sind von anderen Nutzungen regelmäßig freizuhalten etc.). Unter Berücksichtigung der Wechselwirkungen zwischen Land und Meer und von Sicherheitsaspekten sind Festlegungen zu treffen 99

- **zur Gewährleistung der Sicherheit und Leichtigkeit des Schiffsverkehrs**
  Die Schifffahrtswege dürfen z.B. nicht durch Offshore-Windparks oder durch militärische Sperr- und Übungsgebiete führen. Da die Routen in der Deutschen Bucht an den Ärmelkanal als einer der am dichtest befahrenen Seewege der Welt anschließen, müssen sie im Tiefwasser verlaufen, ausreichenden Kurvenradius für Großschiffe und strikte Verkehrstrennungsgebiete nach den internationalen Kollisionsverhütungsregeln 1972[115] aufweisen;
- **zu weiteren wirtschaftlichen Nutzungen**
  Weitere wirtschaftliche Nutzungen betreffen Informationskabel, Rohrleitungen, Anlagen zur Sedimentgewinnung (insb. Sand), sowie Marikultur (insb. Muschelzucht);
- **zu wissenschaftlichen Nutzungen**
  Das umfasst etwa Tierbeobachtungszonen und Bereiche für gezielte Wasser- und Bodenuntersuchungen);
- **zum Schutz und zur Verbesserung der Meeresumwelt**
  Darunter fallen Naturschutzgebiete und sonstige Schutzzonen.

115 BGBl. II (1976), 1023, zul. geänd. durch Art. 1 Nr. 2V v. 18.3.2009 (BGBl. I, 647).

Raumordnungsplan für die deutsche AWZ in der Nordsee (alle Nutzungen)

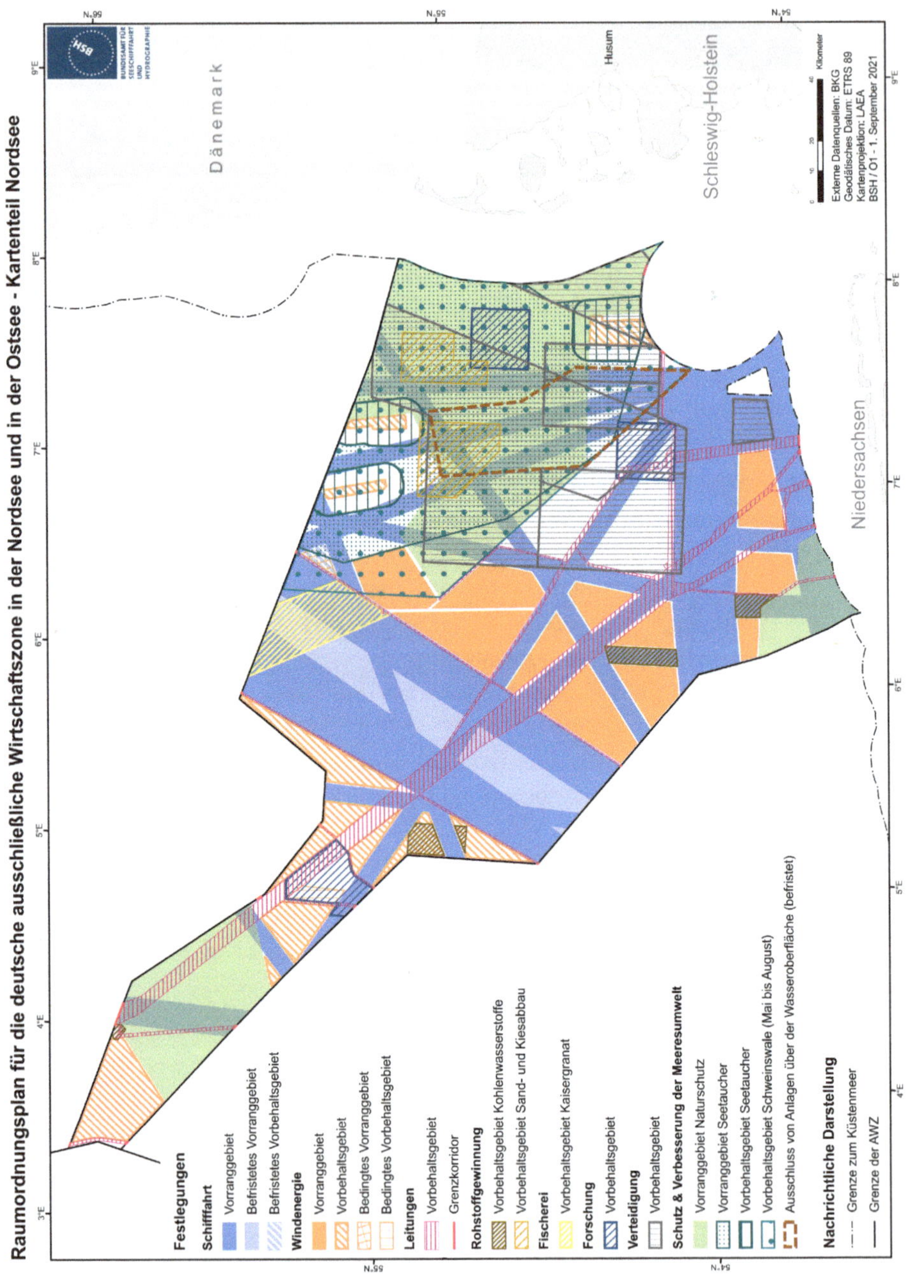

Bildquelle: BSH - Bundesamt für Seeschifffahrt und Hydrographie

Die deutsche AWZ der Ostsee ist aufgrund der enger angrenzenden AWZ der Nachbarstaaten sehr viel kleiner als in der Nordsee. 100

Deutsche AWZ in der Ostsee

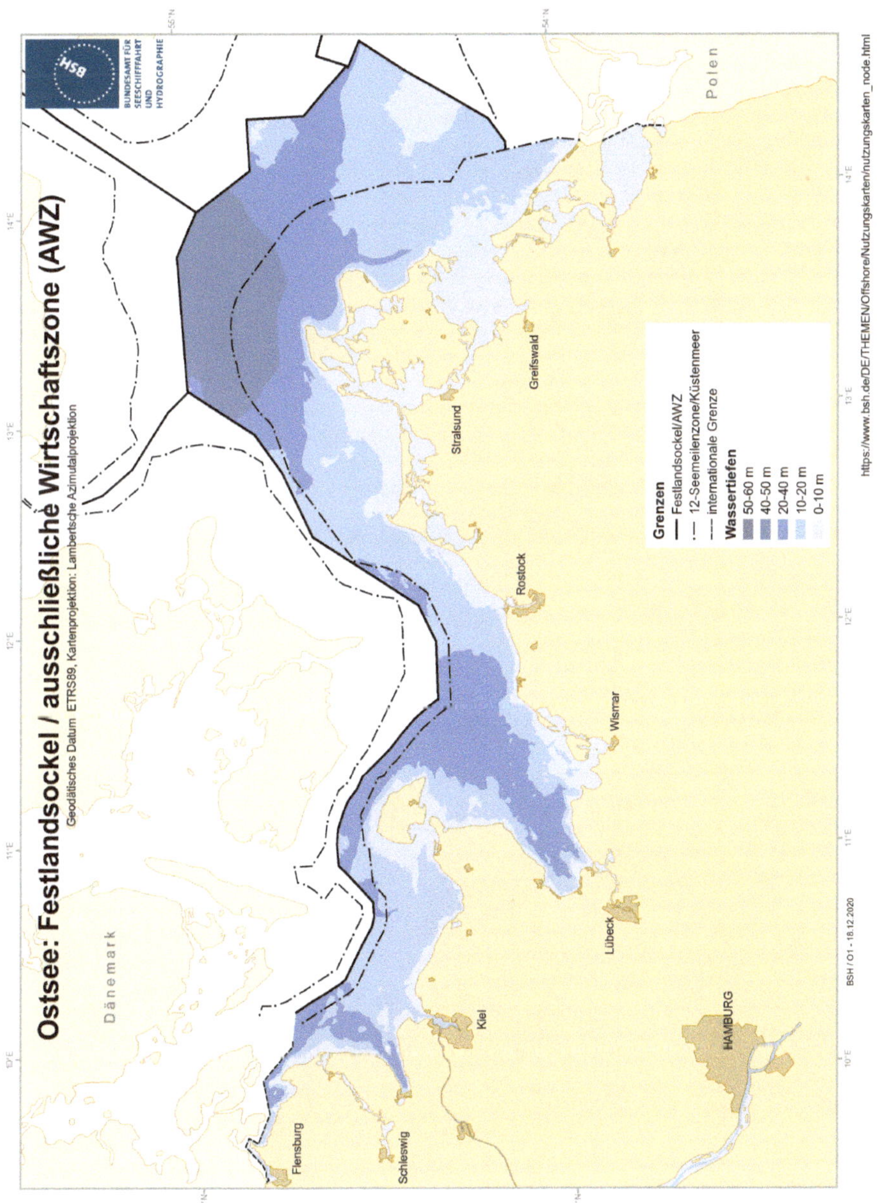

Bildquelle: BSH - Bundesamt für Seeschifffahrt und Hydrographie

Raumordnungsplan für die deutsche AWZ in der Ostsee (alle Nutzungen)

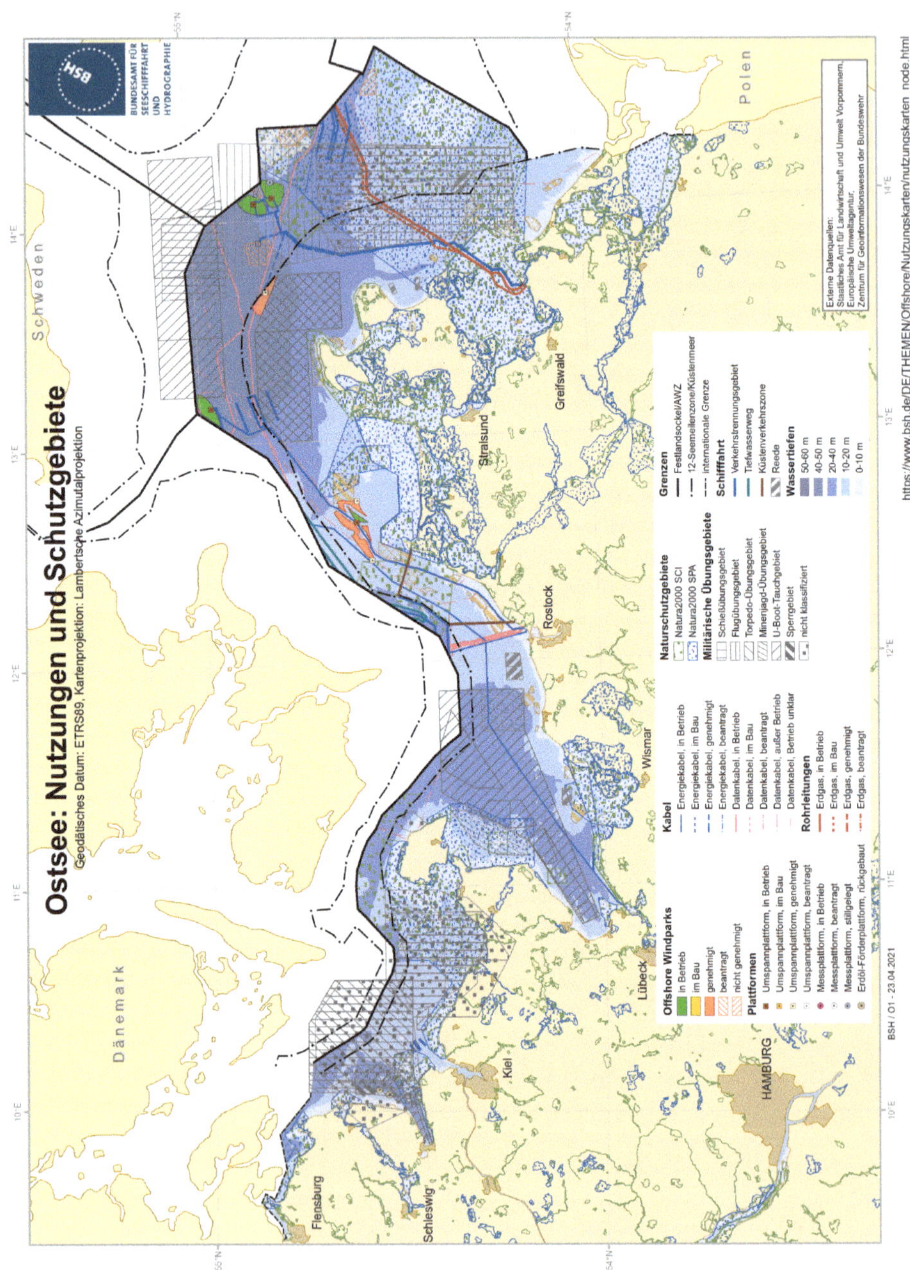

Bildquelle: BSH - Bundesamt für Seeschifffahrt und Hydrographie

Die AWZ-Raumordnungspläne können Grundsätze und verbindliche Ziele enthalten; sie ergehen als Rechtsverordnung. Zuständig ist das Bundesministerium für Verkehr und digitale Infrastruktur. Für die Vorbereitung und Ausarbeitung ist das Bundesamt für Seeschifffahrt und Hydrographie (§ 17 Abs. 1 S. 3 ROG) zuständig.

Koordinationsbedarf gab es freilich schon vor dem Inkrafttreten des GeROG. 101
Als Rechtsgrundlage diente seinerzeit das Seeaufgabengesetz 1965 und die Seeanlagenverordnung 1997, später § 18a ROG a.F. Für Planfeststellungen und Genehmigungsverfahren gilt seit 1.1.2017 das Seeanlagengesetz.[116] Anwendbar ist – paradoxerweise – auch das Bundesberggesetz[117] im Hinblick auf die Hebung von Bodenschätzen und die Einbringung von Unterwasserkabeln, Transit-Rohrleitungen und Forschungshandlungen im Bereich des Festlandssockels (§ 2 Abs. 3; § 49, §§ 132–137 BBergG).

3. Raumordnungspläne für länderübergreifende Standortkonzepte

Nach Abs. 2 S. 1 ROG kann das Bundesministerium des Innern, für Bau und 102
Heimat im Einvernehmen mit anderen betroffenen Bundesministerien länderübergreifende Raumordnungspläne für den Hochwasserschutz sowie zu Standortkonzepten für Häfen (Seehäfen und Binnenhäfen) sowie Flughäfen als Grundlage für ihre verkehrliche Anbindung im Rahmen der Bundesverkehrswegeplanung als Rechtsverordnung aufstellen. Voraussetzung ist allerdings, dass dies für die räumliche Entwicklung und Ordnung des Bundesgebiets unter nationalen und europäischen Gesichtspunkten erforderlich[118] ist (was etwa im Falle des „Nationalen Hafenkonzepts für die See- und Binnenhäfen 2015“ der Bundesregierung[119] zu bejahen wäre). Auch diese Pläne ergehen als Rechtsverordnung und können Grundsätze und verbindliche Ziele enthalten. Zuständig ist das Bundesministerium des Innern, für Bau und Heimat; Vorbereitung und Ausarbeitung obliegen jedoch dem BBR, § 17 Abs. 2 S. 4 ROG.

4. Raumordnungspläne für die räumliche Entwicklung des Bundesgebietes

Nach § 17 Abs. 3 S. 1 ROG kann das Bundesministerium des Innern, für Bau 103
und Heimat schließlich ebenfalls im Einvernehmen mit anderen betroffenen Bundesministerien einzelne Grundsätze der Raumordnung nach § 2 Abs. 2 ROG

116 G. v. 13.10.2016 (BGBl. I S. 2258, 2348).
117 Vom 13.8.1080 (BGBl. I S. 1310), zul. geänd. durch Art. 237 der VO v. 19.6.2020 (BGBl. I, S. 1328).
118 Das Vorliegen dieser Voraussetzung ist gerichtlich im Wege einer Feststellungsklage überprüfbar. Vgl. zum Rechtsschutz gegen Bundesverordnungen.
119 www.bmvi.de/DE/Themen/Mobiliaet zul. abgerufen am 3.6.2020.

weiter konkretisieren („Grundsätze-Pläne"); auch insoweit obliegt dem BBR die Ausarbeitung. Der Plan ergeht *nicht* zwingend als Rechtsverordnung (§ 17 Abs. 5 S. 1 ROG), eine Aufstellung von verbindlichen Zielen ist daher nicht möglich. Auch bedarf es gemäß § 17 Abs. 5 S. 1 ROG keines Umweltberichts nach § 8 ROG; die Bekanntmachung erfolgt im Bundesanzeiger (§ 17 Abs. 5 S. 2 ROG) oder durch „unauffällige" Auslegung. In der Praxis dürfte diese Variante daher keine große Bedeutung erlangen, schon weil dem erheblichen Aufwand eine sehr überschaubare Wirkung gegenübersteht.

III. Raumordnung auf Landesebene (Landesplanung)

1. Die Landesplanungsgesetze

104 Als Konsequenz der seinerzeitigen Rahmengesetzgebung existieren in allen Bundesländern – mit Ausnahme der Stadtstaaten – Landesplanungsgesetze.[120] Eine andere Frage ist indes, in welcher Rechtsform die Länder ihrer Pflicht zur landesweiten Planung gemäß § 13 ROG nachkommen, die (der kommunalen Planung nachgebildet) aus zwei Ebenen besteht: der Planung für den Gesamtraum des jeweiligen Bundeslandes (landesweiter Raumordnungsplan) und der weiteren Konkretisierung in den sog. Regionen, die freilich von Bundesland zu Bundesland höchst verschieden ausfallen können.

2. Landesentwicklungsprogramme/-pläne

105 Die Rechtsform der Planung für die gesamte Landesebene ist nicht geregelt, § 13 ROG macht hier keine Vorgaben. Auch die Bezeichnungen differieren vom Landesentwicklungsprogramm (LEP), über Landesentwicklungsplan (LEP) und Landesraumentwicklungsprogramm (LEPro) bis zum Landesraumordnungsprogramm (LROP). Anfangs war daher die Rechtsnatur dogmatisch nicht geklärt; teilweise sprach man von Normen eigener Art (sui generis). Mittlerweile erge-

120 LPlG BW v. 10.7.2004 (GBl. 2003, S. 385), zul. geänd. d. G. v. 22.5.2012 (GBl.2012, S. 285); BayLPlG v. 25.6.2012 (GVBl., S. 254), zul. geänd. d. G. v. .12.2020 (GVBl. S. 675); BbgLPlG vom 12.12.2002 (GVBl. I, S. 2, zul. geänd. d. G. v. 21.9.2011); HessLPG v. 12.12.2012 (GVBl. S. 590); LPlG M.-V. v. 5.5.1998 (GVOBl. S. 503), zul. geänd. d. G. v, 20.5.2011 (GVOBl. S. 323); NdsROG v. 18.7.2012 (GVBl., S. 252), zul. geänd. d. G. v. 6.3.2021 Nds. GVBl. S. 133); LPlG NRW v. 3.5.2005 (GVBl., S. 430); zul. geänd. d. G. v. 3.5.2005 (GVBl. S. 212); LPlG RP v. 10.4.2003 (GVBl., S. 41), zul. geänd. d. G. v. 28.9.2010 (GVBl., S., 280); SaarlLPG v. 18.11.2010 (Amtsbl. I, S. 2599), zul. geänd. d. G. v. 13.2.2019 (Amtsbl. I, S. 324); SächsLPlG v. 11.6.2010 (GVBl., S. 174), zul. geänd. d. G. v. 27.1.2013 (GVBl., S. 130); LPlG S.-A. v. 28.4.1998 (GVBl., S. 255), zul. geänd. d. G. v. 3.4.2015.(GVBl. S. 170, jetzt als LEntwG S.-A. firmierend; LPlG S.-H. i.d.F. v. 10.2.1996 (GVBl., S. 232); ThürLPlG v. 15.5.2007 (GVBl., S. 45), zul. geänd. d. G. v. 11.12.2012 (GVBl., S. 450).

hen alle landesweiten Pläne als Rechtsverordnungen, die allerdings teilweise der Zustimmung der Landesparlamente bedürfen[121] oder ihnen zumindest ein Stellungnahmerecht einräumen.[122] In Nordrhein-Westfalen wurde der Landesentwicklungsplan von 2010 bis 2016 als förmliches Gesetz erlassen; dann kehrte man zur Verordnungsform zurück.[123] In den Stadtstaaten Berlin, Bremen und Hamburg können sie durch den Flächennutzungsplan nach § 5 BauGB als Satzung ersetzt werden (§ 13 Abs. 1 Satz 2 ROG), was durchgehend auch praktiziert wird.

Typische Inhalte der Landesentwicklungspläne sind die Einteilung des Landes- 106
gebiets in Regionen, die Festlegung der Zentren höherer Stufen, die Festlegung von Verkehrsachsen, die Bestimmung „innenstadtrelevanter Sortimente" sowie – allerdings eher singulär – von konkreten Einzelfestlegungen, deren landesweite Bedeutung eine Absicherung auf Landesebene erfahren soll. Hierunter fielen etwa die Freihaltung von Erweiterungsflächen für eine dritte Startbahn am Flughafen München-Erding oder die Freihaltung eines Korridors für die Magnetschwebebahn Transrapid, die später zur Trasse für eine Express-S-Bahn umgewidmet wurde.

3. Exemplarisch: Der „Alpenplan"

Eine singuläre Bestimmung ist der sog. Alpenplan, der bereits 1972 erlassen 107
und in das erste bayerische LEP 1976 aufgenommen wurde. Er sollte Überschließung verhindern, Gefahren durch Erosion und Lawinen vorbeugen und auch die Erholungsfunktion der Bevölkerung sichern. Konkreter Anlass war die Planung mehrerer Seilbahnprojekte zur Erschließung neuer Skigebiete, u.a. auf den Watzmann. Um eine touristische Übererschließung zu verhindern, wurde der bayerische Alpenraum in drei Zonen eingeteilt: In Zone C (ca. 42 % der Gesamtfläche)[124] sind neue Verkehrserschließungen mit Ausnahme von Alm- und Forstwegen unzulässig. In Zone B (ca. 23 %) sind sie nur unter Wahrung eines strengen Maßstabs möglich. In Zone A (ca. 35 %), die im Wesentlichen die Talschaften umfasst, sind weitere Erschließungsanlagen grundsätzlich zulässig, sind allerdings stets auf ihre Raum- und Umweltverträglichkeit zu überprüfen. Allerdings wurde in den folgenden Jahrzehnten deutlich, dass der sensible Alpenraum Problemen unterliegt, die einzelstaatlich nicht mehr bewältigbar sind. 2004 wurde der Alpenplan daher mit der am 7.11.1991 als völkerrechtlicher

121 Z. B. Art. 20 Abs. 2 BayLplG; § 4 Abs. 5 HLPG; § 17 Abs. 2 LplG NRW.
122 Z. B. § 9 Abs. 2 LplG BW; § 4 Abs. 2 NROG.
123 G. v. 24.5.2016 (GV NRW, S. 259).
124 Nach dem Lawinenwinter 1998/99 wurde die Zone C durch das LEP 2003 auf 43 % vergrößert.

Vertrag vereinbarten Alpenkonvention[125] harmonisiert, die neben einer gezielten Vernetzung und Kooperation der Alpenstaaten einheitliche Umweltstandards vorsieht. In der aktuellen Fassung des LEP 2018 findet er sich im Kapitel Raumstruktur (2.3 Alpenraum).

108 Obwohl der Alpenplan uneingeschränkt als fast fünzigjährige Erfolgsgeschichte angesehen wird, unterliegt er dennoch Gefährdungen: Da die beiden kleinen benachbarten Allgäuer Skigebiete Grasgehren und Riedberger Horn gegenüber den österreichischen Konkurrenten kaum noch konkurrenzfähig waren, wurde der Bau eines Verbindungslifts zur Errichtung einer Skischaukel zwischen beiden Gebieten geplant. Dazu wurde der entsprechende Bereich am 28.3.2017 durch eine Teilfortschreibung des Alpenplans von Zone C auf Zone B herabgestuft.

125 Amtl. Fundstellen: 96/191/EG (CELEX:31996D0191); BGBl. II (1995), Nr. 477.

Alpenplan

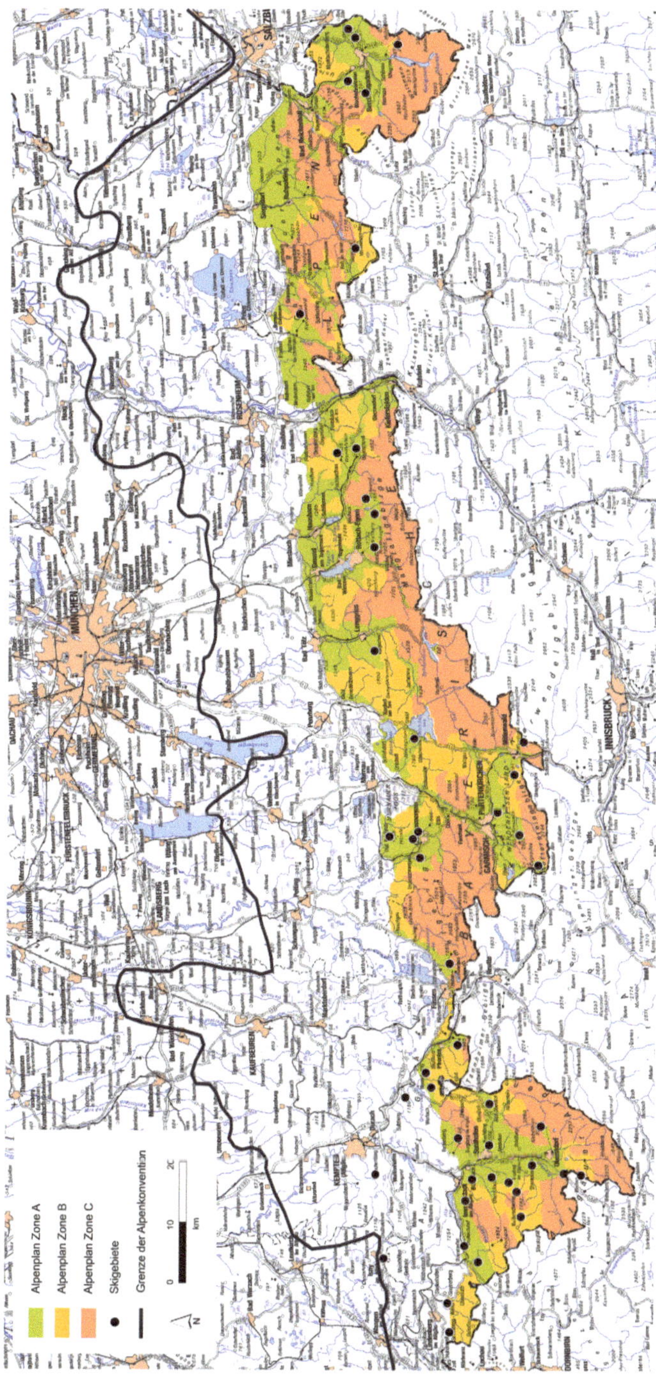

Bildquelle: Bayerisches Staatsministerium für Wirtschaft, Landesentwicklung und Energie

Riedberger Horn

Bildquelle: Archiv des Deutschen Alpenvereins e.V.

Aufgrund massivster Widerstände wurde diese Änderung jedoch 2019 rückgängig gemacht. Der betroffenen Gemeinde Obermaiselstein wurde dies durch Fördergelder für ein Konzept „sanfter Tourismus" schmackhaft gemacht.[126]

4. Umweltprüfung und -bericht

109 Mit der SUP-Richtlinie 2001/42/EG wurden die Mitgliedstaaten verpflichtet, bei Raumplanungen gesondert zum Begründungsentwurf eine Umweltprüfung vorzunehmen, in dem die voraussichtlichen erheblichen biologischen, ökologischen und kulturellen Auswirkungen von Plänen insbesondere auf Menschen, Fauna und Flora, Biodiversität, Umwelt und Klima sowie Kulturgüter einschließlich ihrer Wechselwirkungen ermittelt und bewertet werden. Maßgeblich ist der aktuelle Stand der Wissenschaft. Dies wurde in § 8 ROG und in den Landesplanungsgesetzen[127] umgesetzt.

126 Ausf. Dokumentation unter: www.alpenverein-muenchen-oberland.de/unser-verein/ engagement/riedberger-horn/alpenplan-kehrt-zur-alten-staerke-zurueck, zul. abgerufen am 30.7.2021; Pressemitteilung der Bayerischen Staatsregierung v. 30.4.2019, abzurufen unter www.bayern.de.

127 Z. B. § 2a LplG BW; Art. 15 BayLplG; § 4 Abs. 1 HLPG.

Das Ergebnis ist als Umweltbericht („zusammenfassende Erklärung") der Planbegründung gesondert beizufügen (§ 10 Abs. 3 ROG). Die dabei obligatorischen Angaben und Ausführungen ergeben sich aus Anlage 1 zu § 8 Abs. 1 ROG. Zuständig sind die planaufstellenden Behörden bzw. Körperschaften, die auch zur kontinuierlichen Überwachung der erheblichen Auswirkungen („Scoping") und zu allfälligen Abhilfemaßnahmen verpflichtet sind.[128] Sind nach einer Vorprüfung unter Beteiligung der einzubeziehenden öffentlichen Stellen voraussichtlich keine erheblichen Umweltauswirkungen zu erwarten, kann von einer Umweltprüfung abgesehen werden (§ 8 Abs. 2 ROG). Ergebnisse anderer Umweltprüfungen im Plangebiet können übernommen und so ein „Abschichtungseffekt" erzeugt werden (§ 8 Abs. 3 ROG). 110

IV. Raumordnung auf regionaler Ebene (Regionalplanung)

1. Regionen und Regionalpläne

Ähnlich der Zweistufigkeit im Bauplanungsrecht sind die Landesentwicklungsprogramme durch Raumordnungspläne auf regionaler Ebene (Regionalpläne; in Mecklenburg-Vorpommern: regionale Raumentwicklungsprogramme, in Niedersachsen: regionale Raumordnungsprogramme, in Rheinland-Pfalz: regionale Raumordnungspläne, in Sachsen-Anhalt regionale Entwicklungspläne genannt) verpflichtend zu konkretisieren. Die Stadtstaaten Berlin, Hamburg und Bremen sowie das Saarland sind allerdings von dieser Verpflichtung nach § 13 Abs. 1 S. 2 ROG ausgenommen, weil hier die Detailplanung unmittelbar von der Flächennutzungsplanung übernommen werden kann. 111

Ein ursprünglich nicht ganz einfaches Thema – insb. in den Flächenländern – war die Festlegung der Regionen, sollten sich doch darin nicht nur politische Einheiten, sondern auch historisch-kulturelle und sozioökonomische Zusammenhänge widerspiegeln, einschließlich der Verflechtungen mit Nachbarländern, § 13 Abs. 4 ROG (Beispiel: Bodenseeraum, Donau-Iller, Odenwald, Rhön). Als grobe Faustregel lässt sich aufstellen: Regionen sind kleiner als Regierungsbezirke, aber größer als Landkreise. Wie langwierig der politische Weg zur Einteilung war, zeigt exemplarisch die Entwicklung in Bayern: Plante man ursprünglich 37 Regionen, schwankte die Zahl dann von 16 über 19 zu 22, bis sich letztlich 18 Regionen herauskristallisierten. 112

Für die Aufstellung der Regionalpläne in den anderen Bundesländern gilt nach § 13 Abs. 2 ROG das sog. Entwicklungsgebot, das dem bauplanungsrechtlichen Entwicklungsgebot (§ 8 Abs. 2 BauGB) nachgebildet ist. Danach sind die Regio- 113

128 Parallel schreiben die §§ 2a, 4, 4c BauGB Umweltprüfung und -bericht sowie die Pflicht der Gemeinden zum Scoping auch im Bereich der Bauleitplanung vor.

nalpläne aus dem Raumordnungsplan für das gesamte Landesgebiet zu entwickeln, d.h. sich in den letzteren einfügen muss. Der Regionalplan stellt dabei eine Konkretisierung des Raumordnungsplans in Bezug auf die konkrete Region dar[129]. Daher bleibt auch trotz des Entwicklungsgebots für die Regionalplanung die Möglichkeit, den Regionalplan in gewisser Weise selbst zu gestalten, insbesondere werden sogar Abweichungen des Regionalplans vom Landesraumordnungsplan noch toleriert, wenn sie nur der Grundkonzeption nicht zuwiderlaufen.[130]

114 Um einen Verstoß gegen das Entwicklungsgebot zu bejahen, müssen sowohl Landesraumordnungsplan als auch Regionalplan im Einzelfall ausgelegt werden, ein Verstoß liegt dabei erst bei einem inhaltlichen Widerspruch der beiden vor.[131] Dem Entwicklungsgebot wird dann jedenfalls nicht ausreichend entsprochen, wenn die im Regionalplan getroffenen Festlegungen ohne Begründung nicht den Maßstab derer des Raumordnungsplans erfüllen.[132] Der Verstoß gegen das Entwicklungsgebot kann grundsätzlich zur Rechtswidrigkeit des Regionalplans führen[133] Allerdings ist der Verstoß nach § 11 Abs. 2 Nr. 1 ROG unbeachtlich, wenn die sich aus dem landesweiten Raumordnungsplan ergebende räumliche Entwicklung nicht beeinträchtigt ist (Grundsatz der Planerhaltung → Rn. 196 ff.).

115 Regelmäßig ergeht der Regionalplan als Rechtsverordnung, in Niedersachsen jedoch als Satzung (§ 5 Abs. 5 NdsROG). In den meisten Bundesländern ist vorgesehen, dass der Regionalplan einer Genehmigung oder Verbindlicherklärung durch die oberste Raumordnungsbehörde bedarf.[134] Dabei ist die Rechtskonstruktion nicht ganz einheitlich. Teilweise handelt sich um eine Genehmigung,[135] mit der Rechtsfolge, dass der Regionalplan erst mit dieser in Kraft tritt, teilweise um eine Rechtsverordnung.[136] Die Genehmigung/Verbindlicherklärung ist ein Verwaltungsakt nach § 35 VwVfG, auf deren Erteilung ein Anspruch besteht, wenn der Regionalplan rechtskonform ist. Gegen eine Versagung kann folglich Verpflichtungsklage nach § 42 Abs. 1 Alt. 2 VwGO erhoben werden. In Schleswig-Holstein wird dagegen auch der Regionalplan als Rechtsverordnung des Landes erlassen; eine Genehmigung ist daher überflüssig.

---

129 Vgl. Grotefels in: Kment, ROG, § 13 Rn. 64.
130 VG Stuttgart 27.07.05 – 12 K 2082/05 = openJur 2013, 13925.
131 Vgl. BVerwG, 15.05.03 – 4 CN 9/01 = NVwZ 2003, 1263 (1266).
132 OVG Niedersachsen, 13.06.07 – 12 LB 25/07 = openJur 2012, 46025.
133 Spannowsky, in Bielenberg/Runkel/Spannowsky, ROG, § 9 Rn. 18.
134 Nicht jedoch in NRW.
135 § 13 Abs. 2 Satz 3 LPlG BW; Art. 22 Abs. 1 Satz 2 BayLplG; § 7 Abs. 2 HessLPlG; § 5 Abs. 5 Satz 1 NdsROG § 10 Abs. 2 LPlG RP; § 7 Abs. 2 SächsLPlG; § 9 Abs. 3 Satz 2 LEntw, aG S.-A.; § 5 Abs. 3 ThürLPlG.
136 § 9 Abs. 5 Satz 1 LPlG M.-V.

2. Der regionale Flächennutzungsplan

Erfolgt die Regionalplanung durch Zusammenschlüsse von Gemeinden und Gemeindeverbänden zu regionalen Planungsgemeinschaften, so kann der Regionalplan zugleich die Funktion eines gemeinsamen Flächennutzungsplans nach § 204 BauGB übernehmen (§ 13 Abs. 4 ROG).[137] Dieser kann dann neben den in Bauleitplänen möglichen Festsetzungen auch Ziele der Raumordnung enthalten, die von den beteiligten Gemeinden in ihren Bebauungsplänen umzusetzen sind. Dadurch wird eine Planungsebene eingespart; die Festsetzungen sind dann allerdings Ausprägung der kommunalen Selbstverwaltung, bewegen sich also im eigenen Wirkungskreis (während „normale Regionalpläne" regelmäßig Aufgaben im übertragenen Wirkungskreis sind). Durch einen regionalen Flächennutzungsplan binden sich die beteiligten Gemeinden untereinander im Hinblick auf konkrete Festsetzungen; diese Bindungswirkung ist naturgemäß wesentlich stärker als das allgemeine baurechtliche Abstimmungsgebot des § 2 Abs. 2 BauGB[138] und müssen den einzelnen Bebauungsplänen zugrunde gelegt werden. Verfahrensmäßig bleiben die beteiligten Gemeinden jedoch selbstständig, jede Gemeinde muss die planerische Abwägung für sich durchführen. Dies führt zu einer intensiven gegenseitigen Informationspflicht das Aufstellungsverfahren ist daher sinnvollerweise detailliert vertraglich zu regeln.[139] Auch die Genehmigung nach § 6 Abs. 1 BauGB muss parallel jeder beteiligten Gemeinde gegenüber erfolgen. 116

Da die Rechtsfigur des regionalen Flächennutzungsplans nach § 13 Abs. 4 ROG ursprünglich Rahmenrecht nach Art. 75 GG a.F. war, muss sie von den Landesplanungsgesetzen konstitutiv umgesetzt werden;[140] dies ist bislang nur in Sachsen-Anhalt, Sachsen, Hessen und Nordrhein-Westfalen geschehen. Die Pflicht zur Aufstellung eines gemeinsamen Flächennutzungsplans bleibt überdies von § 13 Abs, 4 ROG unberührt.

Abzugrenzen ist er vom Planungsverband nach § 205 BauGB, in dem sich Gemeinden und sonstige öffentliche Planungsträger zu öffentlich-rechtlichen (Verbands-)körperschaft zusammenschließen, um Planungen einheitlich vorzunehmen. Das Verfahren ist durch gemeinsame Organe nach dem Vorbild von Zweckverbänden kompakter; im Gegenzug sind Planungsverbände allerdings auf bauplanerische Festsetzungen beschränkt, sie können keine Ziele oder Grundsätze der Raumordnung aufstellen.

137 Einführend Hendler, ZfBR 2005, 229 ff.
138 Kirchmeier, in: Ferner/Kröninger/Aschle, BauGB mit BauNVO, § 204 Rn. 8.
139 Kirchmeier, in: Ferner/Kröninger/Aschle, BauGB mit BauNVO, § 204 Rn. 4, 10.
140 Kirchmeier, in: Ferner/Kröninger/Aschle, BauGB mit BauNVO, § 204 Rn. 11.

3. Der sachliche Teilflächennutzungsplan

117 Eine weitere Möglichkeit, verbindliche Festsetzungen zu treffen, die den Zielen der Raumordnungen vergleichbar sind, ist der sog. sachliche Teilflächennutzungsplan (sTFNP) nach § 5 Abs. 2b BauGB.[141] Dogmatisch eigentlich ein Widerspruch in sich, tritt der sTFNP selbstständig neben einen bereits bestehenden Flächennutzungsplan und geht dann für seinen Bereich als „lex posterior“ vor. Der allgemeine Flächennutzungsplan muss dann nicht (zeitraubend) abgeändert werden, insb. entfällt aufwändige Gesamtabwägung. Auch trifft der sTNLP keine umfassenden Festsetzungen, sondern kann sich auf einzelne Nutzungen „sachlich“ beschränken. Eine Konkretisierung durch einen Bebauungsplan ist dann nicht mehr erforderlich (wenngleich nicht ausgeschlossen). Ziel eines sTFNP ist vor allem die Herstellung der Rechtswirkungen des § 35 Abs. 3 S. 3 BauGB (Ausweisung von Konzentrationsflächen im Außenbereich) für Bauvorhaben Dritter durch die Gemeinden. Damit soll erreicht werden, dass durch positive Standortzuweisungen für privilegierte Nutzungen an einer oder mehreren Stellen im Plangebiet der übrige Planungsraum von entsprechenden Nutzungen freigehalten wird. Die Rechtswirkungen sind also die gleichen wie bei der raumplanerischen Ausweisung von Eignungsgebieten bzw. Ausschlussgebieten. Auch in diesem Fall darf die betroffene Fläche aber nicht so eng dimensioniert oder in der Sache ungeeignet sein, dass im Endeffekt eine unzulässigen „Verhinderungsplanung“ vorliegt.

Beispiel: Ausweisung einer Konzentrationsfläche für Windenergienutzung in einem unwegsamen Gebiet mit mäßiger Windhöffigkeit, auf der nur ein einziges Windrad Platz hat, was potenzielle Investoren mangels Rentabilität prohibitiv abschreckt.

Liegen hinsichtlich einer Konzentrationsfläche sowohl Ziele der Raumordnung als aus Darstellungen eines Flächennutzungsplans vor, die sich inhaltlich wiedersprechen, so geht der Raumordnungsplan gem. § 1 Abs. 4 BauGB vor.

118 Eine raumordnerische Parallele ist der regionale Teilgebietsentwicklungsplan nach § 8 LEntwG S.-A., der speziell und inhaltlich beschränkt für Gebiete aufzustellen ist, in denen Braunkohleaufschluss- oder -abschlussverfahren durchgeführt werden. Sinn und Zweck ist eine möglichst effektive Balance zwischen Kohleabbau, Sicherheitsvorkehrungen und der Gestaltung der Nachnutzung der Abbauflächen herzustellen.

141 Eingefügt durch das EAG-Bau v. 30.6.2004 (BGBl. I, 1359).

V. Influenzierende Planung

Unter sog. influenzierender Planung ist eine Form der Planung ohne direkte Rechtswirkungen nach außen (gegenüber dem Bürger) zu verstehen. Die Planung erfolgt daher weder in Form einer Satzung noch als Rechtsverordnung. 119

Eine solche Art der Planung lässt sich anhand einiger Beispiele erkennen. Zur Veranschaulichung sollen zwei Beispiele dienen:

- *„Flussparadies Franken"*

  Dieses Projekt wurde vom Wasserwirtschaftsamt der Stadt Bamberg ins Leben gerufen.

  Ziel des Konzepts „Flussparadies Franken" war es, das Main- und Regnitztal für den Tourismus zu erschließen und gleichzeitig die Umweltverträglichkeit eines solchen Vorhabens durch Erhaltung der Flusslandschaft zu gewährleisten.[142]

  Dass es sich dabei um influenzierende Planung handelt, zeigt sich daran, dass das Konzept lediglich als Diskussionsgrundlage für eine verbindliche Planung dienen sollte.

  Das Konzept enthielt dazu eine Beschreibung des zu untersuchenden Gebiets und wie die Nutzung dem gesetzten Spiel entsprechend am effektivsten angepasst werden könnte. Auch wurden mögliche Umsetzungsstrategien präsentiert.[143]

- *„Olympiabewerbung München"*

  Für die im Jahr 2018 im südkoreanischen Pyeongchang stattgefundenen olympischen Winterspiele hatte sich im Jahr 2007 auch die Bayerische Landeshauptstadt München beworben. Vor der Bewerbung wurde eine „Machbarkeitsstudie" ins Leben gerufen.[144] Diese sollte insbesondere nachweisen, wie die für eine Ausrichtung der Spiele erforderlichen räumlichen Anforderungen möglichst effektiv umgesetzt und durchgeführt werden können. Dabei wurde u.a. ein Umweltkonzept entwickelt.[145] Auch dieser Machbarkeitsstudie kam keine Außenwirkung zu, so dass es sich nicht um eine Rechtsverordnung oder Satzung handelte. Die Planung sollte allein dazu dienen, eine ggf. später erfolgende verbindliche Planung zu erleichtern.

142 Vgl. (zul. abgerufen am 24.02.21).

143 (zul. abgerufen am 24.02.21).

144 Als Entscheidungsgrundlage hat die Planungsmanagement & Projektberatung PROJEKT gemeinsam mit Albert Speer & Partner (AS&P) im Auftrag der Koordinationsstelle Olympiapark München GmbH eine konzeptionelle Machbarkeitsstudie erarbeitet. Diese sollte den Nachweis erbringen, dass die Landeshauptstadt München in der Lage ist, eine exzellente Bewerbung auszuarbeiten, die allen IOC-Kriterien für Bewerberstädte genügt und international konkurrenzfähig ist.

145 Vgl. (zul. abgerufen am 24.02.21).

§ 5 Instrumente der Raumordnung

I. Erfordernisse der Raumordnung

120 Erfordernisse der Raumordnung sind Ziele, Grundsätze und sonstige Erfordernisse (§ 3 Abs. 1 Nr. 1 ROG). Die Unterscheidung von Zielen und Grundsätzen der Raumordnung ist ein zentrales Element des ROG; diese werden durch sonstige Erfordernisse der Raumordnung ergänzt.

1. Ziele der Raumordnung

121 Ziele der Raumordnung sind verbindliche Vorgaben in Form von räumlich und sachlich bestimmten oder bestimmbaren, vom jeweiligen Träger der Raumordnung *abschließend abgewogenen* (§ 3 Abs. 1 Nr. 2 ROG) textlichen oder zeichnerischen Festlegungen in Raumordnungsplänen zur Entwicklung, Ordnung und Sicherung des Raums. Ziele sind also *Ergebnis einer bereits durchgeführten planerischen Abwägung.* Das heißt, ein Verfahren (vergleichbar § 1 Abs. 7 BauGB), das alle einzustellenden betroffenen Belange miteinander abgewogen hat, ist durch die Exekutive erfolgt und für weitere nachgeordnete Planungen als verbindlich anzusehen. Eine weitere Abwägung mit anderen Belangen nachgeordneter Planungsebenen ist daher ausgeschlossen. Nur Ziele der Raumordnung lösen daher die Anpassungspflicht für Bauleitpläne nach § 1 Abs. 4 BauGB aus.

Ziele können als der Exekutive zugewiesene Festsetzungen *ausschließlich* in Raumordnungsplänen aufgestellt werden, nicht dagegen im Landesplanungsgesetz der Legislative. Ein Abweichen von verbindlichen Zielen ist nur durch eine Tektur der Pläne oder – im Einzelfall – durch ein Zielabweichungsverfahren, das einem Befreiungsverfahren gem. § 31 Abs. 2 BauGB nachgebildet ist, möglich. In Raumordnungsplänen werden verbindliche Ziele mit dem Kürzel (Z) gekennzeichnet.

122 Ziele der Raumordnung sind von den in § 4 Abs. 1 ROG genannten Stellen zwingend zu beachten (**Beachtenspflicht**[146]). Sie sind Ergebnis einer abschließenden Abwägung der betroffenen Belange, erfordern daher keine weitere Abwägung mit anderen Belangen nachgeordneter Planungsakte und können nicht im Rahmen von Ermessens- und Abwägungsentscheidungen überwunden werden.[147]

---

146 Heemeyer, UPR 2007, 10.
147 Kment/Grüner, UPR 2009, 93 (95); Heemeyer, UPR 2007, 10.

Beispiel: Weist ein Regionalplan an einer bestimmten Stelle ein Vorranggebiet für Windkraftanlagen aus, kann die kommunale Bauleitplanung diese Entscheidung nicht dadurch konterkarieren, dass sie an der betroffenen Stelle eine andere Nutzung vorsieht und ihrerseits ein anderes Gebiet für Windkraftnutzung ausweist. Diese Bindungswirkung ist eine gesetzliche Einschränkung der verfassungsrechtlich durch Art. 28 Abs. 2 GG geschützten kommunalen Planungshoheit.

Nach § 4 Abs. 1 S. 1 Nr. 1 und § 2 ROG unterliegen öffentliche Stellen der strikten Bindungswirkung von Zielen der Raumordnung nicht nur bei ihren raumbedeutsamen Planungen und Maßnahmen, sondern auch bei Genehmigungen, Planfeststellungen und sonstigen behördlichen Entscheidungen über die Zulässigkeit raumbedeutsamer Maßnahmen anderer öffentlicher Stellen.

Beachte: Ziele der Raumordnung haben eine **strikte Bindungswirkung** für den Planungsträger.

Es ist jedoch zu beachten, dass die Raumplanung nicht zur „Ersatzfachplanung" übergehen darf.[148] Auch die Landesplanungsträger können im Rahmen ihres Entwicklungsauftrages Ziele der Raumordnung in den Landesentwicklungsprogrammen aufstellen. Allerdings dürfen sie nicht an die Stelle der Fachplanung treten und den Fachplanungsträgern muss ein ausreichender Planungsspielraum verbleiben. **123**

Beispiel: Das bayerische LEP 2003 hatte in Anhang 14 als Ziel die Freihaltung eines Trassenkorridors zwischen dem Münchener Hauptbahnhof und dem Großflughafen MUC im Erdinger Moos für den Bau einer Magnetschwebebahn (Transrapid) vorgesehen, um eine schnelle Anbindung zu schaffen.[149] Diese Festsetzung ersetzt jedoch nicht das nötige Planfeststellungsverfahren nach § 1 Abs. 1 MBPlG.[150]

Raumordnungsklauseln sind zu unterscheiden von gesetzlichen Zulassungstatbeständen, welche die Zulässigkeit eines Vorhabens an die Vereinbarkeit mit öffentlich-rechtlichen Normen knüpfen. Hierbei fehlt es an der Anordnung einer Beachtens- oder Berücksichtigungspflicht von Erfordernissen der Raumordnung, so dass sie von privaten Bauträgern nicht zu berücksichtigen bzw. beachten sind. Dies gilt beispielsweise für Baugenehmigungen oder immissionsschutzrechtliche Genehmigungen. § 4 Abs. 3 ROG statuiert eine explizite Beachtenspflicht der Ziele der Raumordnung im Rahmen der Genehmigung über die Errichtung und den Betrieb von öffentlich zugänglichen Abfallanlagen **124**

---

148 Beckmann in: Hoppenberg/Witt, HBöffBauR, Rn. 110.

149 In die Verwaltungs- und Kabarettgeschichte eingegangen durch die berühmte, auf YouTube (unter „stoiber transrapid") dokumentierte „10-Minuten-Rede" des damaligen Ministerpräsidenten Stoiber.

150 Gesetz zur Regelung des Planungsverfahrens für Magnetschwebebahnen v. 23.1.1994, (BGBl. I, S. 3486), zul. geänd. durch Art. 330 der Verordnung v. 19.6.2020 (BGBl. S. 1328).

von Personen des Privatrechts nach den Vorschriften des BImSchG. Daher ergibt sich als Umkehrschluss daraus, dass es sich bei § 6 Abs. 1 Nr. 2 BImSchG nicht um eine Raumordnungsklausel handelt, da andernfalls § 4 Abs. 3 ROG überflüssig wäre. Hingegen handelt es sich bei § 35 Abs. 3 S. 2 und 3 BauGB um Raumordnungsklauseln, so dass im Außenbereich die Erfordernisse der Raumordnung hiernach beachtlich sind.[151]

2. Grundsätze der Raumordnung (§ 2 ROG)

125 Grundsätze der Raumordnung sind hingegen Aussagen zur Entwicklung, Ordnung und Sicherung des Raums, die in nachfolgenden Abwägungsverfahren und Ermessensentscheidungen **zu berücksichtigen sind**, § 4 Abs. 1 S. 1 ROG (**Berücksichtigungspflicht**). Sie sind also der Teil des Abwägungsmaterials, das in Abwägungsentscheidungen einzustellen ist[152], nicht Ergebnis der Abwägung (wie das Ziel) und können sowohl durch Gesetz als auch in Raumordnungsplänen aller Stufen festgelegt werden (§ 2 Abs. 1, 2 ROG). Im Gegensatz zu Zielen können sie durch andere – inhaltlich auch diametrale – Grundsätze in der Abwägung überwunden werden,[153] was allerdings einer abwägungsfehlerfreien Entscheidung bedarf[154] und nachvollziehbar zu begründen ist. In Raumordnungsplänen werden Grundsätze mit dem Kürzel (G) gekennzeichnet.

126 Die Abgrenzung von Zielen und Grundsätzen war früher wegen schwammiger Formulierungen nicht immer eindeutig; so waren Festsetzungen als einerseits „Sollbestimmungen" ausgewiesen, gleichwohl als Ziel (Z) ausgewiesen. Die Rechtsprechung hatte mehrfach entschieden, dass die Ausweisung von Zielen durch die Verwendung von Soll-Formulierungen irreführend sei, da dadurch normtheoretisch immer noch die Möglichkeit einer Abwägungsentscheidung bestünde. „Ziele" in Soll-Form seien daher rechtlich als Grundsätze zu behandeln und lösten dementsprechend keine Beachtenspflicht nach § 4 Abs. 1 S. 1 ROG und keine Anpassungspflicht nach § 1 Abs. 4 BauGB,[155] sondern nur eine Berücksichtigungspflicht aus.

127 Das Bundesverwaltungsgericht hat dies jedoch in seiner „IKEA Rastatt"-Entscheidung deutlich modifiziert:[156] Danach können auch Soll-Festsetzungen die

---

151 Beckmann in: Hoppenberg/Witt, HBöffBauR, N Rn. 118 ff.

152 Schink, DÖV 2011, 905 (912); Heemeyer, UPR 2007, 10.

153 Beispielsweise in der Bewertung von ökonomischen versus ökologischen Folgen eine Planungsentscheidung.

154 Heemeyer, UPR 2007, 10.

155 BVerwG, U.v. 18.9.2003 – 4 CN 20.02 = BVerwGE 119. 54 (58)0; U.v. 20.11.2003 – 4 CN 6.03 = BVerwGE 119, 217 (222); BVerwG, U. v. 16.3.2006 = BVerwGE 125,116 Rn. 77 f.

156 BVerwG, U.v.16.12.2010 – 4 C 8.10 = BVerwGE 138, 301.

Merkmale eines Ziels der Raumordnung erfüllen, wenn die Voraussetzungen, bei deren Vorliegen die Vorschrift auch ohne förmliches Zielabweichungsverfahren eine Ausnahme von der Zielbindung zulasse, im Wege der Auslegung des Plans hinreichend bestimmt oder bestimmbar sei. Die Rechtsprechung des Bayerischen Verwaltungsgerichtshofs ist dem mittlerweile gefolgt.[157]

3. Sonstige Erfordernisse der Raumordnung

Eine dritte Gruppe sind die sog. sonstigen Erfordernisse der Raumordnung. 128
Darunter summiert § 3 Abs. 1 Nr. 4 ROG einmal in Aufstellung befindliche Ziele der Raumordnung, die zeitlich der Bindungswirkung vorausgehen sowie die Ergebnisse förmlicher landesplanerischer Verfahren wie des Raumordnungsverfahrens sowie landesplanerische Stellungnahmen. Gem. § 4 Abs. 1 ROG sind bei Entscheidungen der öffentlichen Stellen über die Zulässigkeit raumbedeutsamer Maßnahmen von Personen des Privatrechts auch die sonstigen Erfordernisse der Raumordnung nach Maßgabe der entsprechenden Fachgesetze zu berücksichtigen. Da allerdings auch Ziele der Raumordnung zu den Erfordernissen der Raumordnung zählen, sind diese bei behördlichen Zulassungsentscheidungen über private Vorhaben lediglich zu berücksichtigen. Etwas anderes gilt nur dann, wenn das Gesetz durch eine Raumordnungsklausel eine zwingende Beachtung verlangt. Dass durch § 4 Abs. 2 ROG letztlich eine bloße Berücksichtigungspflicht ausgelöst wird, steht nicht im Widerspruch zu § 4 Abs. 1 ROG. Denn § 4 Abs. 2 ROG betrifft die Zulassung privater Vorhaben im Einzelfall, wohingegen § 4 Abs. 1 ROG die Bindungswirkung von Zielen für raumbedeutsame Vorhaben und Planungen regelt. Eine Genehmigungsentscheidung weist jedoch keine Maßnahmenqualität auf, so dass der Anwendungsbereich ein anderer ist. Sofern es sich jedoch um Fälle der Plangenehmigung oder Planfeststellung über die Zulässigkeit privater Vorhaben handelt, bleibt es bei § 4 Abs. 1 S. 1 Nr. 3 ROG.[158]

Rechtlich werden sonstige Erfordernisse wie Grundsätze behandelt, also als 129
weiterer, durch ein Verfahren eruierter Abwägungsbelang. Den sonstigen Erfordernissen der Raumordnung kommt daher die Rechtswirkung zu, die auch den Grundsätzen zukommt, eine strenge Bindungswirkung besitzen sie daher nicht.[159]

157 BayVGH U.v. 20.4.2011 – 15 N 10.1320, Rn. 105 ff.; U.v. 31.5.2011 – 8 N 10.1663, Rn. 51 f.
158 Beckmann in: Hoppenberg/Witt, HBöffBauR, N, Rn. 116.
159 Kümper in: Kment, ROG, § 3 Rn. 90.

II. Festlegungen zur Raumstruktur

130 Wichtige Vorgaben für die Raumplanung ergeben sich vor allem aus § 7 Abs. 3 ROG.

1. Das System der zentralen Orte

a) Genese

131 Die Theorie des Systems der zentralen Orte wurde vor ca. 90 Jahren von dem deutschen Geographen *Walter Christaller* (1893–1969)[160] entwickelt. In seiner Erlanger Promotion „Die zentralen Orte in Süddeutschland“ (1933)[161] vertrat *Christaller* die These, dass sich in homogenen Räumen eine Struktur zentraler Orte auf verschiedenen Hierarchiestufen (Verwaltungs-, Dienstleistungs-, Verkehrs- und Kommunikationsstrukturen, Konsumgüterangebot) bildet, deren Angebot und damit ihre Bedeutung über das eigentliche Gemeindegebiet hinausgeht und auch das „Umland“ (Ergänzungsgebiet) bedient. In seinem Idealmodell entwickeln sich daraus Hexagonalstrukturen mit ursprünglich 10 Hierarchiestufen (vom „Reichshauptort“ bis zum „hilfszentralen Ort“). Empirisch verifiziert wurde das System anhand der Dichte der vorhandenen Telefonanschlüsse, die ein deutliches Stadt/Land - Gefälle aufwies. Mit dieser Theorie ließ sich das hierarchische Führerprinzip auch in der Raumordnung verankern; mit ihr sollte die Raumplanung im besetzten Polen modellhaft im völkerrechtswidrig annektierten Warthegau (zwischen Posen und Łódź) und im Bezirk Bialystok (an der Grenze zu Belarus) organisiert werden.

160 Geb. am 21.4.1893 in Berneck bei Calw, gest. am 9.3.1969 in Königstein (Taunus), Studium der Volkswirtschaft und Geographie; Promotion Erlangen 1933, Habilitation Freiburg 1938. Obwohl ursprünglich der KPD nahestehend, arbeitete er von 1940–1945 im Staatshauptamt Planung und Boden im Reichskommissariat für die Festigung deutschen Volkstums.

161 Neuausgabe Wissenschaftliche Buchgesellschaft Darmstadt 1980.

Graphisch führt dies bei Christaller zu folgender Netzstruktur:

Netzstruktur

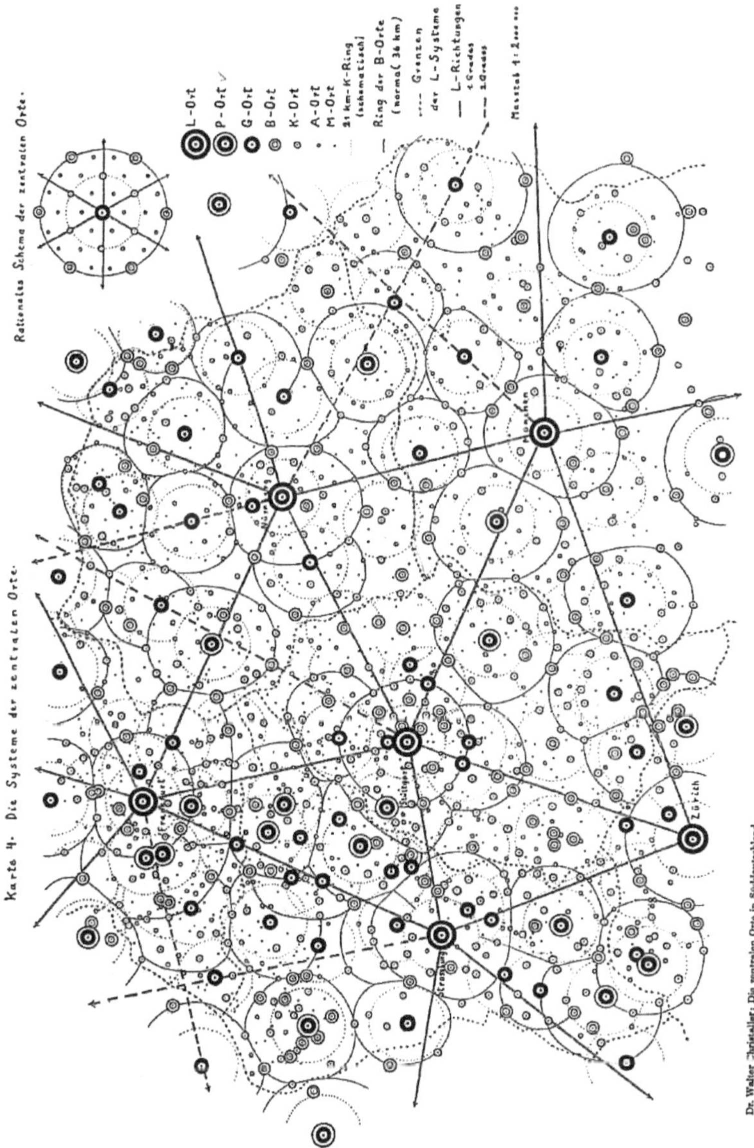

Bildquelle: Walter Christaller: Die zentralen Orte in Süddeutschland. Eine ökonomisch-geografische Untersuchung über die Gesetzmäßigkeit der Verbreitung und Entwicklung der Siedlungen mit städtischen Funktionen, Darmstadt 1933, Karte 4.

132 Ungeachtet ihrer Genese wurde die Theorie nach dem Krieg ohne nennenswerte ideologische Bedenken nahezu uneingeschränkt übernommen und weiterentwickelt,[162] nicht nur in der Geographie und Raumplanung, sondern auch in der Geschichte, und strahlte auch auf den skandinavischen und angloamerikanischen Bereich aus. Sie ist ein integrativer Bestandteil der sog. „Quantitativen Geographie" und der „Spatial analysis".[163]

b) Umsetzung im deutschen Recht

133 Im bundesrepublikanischen Recht wurde das Konzept in § 2 Abs. 1 Nr. 3 ROG 1965[164] übernommen, ursprünglich mit vier, seit 2008 mit drei Stufen:[165]

- **Grundzentren** (vereint die beiden früheren Kategorien: Unterzentren und Kleinzentren) dienen der Deckung der „Grundversorgung" (insbesondere des kurzfristigen bzw. täglichen Bedarfs), = TÄGLICHER BEDARF.
- **Mittelzentren** dienen der Deckung der „Grundversorgung" und des mittelfristigen bzw. „gehobenen" Bedarfs, = PERIODISCHER BEDARF.
- **Oberzentren** dienen der Deckung der „Grundversorgung", des langfristigen, d.h. „gehobenen" sowie des „spezialisierten, höheren" Bedarfs. = EPISODISCHER BEDARF.

162 Etwa von Kluczka, Zum Problem der zentralen Orte und ihrer Bereiche, 1967; ders. Zentrale Orte und zentralörtliche Bereiche mittlerer und höherer Stufe in der Bundesrepublik Deutschland (Forschungen zur deutschen Landeskunde Bd. 194), 1970; Nafziger, Wirtschaftlichkeitsanalysen für Ballungsraumfernsehen, 1985; Blotevogel, Erdkunde 50 1996, S. 9 ff. (m.w.N.) und einer anschaulichen Rezeptionstabelle, S. 11.

163 Weiterführend De Lange/Nipper, Quantitative Methodik in der Geographie: Eine Einführung, 2018; Henningsen, Spatial analysis, in: Albers/Klapper/Konradt/Walter/Wolf, Methodik der empirischen Forschung.

164 Aktuell § 2 Abs. 2 Nr. 2 S. 4 ROG.

165 In Bayern, das seit 2012 ein eigenständiges Landesplanungsrecht hat, wurden die drei herkömmlichen Stufen 2918 durch die Kategorien Regionalzentren und Metropolzentren (LEP 2018, Zf.2.1.9.; 2.1.10) ergänzt.

Aus dieser modellhaften Mehrstufigkeit ergibt sich die charakteristische Wabenstruktur:

Netzstruktur

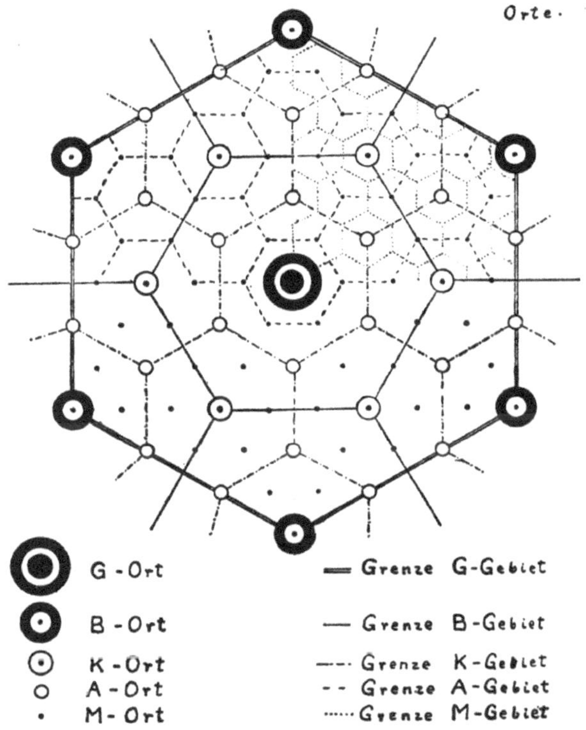

Bildquelle: Walter Christaller: Die zentralen Orte in Süddeutschland. Eine ökonomisch-geografische Untersuchung über die Gesetzmäßigkeit der Verbreitung und Entwicklung der Siedlungen mit städtischen Funktionen, Darmstadt 1933, Seite 71.

Die Wabenstruktur ist – wenngleich selten in der geometrischen Idealstruktur vorhanden – realiter deutlich erkennbar und lässt zugleich – hier am Beispiel Nordrhein-Westfalens – einerseits das generelle Stadt-Land-Gefälle sowie die deutliche Unterschiede zwischen dem Rheinland (Ruhrgebiet) und Westfalen erahnen:

Zentrale-Orte-System

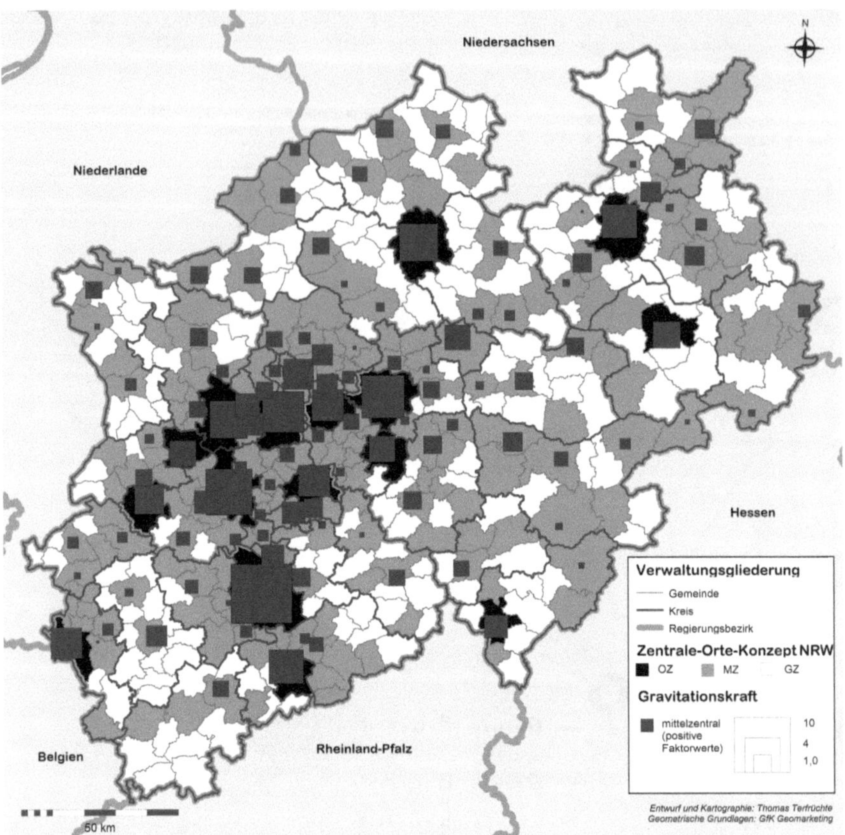

Bildquelle: Terfrüchte, T. (2016). Empirische Befunde zum Zentrale-Orte-System in Nordrhein-Westfalen. In F. Flex & S. Greiving (Hrsg.), Neuaufstellung des Zentrale-Orte-Konzepts in Nordrhein-Westfalen (S. 84-105). Hannover, ARL – Akademie für Raumentwicklung in der Leibniz-Gemeinschaft

c) Kritik

134 In letzter Zeit wurde allerdings auch deutliche Kritik laut:[166] So vermag das System der zentralen Orte neuartige Phänomene wie Outlet-Center oder Einkaufszentren „auf der grünen Wiese“ kaum zu erklären; des Weiteren begünstigt es die Entwicklung der Zentren und zementiert die Hierarchie des städtischen gegenüber dem ländlichen Raum. Dies kollidiert mit dem Grundsatz der gleichwertigen Lebens- und Arbeitsbedingungen in Stadt und Land (vgl. Art. 3 Abs. 2 S. 2 BayVerf; § 2 Abs. 2 Nr. 1 S. 2 ROG), mit dem insbesondere dem Phänomen der Landflucht entgegengewirkt werden soll. Auch der Umbruch v.a.

166 Nachw. bei Blotevogel, Erdkunde 50 (1996), 9, 18.

im tertiären Sektor bewegt sich von der Vorstellung zentraler Orte zunehmend fort, etwa im Versandhandel und „*Teleshopping*" (mit riesigen Verteilerzentren im „*off*") und im gesamten Dienstleistungsbereich. Der Prozess der Digitalisierung am Arbeitsplatz (*Teleworking*) und Kommunikation (*Social Media*) wirkt örtlicher Hierarchisierung entgegen. Dies wurde und wird durch die Auswirkungen der Corona-Pandemie noch einmal massiv deutlicher: Das Erfordernis zentraler Erreichbarkeit von Tagungsorten durch Verkehrsmittel wird durch Videokonferenzen relativiert; Dienstleistungen, die auch im Internet vom Home-Office aus erbracht werden können, lassen (teure) Büro- und Geschäftsräume in Ortszentren entbehrlich erscheinen. Selbst Verwaltungsleistungen können – auch aus strukturpolitischen Gründen – in die Fläche verlagert werden.

2. Gebietstypen

Um den Landesplanungsträgern eine großräumige Steuerung von raumbedeutsamen Nutzungen zu ermöglichen sieht das Planungsrecht die Festsetzung verschiedener Gebietstypen vor.[167] **135**

Gesetzlich normiert sind dabei das Vorrang-, das Vorbehalt- und das Eignungsgebiet, wobei hierdurch andere Gebietstypen nicht ausgeschlossen sind.[168] So sieht das bayerische und das baden-württembergische Recht statt Eignungsgebieten sog. Ausschlussgebiete vor.

a) Vorranggebiete

§ 7 Abs. 3 S. 2 Nr. 1 ROG definiert Vorranggebiete als „*Gebiete [...], die für bestimmte raumbedeutsame Funktionen oder Nutzungen vorgesehen sind und andere raumbedeutsame Funktionen oder Nutzungen in diesem Gebiet ausschließen, soweit diese mit den vorrangigen Funktionen oder Nutzungen nicht vereinbar sind*". **136**

aa) Innergebietliche Ausschlussfunktion

Charakteristisch für ein Vorranggebiet ist, dass innerhalb dieses Gebietes andere potenzielle Nutzungen ausgeschlossen sind, sofern sie die vorrangige Nutzung beeinträchtigen (sog. Innergebietliche Ausschlusswirkung).[169] Eine **137**

---

167 Vgl. BT-Drs. 13/6392, S. 41.

168 Jarass/Schnittker/Milstein, JuS 2011, 215 (217).

169 BVerwG 30.1.2003 - 4 CN 14.01 = NVwZ 2003, 738 (742); Potschies, Raumplanung, S. 22; Hoppe in: Hoppe/Bönker/Grotefels, Öffentliches Baurecht, § 4 Rn. 45 ff.; Koch/Hendler, Baurecht, Raumordnungs- und Landesplanungsrecht, § 3 Rn. 24.

Durchbrechung der Exklusivität der Festsetzung findet nur dann statt, wenn eine anderweitige Nutzung mit der Vorrangnutzung vereinbar ist.[170] Die Festsetzung eines Vorranggebietes dient daher der Sicherung und dem Schutz standortgebundener Nutzungen und Funktionen.[171] Dies bietet sich vor allem für solche Nutzungen an, welche von einem bestimmten Standort abhängig sind, beispielsweise der standortgebundene Abbau von Bodenschätzen (§ 5 Abs. 2 Nr. 8 BauGB), die Trinkwassergewinnung und der Hochwasserschutz, für raumgebundene Formen der Energiegewinnung (z.B. Windenergie) oder Belange von Natur und Landschaft.[172] Thematisch sind die Festsetzungen nicht auf einen bestimmten Inhalt begrenzt, sondern können alle Kerninhalte i.S.d. § 13 Abs. 5 ROG n.F. der Raumordnungspläne beinhalten.[173]

bb) Zielcharakter

138 Bereits aus dem Wortlaut des § 7 Abs. 3 S. 2 Nr. 1 ROG n.F. ergibt sich, dass es sich dabei um ein **Ziel der Raumordnung i.S.d. § 3 Abs. 1 Nr. 2 ROG** handelt.[174] Maßgeblich ist jedoch nicht die Bezeichnung als „Vorranggebiet“ sondern vielmehr die inhaltliche Ausformung.[175] Die Festsetzung eines Vorranggebietes erfolgt in der Regel im Rahmen der regionalen Raumordnungspläne oder in Flächennutzungsplänen, nur in seltenen Fällen auf Landesebene.[176] Gemeinden und andere Planungsträger sind daher an die Festsetzungen gebunden, so dass sie sich nicht über diese im Rahmen von Ermessens- oder Abwägungsentscheidungen hinwegsetzen können.[177] Somit läuft jegliche Abwägung hinsichtlich des „Ob“ ins Leere. Im Hinblick auf das „Wie“ ist eine raumordneri-

170 Schiller in: Bracher/Reidt/Schiller, Bauplanungsrecht, Rn. 180; Hoppe in: Hoppe/Bönker/Grotefels, Öffentliches Baurecht, § 4 Rn. 47.

171 Goppel in: Spannowsky/Runkel/Goppel, ROG, § 8 Rn. 73; Stüer, Der Bebauungsplan, J. V. 3. Rn. 867; Kment, Die Verwaltung 2007, 53, 56.

172 Vgl. Numberger/Kraus, Raumordnung und Landesplanung in Bayern, Art. 14 Rn. 14 m.w. Beispielen; Albrecht/Janssen/Schumacher in: Schumacher/Werk, PdK ROG, F 2 Bund 12.1; Schiller in: Bracher/Reidt/Schiller, Bauplanungsrecht, Rn. 180.

173 Goppel in: Spannowsky/Runkel/Goppel, ROG, § 8 Rn. 74; Kment, Die Verwaltung 2007, 53, 56.

174 BVerwG NVwZ 2003, 738 (742); Dörr in: Ehlers/Fehling/Pünder, BesVwR, E, § 38 Rn. 36

175 Goppel in: Spannowsky/Runkel/Goppel, ROG, § 8 Rn. 76.

176 Schnur/Nauheim-Storbek, DVP 2014, 223 (227); Goppel in: Spannowsky/Runkel/Goppel, ROG, § 8 Rn. 78;
vgl. Albrecht/Janssen/Schumacher in: Schumacher/Werk, PdK ROG, F 2 Bund 12.1.

177 Hoppe in: Hoppe/Bönker/Grotefels, Öffentliches Baurecht, § 4 Rn. 47; Kment, Die Verwaltung 2007, 53, 56; vgl. Scheidler, BayVBl. 2011, 161 (162).

sche Überprüfung möglich, sofern dies nicht ebenfalls durch ergänzende Ziele geregelt ist.[178]

Innerhalb eines Vorranggebietes können keine konfligierenden Vorrangfunktionen oder -nutzungen festgelegt werden. Dies würde dem Zielcharakter widersprechen. Allerdings können komplementäre oder neutral zueinander verhaltende Funktionen oder Nutzungen innerhalb eines Vorranggebiets festgesetzt werden.[179] Damit das Vorranggebiet positive Wirkung i.S.d. § 35 Abs. 3 S. 3 BauGB hinsichtlich der Nutzung oder Funktion entfaltet, müssen bei der Festlegung alle öffentlichen Belange i.S.d. § 35 Abs. 3 S. 1 BauGB bei der Aufstellung der Ziele der Raumordnung abschließend abgewogen werden.[180] Sofern im Regionalplan ein solches Gebiet festgesetzt wird, folgt daraus, dass öffentliche Belange i.S.d. § 35 Abs. 3 S. 1 BauGB dem Vorhaben nicht entgegengehalten werden können.[181] 139

cc) Keine außergebietliche Ausschlusswirkung

Die Festlegung einer Nutzung oder Funktion führt jedoch nicht zu einer außergebietlichen Ausschlusswirkung.[182] Damit kommt der Festlegung weder positive noch negative Wirkung außerhalb des Vorranggebietes zu.[183] Etwas anderes gilt jedoch dann, wenn ein solcher Ausschluss ausdrücklich als Ziel der Raumordnung festgelegt wird.[184] 140

dd) Praxisbeispiel: Syrgenstein

Im Regionalplan der Stadt Augsburg ist beispielsweise im Landkreis Dilligen a.d. Donau die Gemeinde Syrgenstein, nordwestlich von Staufen, als Vorranggebiet für Windenergienutzung ausgewiesen. Wie sich aus der Darstellung im Regionalplan ergibt, handelt es sich dabei um ein Ziel im Sinne der Raumordnung. Innerhalb dieses Gebietes soll den Belangen der Windenergienutzung Vorrang eingeräumt werden. Wie sich aus der Begründung des Regionalplans ergibt, sind alle unvereinbaren Nutzungen daher ausgeschlossen. In der Anlage 2 zur Begründung zu B X 5.2.1 findet sich eine Charakterisierung des Gebietes. Es 141

178 Albrecht/Janssen/Schumacher in: Schumacher/Werk, PdK ROG, F 2 Bund 12.1 mit Beispielen.
179 Hoppe in: Hoppe/Bönker/Grotefels, Öffentliches Baurecht, § 4 Rn. 49.
180 Schink, ZfBR 2015, 232 (234).
181 Schink, ZfBR 2015, 232 (234).
182 VGH Bayern, 26.1.2009 – 2 N 08.124 = BayVBl. 2009, 246 (47); Schink, ZfBR 2015, 232 f.,; Hoppe in: Hoppe/Bönker/Grotefels, Öffentliches Baurecht, § 4 Rn. 49.
183 Schink, ZfBR 2015, 232 f.
184 Vgl. Albrecht/Janssen/Schumacher in: Schumacher/Werk, PdK ROG, F 2 Bund 12.1.

handelt sich um ein Waldgebiet, welches über eine Kreisstraße und befestigte Forstwege erreichbar ist. Die Windgeschwindigkeit in 50 m Höhe beträgt zwischen 3,4 bis 3,8 m/s. Weiterhin wird darauf hingewiesen, dass eine Vorbelastung aufgrund einer bestehenden Hochspannungsleitung existiert und im Rahmen eines Genehmigungsverfahrens eine frühzeitige Abstimmung mit dem Betreiber der Richtfunkstrecke erfolgen muss.[185] Sofern nun eine Windkraftanlage errichtet werden soll, hat die Richtfunkstrecke aufgrund der Vorrangwirkung dem Vorhaben zu weichen. Etwas Anderes kann lediglich mithilfe eines Planabweichungsverfahrens erreicht werden.

b) Vorbehaltsgebiete

aa) Allgemeines

142 In § 7 Abs. 3 S. 2 Nr. 2 ROG werden Vorbehaltsgebiete als Gebiete, *die bestimmten raumbedeutsamen Funktionen oder Nutzungen vorbehalten bleiben sollen, denen bei der Abwägung mit konkurrierenden raumbedeutsamen Funktionen oder Nutzungen besonderes Gewicht beizumessen ist*, definiert. Diese zielen auf nachfolgende Abwägungsentscheidungen in der Bauleitplanung oder auf Abwägungsentscheidungen von Fachplanungsgesetzen ab.[186]

bb) Einordnung als Ziel oder Grundsatz der Raumordnung

143 In der Rechtsprechung und Literatur war es lange Zeit umstritten, ob es sich bei Vorbehaltsgebieten um Ziele der Raumordnung oder um bloße Abwägungsdirektiven handelt.[187] Problematisch bei der Einordnung ist die in § 7 Abs. 3 S. 2 Nr. 2 ROG vorgesehene Vorrangigkeit bei der Abwägung der durch den Raumordnungsplan gebunden Planungsträger.[188] Allerdings werden Vorbehaltsgebiete nunmehr ganz überwiegend als Grundsätze der Raumordnung angesehen.[189] Die Festsetzung führt nämlich dazu, dass den Nutzungen und Funktionen im Rahmen des Abwägungsvorgangs ein besonderes Gewicht

---

185 Siehe hierzu Anlage 2 abrufbar unter http://www.rpv-augsburg.de/downloads/begruendung.pdf.

186 BT-Drs. 13/6392, S. 84.

187 Albrecht/Janssen/Schumacher in: Schumacher/Werk, PdK ROG, F 2 Bund 12.2; Spannowsky in: Spannowsky/Runkel/Goppel, ROG, K § 7 Rn. 104; BVerwG 13. 3. 2003 – = BVerwGE 118, 33 (47 f.).

188 Goppel in: Spannowsky/Runkel/Goppel, ROG, § 8 Rn. 82; Hoppe in: Hoppe/Bönker/Grotefels, Öffentliches Baurecht, § 4 Rn. 50.

189 BVerwG E.v.13.3.2003 – 4 C 4.02 = BVerwGE 118, 33; Dörr/Yamato in: Ehlers/Fehling/Pünder, BesVwR, E, § 38 Rn. 34; Kment, Die Verwaltung 2007, 53, 57; a.A.: Koch/Hendler, Baurecht, Raumordnungs- und Landesplanungsrecht, § 3 Rn. 25.

bzw. ein Abwägungsvorrang zukommt.[190] Allerdings kommt ihnen gerade kein zwingender Vorrang zu.[191] Im Rahmen einer Ermessens- oder Abwägungsentscheidungen kann der vorbehaltene Belang überwunden werden, sofern der konkurrierenden Nutzung ein stärkeres Gewicht zukommt.[192] Durch die gesetzliche Gewichtungsvorgabe werden die erfassten Nutzungen und Funktionen innerhalb der Abwägung aufgewertet. Allerdings fehlt ihnen eine verbindliche Zielvorgabe.[193] Letztlich besteht ein Abwägungsspielraum für die kommunale Bauleitplanung.[194] Durch die Festlegung eines Vorbehaltsgebietes wird sichergestellt, dass gesicherte Nutzungen in nachfolgende Planungs- und Abwägungsentscheidungen eingestellt werden.[195] Der Gesetzgeber hat somit eine innergebietliche Wirkung der landesplanerischen Festlegung normiert. Hierdurch entsteht für die Landesplanung die Möglichkeit, den Abwägungsvorgang nachfolgender Planungsträger mithilfe der Festsetzung eines Vorbehaltsgebietes zu steuern.[196]

Das Vorbehaltsgebiet weist ausschließlich innergebietliche Wirkung auf. Etwas anderes gilt, sofern dieses mit einem Ausschlussgebiet kombiniert wird.[197] Außergebietlich besteht jedoch nicht automatisch eine Ausschlusswirkung.[198]

cc) Vergleich mit Vorranggebieten

Im Vergleich zum Vorranggebiet weisen Vorbehaltsgebiete eine größere Flexibilität auf. Es besteht beispielweise die Möglichkeit zweier überlappender Vorbehaltsgebiete, so dass es dem Adressaten überlassen ist, die eine oder die andere Nutzung durchzusetzen.[199] Beispielsweise kommt eine Überlagerung eines Vorbehaltsgebietes für Natur und Landschaft mit einem für den Abbau von Bodenschätzen in Betracht.[200] Allerdings kommt diesen, ebenso wie den Vorranggebieten, keine außergebietliche Wirkung zu. Auch der aktuelle Eindruck 144

190 BVerwGE 118, 33 (47 f.); Battis, Öffentliches Baurecht und Raumordnungsrecht, Rn. 93; Kment, Die Verwaltung 2007, 53, 57; Goppel, BayVBl. 2002, 737 (738).
191 Scheidler, BayVBl. 2011, 161 (162).
192 Stüer, Der Bebauungsplan, J. V. 3. / Rn. 867; Goppel in: Spannowsky/Runkel/Goppel, ROG, § 8 Rn. 82.
193 Schiller in: Bracher/Reidt/Schiller, Bauplanungsrecht, Rn. 82.
194 Stüer, Der Bebauungsplan, J. V. 3. / Rn. 867.
195 Haselmann, ZfBR 2014, 529 (530).
196 Hoppe in: Hoppe/Bönker/Grotefels, Öffentliches Baurecht, § 4 Rn. 50.
197 Vgl. Numberger/Kraus, Raumordnung und Landesplanung in Bayern /1, Art. 14 Rn. 37.
198 Goppel, BayVBl. 2002, 737 (738).
199 Kment, Die Verwaltung 2007, 53, 57; Spannowsky in: Spannowsky/Runkel/Goppel, ROG, K § 7 Rn. 104.
200 Goppel in: Spannowsky/Runkel/Goppel, ROG, § 8 Rn. 3.

des Klimawandels kann bei Vorbehaltsgebieten zu einer Änderung der Prioritäten in der Abwägung führen.

dd) Praxisbeispiel: Friedberg

145 Im Regionalplan der Stadt Augsburg ist das Gebiet der Kommune Friedberg mit einer Fläche von ca. 124 ha als Vorbehaltsgebiet für Windenergienutzung festgesetzt. Es handelt sich dabei um eine Hügellandschaft, welche land- und forstwirtschaftlich genutzt wird. In einer Höhe von 50 m beträgt die Windgeschwindigkeit zwischen 3,4 und 3,8 m/s. Das Gebiet ist über eine Ortsverbindungsstraße erreichbar. Als Vorbelastungen werden Hochspannungsleitungen westlich und nördlich des Standortes genannt.

c) Eignungsgebiete

146 Gem. § 7 Abs. 3 S. 2 Nr. 3 ROG handelt es sich um Gebiete, *in denen bestimmten raumbedeutsamen Maßnahmen oder Nutzungen, die städtebaulich nach § 35 des Baugesetzbuchs zu beurteilen sind, andere raumbedeutsame Belange nicht entgegenstehen, wobei diese Maßnahmen oder Nutzungen an anderer Stelle im Planungsraum ausgeschlossen sind.* Hierdurch sollen raumbedeutsame Maßnahmen im bauplanungsrechtlichen Außenbereich so gesteuert werden, dass diese außerhalb des Gebietes ausgeschlossen ist.[201]

147 Die doppelte Steuerungswirkung im bauplanungsrechtlichen Außenbereich ist bezeichnend für Eignungsgebiete. Einerseits beinhalten sie eine Eignungsaussage für bestimmte raumbedeutsame Maßnahmen innergebietlich, andererseits entwickeln sie eine strikte Ausschlusswirkung außergebietlich.[202] Innerhalb einer Eignungsfläche sind auch andere als die genannten Nutzungen zulässig. Die Eignung stellt jedoch eine Gewichtungsvorgabe bezüglich der Beeinträchtigung öffentlicher Belange dar, sofern es sich um ein Vorhaben handelt, welches nicht unter die Darstellungen fällt.[203] Demzufolge kann mit der Festsetzung eines Eignungsgebietes die Wirkung des § 35 Abs. 3 BauGB erzeugt werden.[204] Durch die Festlegung bestimmter Maßnahmen oder Nutzungen als „geeignet" entsteht die innergebietliche Steuerungswirkung, so dass diesen andere raumbedeutsame Belange nicht entgegenstehen. Zwar schließen die als geeignet bezeichneten Planungen und Maßnahmen keine entgegenstehenden Belange aus, oder erhalten im Rahmen der Abwägung ein größeres Gewicht. Allerdings wird nach

201 BT-Drs. 13/6392, S. 84.
202 Goppel in: Spannowsky/Runkel/Goppel, ROG, § 8 Rn. 85; Kment, Die Verwaltung 2007, 53 (57); Dolderer, NVwZ 1998, 345 (347).
203 Schiller in: Bracher/Reidt/Schiller, Bauplanungsrecht, Rn. 180.
204 Scheidler, BayVBl. 2011, 161 (162).

der abschließenden Abwägung festgestellt, dass sie mit allen konkurrierenden Belangen vereinbar sind.[205] Die innergebietliche Steuerungswirkung kommt der des Vorranggebietes gleich. Zwar werden entgegenstehende Belange nicht ausgeschlossen, aber ihr Bestehen kraft Rechtsnorm von vornherein verneint.[206] Sowohl innergebietlich als auch außergebietlich weisen Eignungsgebiete Zielcharakter i.S.d. § 3 Abs. 1 Nr. 2 ROG auf.[207]

Im Hinblick auf die außergebietliche Steuerungswirkung des Eignungsgebietes besteht eine strikte Ausschlusswirkung. Demzufolge sind geeignete festgelegte Maßnahmen und Nutzungen an anderer Stelle des Planungsraumes ausgeschlossen.[208] Damit wird die Konzentration bestimmter Nutzungen oder Funktionen innerhalb eines Gebietes erreicht. Sie dienen daher vor allem der Steuerung von Vorhaben, welche in Konflikt mit anderen Nutzungsarten geraten können. Ein klassisches Beispiel ist daher die Ausweisung als Fläche für Windkraftanlagen.[209] **148**

In den Landesplanungsgesetzen finden sich diese nur vereinzelt, obwohl sie in § 8 Abs. 7 S. 1 Nr. 3 ROG für die Landesraumordnung vorgesehen waren.[210] § 8 ROG wurde jedoch 2017 aufgehoben. In Bayern wurde auf die Umsetzung des Instruments der Eignungsgebiete ausdrücklich verzichtet.[211] Daher besteht für die Träger der Landes- und Regionalplanung keine Möglichkeit, Eignungsgebiete festzulegen.[212]

Durch eine Festlegung sowohl als Vorrang- als auch als Eignungsgebiet kann außerdem eine Doppelwirkung erreicht werden. Während die Festlegung als Vorranggebiet innergebietliche Wirkung entfaltet, entsteht durch das Eignungsgebiet eine Außenwirkung. Dass eine solche Verbindung möglich ist, statuiert § 7 Abs. 3 ROG n.F.[213] **149**

205 Albrecht/Janssen/Schumacher in: Schumacher/Werk, PdK ROG, F 2 Bund 12.3.
206 Goppel in: Spannowsky/Runkel/Goppel, ROG, § 8 Rn. 88.
207 Haselmann, ZfBR 2014, 529 (534); OVG Münster 6.9.2007 – 11 A 633/05.A = ZUR 2007, 592, Rn. 122; Koch/Hendler, Baurecht, Raumordnungs- und Landesplanungsrecht, § 3 Rn. 27. a.A. Kment, Die Verwaltung 2007, 53, 57.
208 Albrecht/Janssen/Schumacher in: Schumacher/Werk, PdK ROG, F 2 Bund 12.3; Potschies, Raumplanung, S. 24.
209 Potschies, Raumplanung, S. 24.
210 Dörr/Yamato in: Ehlers/Fehling/Pünder, BesVwR, E. § 38 Rn. 34; Goppel, BayVBl. 2002, 737 (738).
211 Vgl. Art. 11 BayLpG; BayLT-Drs. 15/1667, 18.
212 Goppel, BayVBl. 2002, 737 (738); Scheidler, BayVBl. 2011, 161 (163).
213 Vgl. Albrecht/Janssen/Schumacher in: Schumacher/Werk, PdK ROG, F 2 Bund 12.1.

d) Eignungsgebiete für den Meeresbereich (§ 7 Abs. 3 S. 2 Nr. 4 ROG)

150 § 7 Abs. 3 S. 2 Nr. 4 ROG erlaubt die Bezeichnung von Gebieten, „*die im Meeresbereich liegen und in denen bestimmten raumbedeutsamen Funktionen oder Nutzungen andere raumbedeutsame Belange nicht entgegenstehen, wobei diese Funktionen oder Nutzungen an anderer Stelle im Planungsraum ausgeschlossen sind*".

Durch diese Regelung soll die Festlegung von Eignungsgebieten in der ausschließlichen Wirtschaftszone Deutschlands und in den Küstengewässern, § 3 Nr. 2 WHG, für Nutzungen und Funktionen ermöglicht werden. Im Gegensatz zu § 7 Abs. 3 S. 2 Nr. 3 ROG, der für die Festlegung anderer Eignungsgebiete Maßnahmen und Nutzungen zulässt, entspricht § 7 Abs. 3 S. 2 Nr. 4 ROG den Regelungen des § 7 Abs. 3 S. 2 Nr. 1 und 2.[214] Die Festlegung als Eignungsgebiet für den Meeresbereich hat sowohl innergebietlich als auch außergebietlich einen Zielcharakter i.S.v. § 3 Abs. 1 Nr. 2 ROG. Dies lässt sich u.a. mit der ähnlichen Formulierung des § 7 Abs. 3 S. 2 Nr. 3 ROG begründen.

e) Ausschlussgebiete

aa) Allgemeines

151 Die Aufzählung in § 8 Abs. 7 ROG war jedoch nicht abschließend.[215] Von hoher praktischer Relevanz sind daher auch sogenannte Ausschlussgebiet. Allerdings sind sie in einigen Landesgesetzen, wie beispielsweise Art. 14 Abs. 2 S. 1 Nr. 3 BayLplG und § Abs. 7 S. 1 und 5 LplG BW enthalten. Im ROG-Entwurf vom 25.7.2016 wurde die Möglichkeit der Aufnahme von Ausschlussflächen auf Bundesebene gestrichen.[216] Überdies haben die Ländern nach Art. 72 Abs. 3 S. 1 Nr. 4 GG eine Abweichungskompetenz, so dass es auf das Bundesrecht insoweit nicht ankommt.[217] Nach Art. 14 Abs. 2 S. 1 Nr. 3 BayLplG handelt es sich dabei um Gebiete, in denen bestimmte raumbedeutsame Funktionen und Nutzungen ausgeschlossen sind. Aus der Gesetzesbegründung ergibt sich, dass dieser gesetzlichen Regelung konstitutive Wirkung zukommt.[218]

---

214 Grotefels in: Kment, ROG, § 7 Rn. 76.

215 Vgl. Wortlaut „insbesondere"; Potschies, Raumplanung, S. 22.

216 Stellungnahme des Leibniz-Instituts für ökologische Raumentwicklung zum 2. Entwurf Raumordnungsgesetz (ROG) 2016 des BMVI; S. 3.

217 Schmitz/Jornitz, DVBl. 2013, 741, 745; Potschies, Raumplanung, S. 22. Art. 14 Abs. 2 S. 1 Nr. 3 BayLplG wurde noch vor der Föderalismusreform 2006 aufgrund des Art. 74 I Nr. 4 GG a.F. (Rahmengesetzgebung) erlassen.

218 BayLT Drs. 15/1667. S. 18.

In der Praxis erlangen sie vor allem wegen der eigentumsbeschränkenden Wirkung große Bedeutung. Gem. Art. 17 BayLplG bedarf die Ausschlusswirkung insbesondere bezüglich bauplanungsrechtlich privilegierter Vorhaben daher einer sorgfältigen landesplanerischen Abwägung. Es handelt sich dabei um Gebiete, in denen eine bestimmte Nutzung, wie beispielsweise die Windenergienutzung, aus rechtlichen oder sachlichen Gründen nicht in Betracht kommt.[219] Allerdings erfolgt eine solche Festlegung nur soweit infolge einer Abwägung der für den Ausschluss sprechenden öffentlichen Belange mit den privaten Nutzungsinteressen der Eigentümer und Investoren eine Rechtfertigung vorliegt.[220] 152

bb) Zielcharakter

Diese stellen **Ziele der Raumordnung** dar, da sie für das betroffene Gebiet eine abschließend abgewogene Festlegung treffen.[221] Durch die Festsetzung eines Ausschlussgebietes wird dem Betroffenen gerade eine bestimmte Nutzung, beispielweise die Errichtung einer Windkraftanlage, verwehrt. Damit findet eine Einschränkung der sonst bestehenden Befugnisse statt, während gleichzeitig eine Vermittlung eines materiell-sachlichen Inhalts stattfindet.[222] Jedoch scheidet eine reine Negativplanung (Verhinderungsplanung) aus.[223] Eine solche würde die Entscheidung des Gesetzgebers nach § 35 Abs. 1 BauGB, bestimmte Maßnahmen zu konterkarieren. Außerdem wäre eine reine Negativplanung nicht mit dem von § 35 Abs. 3 BauGB vorausgesetzten ausgewogenen Verhältnis von Positiv- und Negativflächen im Plangebiet vereinbar.[224] Nur wenn der Planungsträger sicherstellt, dass sich privilegierte Vorhaben an anderer Stelle im Plangebiet gegenüber konkurrierenden Nutzungen durchsetzen können, kann das Zurücktreten der Privilegierungen in Teilen des Gebietes gerechtfertigt werden.[225] Naturschutzgebiete und Nationalparks, sowie Natura-2000-Gebiete nach der FFH-Richtlinie sind typische Beispiele für umfassende Ausschlussgebiete.[226] Sofern eine Zielfestlegung durch ein Ausschlussgebiet unzulässig ist, 153

219 StMI Bayern, Bauleitplanung für Windenergieanlagen, https://www.stmi.bayern.de/assets/stmi/buw/baurechtundtechnik/merkblatt_f%C3%BCr_die_bauleitplanung.pdf; Stand: 5.3.2018.
220 Schnur/Nauheim-Storbek, DVP 2014, 223 (228).
221 Numberger/Kraus, Raumordnung und Landesplanung in Bayern /1, Art. 14 Rn. 50.
222 Goppel, BayVBl. 2002, 737 (738); In B.-W. ist ein Ausschlussgebiet für Windkraftanlagen nach § 11 Abs. 7 S. 1 LplG möglich.
223 BVerwGE 118, 33 (46); BVerwGE 122, 364 (375); Numberger/Kraus, Raumordnung und Landesplanung in Bayern /1, Art. 14 Rn. 51; Schnur/Nauheim-Storbek, DVP 2014, 223 (228); Scheidler, BayVBl. 2011, 161 (163).
224 Numberger/Kraus, Raumordnung und Landesplanung in Bayern, Art. 14 Rn. 51.
225 BVerwGE 118, 33 (46); Numberger/Kraus, Raumordnung und Landesplanung in Bayern Art. 14 Rn. 51; vgl. Schnur/Nauheim-Storbek, DVP 2014, 223 (228).
226 Vgl. BT Drs. 18/4949, S. 9.

hindert dies nicht daran, die Festlegungen in Grundsätze der Raumordnung umzudeuten. Allerdings ist dann die Anwendung des § 35 Abs. 3 S. 2 BauGB nicht eröffnet.[227]

cc) Praxisbeispiel: Nördlinger Ries

154 Im Regionalplan der Stadt Augsburg (Region 9) ist das Nördlinger Ries als Ausschlussgebiet ausgewiesen.[228] Für diese Ausweisung werden Gründe des Naturschutzes, der Geologie und des Landschaftsbildes aufgeführt. Die Region Ries stellt dabei eine Landschaftsform dar, welche in Mitteleuropa erdgeschichtlich und geologisch einzigartig ist. Es ist einer der am besten erhaltenen Einschlagkrater auf der Erde, so dass die Region in der internationalen Forschung über die Meteoriteneinschlagprozesse auf der Erde eine zentrale Rolle spielt. Um eine weitgehende Veränderung der Landschaft durch Windräder zu vermeiden, erfolgte daher die Ausweisung als Ausschlussgebiet. Auch stehen Naturschutzbelange der Errichtung von Windkraftanlagen in dieser Region entgegen. Der Rieskrater ist Lebensraum einer einzigartigen Fauna und Flora. Insbesondere finden sich hier großflächige Lebensräume. Ein Teil des Rieses ist FFH-Gebiet[229] sowie bedeutende Vogelzugachse.[230]

f) „Weiße Flächen“

155 Sogenannte „weiße Flächen“ sind unbeplante Flächen im Regionalplan, die mithin weder als Vorrang- noch Vorbehalts-, noch Ausschlussgebiete ausgewiesen sind.[231] Innerhalb dieser „weißen Flächen“ gilt ausschließlich § 35 Abs. 1, 2 BauGB. Sofern sich in dem Plangebiet Festsetzungen mit Ausschlusswirkung befinden, beispielsweise ein Ausschlussgebiet, so erstreckt sich deren Ausschlusswirkung jedoch nicht auf das unbeplante Gebiet, denn dort fehlt es gerade an einer abschließenden raumordnerischen Entscheidung des Raumordnungsträgers.[232] Rechtlich ist ein Vorgehen, bei dem Vorrangfestlegungen mit Ausschlussgebieten kombiniert werden, während der restliche Planbereich „weiße“ Fläche ist, unzulässig, wenn aus der regionalplanerischen Erschei-

227 Numberger/Kraus, Raumordnung und Landesplanung in Bayern /1, Art. 14 Rn. 57.
228 Abrufbar unter http://www.rpv-augsburg.de/downloads/begruendung.pdf.
229 FFH-Gebiete: Gebiete, die für das Schutzgebietssystem "Natura 2000" ausgewählt wurden.
230 Vgl. http://www.rpv-augsburg.de/downloads/begruendung.pdf.
231 Dirnberger/Hesse/Hummel/Linhart/Schubert, Windkraftanlagen in der Bayerischen Kommune, S. 55.
232 Numberger/Kraus, Raumordnung und Landesplanung in Bayern, Art. 14 Rn. 53.

nung erkennbar ist, dass kein schlüssiges gesamträumliches Planungskonzept vorliegt.[233]

g) „Verhinderungsplanung“

Ein weiterer Grundsatz ist das **Verbot der sog. „Verhinderungsplanung“** (auch **156** als Negativplanung bezeichnet). Darunter versteht man eine Art der Planung, bei der es dem Planungsträger allein auf die Verhinderung von beabsichtigten Vorhaben mithilfe des Mittels der Raumplanung und der Bauleitplanung ankommt. Ein klassisches Beispiel ist wiederum die Windenergienutzung: Obwohl diese zu den privilegierten Vorhaben im Außenbereich gehören (§ 35 Abs. 1 Nr. 5 BauGB), möchte ein regionaler Planungsträger (oder eine Gemeinde) aus politischen Gründen keine solchen Vorhaben realisieren. Da ohne Regionalplanung ein entsprechendes Vorhaben aber ohne Weiteres zulässig wäre, weist der Planungsträger ganz bewusst Eignungsgebiete aus, die eine Nutzung anderorts ausschließen, tatsächlich eignen sich diese Gebiete aber mangels ausreichender Windhöffigkeit für die Windkraftnutzung überhaupt nicht (z.B. Talgebiete). Damit haben die Planungsträger zwar pro forma die grundsätzliche gesetzgeberische Privilegierungsentscheidung nachvollzogen, in der Sache wird sich jedoch kein Investor finden, da die vorgesehene Nutzung völlig unrentabel ist. Ein ähnlich absurder Fall wäre die regionale Ausweisung von Überschwemmungs- (Polder-) gebieten, zu denen die Landesplanung anhält, in Berggebieten.

Verhinderungsplanung ist allerdings nicht per se unzulässig und damit rechts- **157** widrig. Dass die Steuerung von Bebauung und weiteren Inanspruchnahmen von Flächen die Verhinderung bestimmter Nutzung beinhaltet, ist der Raumordnungs- und Bauleitplanung geradezu immanent[234] (was die Existenz der Ausschlussgebiete gerade bezweckt). Voraussetzung für die Unzulässigkeit der Verhinderungsplanung ist vielmehr, dass die tatsächliche Planung nicht dem planerischen Willen des Planungsträgers entspricht, sondern nur vorgeschoben wird, um eine andere – grundsätzlich zulässige – Nutzung zu verhindern.[235] Dies ist insb. dann der Fall, wenn kein anderes ernsthaft gewolltes (positives) Planungsziel besteht.[236] Auf raumordnungsrechtlicher Ebene kann es zu einer unzulässigen Verhinderungsplanung etwa dadurch kommen, dass eine landesplanerische Norm einen Mindestabstand zwischen Vorranggebiet für die Nutzung der Windenergie und bestehenden oder geplanten Siedlungsgebieten festgesetzt, durch die der Nutzung der Windkraft kein ausreichender substanzieller Raum

233 Numberger/Kraus, Raumordnung und Landesplanung in Bayern, Art. 14 Rn. 54.
234 Vgl. BayVGH, U.v. .2004 – 26 N 01.2887 - juris.
235 BVerwG, B.v..12.1990 – 4 N 6.88 = NVwZ 1991, 875.
236 Vgl. VG Gießen, U.v. .2008 – 8 E 1331/06 - juris.

verbleibt.[237] Eine rechtswidrige und damit unzulässige Verhinderungsplanung liegt immer dann vor, wenn dem Plan oder den Zielen der Raumordnung aufgrund fehlender substanzieller Darstellungen von Positivflächen (beispielsweise für die Errichtung von Windkraftanlagen) kein schlüssiges Planungskonzept zugrunde liegt, das für den gesamten Raum gilt und mithin als Basis der Planung dient.[238]

158 Negativplanung (Verhinderungsplanung) ist auch im Bereich der Bauleitplanung unzulässig. Dies wird aus § 1 Abs. 3 BauGB abgeleitet: Bauleitpläne sind von den Gemeinden aufzustellen, soweit dies für die städtebauliche Entwicklung *erforderlich* ist. Das reine Blockieren eines geplanten Vorhabens ist aber keine „Entwicklung".[239] Dies ist auch der Fall, wenn sich Konzentrationszonen so nahe bei vorhandener Siedlungsstruktur befinden, dass aufgrund der bestehenden Abstandsregelungen keine Windkrafträder gebaut werden können, liegt eine unzulässige Verhinderungsplanung vor.

Veranschaulichen lässt sich der Tatbestand einer Verhinderungsplanung anhand der Festlegung einer Konzentrationszone an folgendem Beispiel[240]:

Einem Bauherrn wird die Genehmigung für eine Windkraftanlage verwehrt, da im Flächennutzungsplan eine Konzentrationsfläche für Windkraftanlagen an anderer Stelle vorgesehen sei. § 35 Abs. 3 S. 3 BauGB regelt, dass einem privilegierten Vorhaben i.S.v. § 35 Abs. 1 Nr. 2 – 6 BauGB öffentliche Belange dann entgegenstehen, wenn durch Darstellungen im Flächennutzungsplan oder als Ziele der Raumordnung eine Ausweisung für solche Vorhaben an anderer Stelle erfolgt (sog. Konzentrationszonen). Dies hat zur Folge, dass Vorhaben an anderen Stellen außerhalb der Konzentrationszonen grds. unzulässig sind.

Dieser Ausschluss bestimmter Nutzungsarten durch einen Plan in den übrigen Gebieten, die außerhalb der Konzentrationszone liegen, ist aber nur dann gerechtfertigt, wenn sichergestellt wird, dass sich die ausgeschlossenen Vorhaben an anderer Stelle durchsetzen lassen, insbesondere gegenüber dort konkurrierender Nutzung. Voraussetzung einer zulässigen Planung ist daher, dass dem Plan ein „schlüssiges, gesamträumliches Planungskonzept zugrunde liegt", mit dem insbesondere positive Ziele verfolgt werden.[241]

159 Auch Bauleitpläne dürfen nicht als Mittel benutzt werden, um die beabsichtigten Vorhaben (hier: Windkraftanlagen) insgesamt auf faktischem Wege auszuschließen, z.B. durch Ausweisung von Konzentrationsflächen, die für die Nutzung der Windkraft objektiv ungeeignet sind (da es in diesem Gebiet beispielsweise

237 VGH Kassel, U.v..2015 – 4 C 358/ 14.N = BeckRS 2015, 54626.
238 OVG Münster, U.v.28.8.2008 – 8 A 2138/06 = BeckRS 2008, 39669.
239 VG Gießen, U.v. .2008 – 8 E 1331/06 - juris.
240 Vgl. dazu VG Ansbach, U.v. .03.2005 -AN 9 K 04.02028 = BeckRS 2005, 36068.
241 VG Ansbach, U.v. .2005 – AN 9 K 04.02028 = BeckRS 2005, 36068.

nicht windet) oder lediglich eine Alibifunktion innehaben.[242] Im vorliegenden Beispiel wurde für die Windenergienutzung lediglich ein verhältnismäßig sehr kleines Gebiet (10 x 10 m) ausgewiesen. Bei einer solchen Größe kann dort ausschließlich ein Windkraftrad errichtet werden, ein solches steht jedoch bereits auf diesem Grundstück. Dies stellt ebenfalls eine Verhinderungsplanung dar, da die Errichtung einer weiteren Windkraftanlage auf dem Gebiet der ausgewiesenen Konzentrationszone tatsächlich unmöglich ist. Rechtsfolge ist die Unwirksamkeit der Ausweisung, daher kann dem Vorhaben dieser öffentliche Belang nicht entgegenstehen.

In diesem Sinne hat auch das VG Gießen entschieden, dass eine von der Gemeinde beabsichtigte Veränderungssperre dann materiell rechtswidrig und damit unzulässig ist, wenn ihr einziger Zweck ist, das regionalplanerische Ziel, Windkrafträder zu errichten, zu unterbinden.

Insgesamt lassen sich daher folgende Grundsätze aufstellen: 160

Die bloße Ausweisung einer Konzentrationszone stellt noch keine Verhinderungsplanung dar, auch, „wenn es im Gemeindegebiet weitere Flächen gibt, die sich von ihren Standortbedingungen her im Vergleich mit der ausgewiesenen Konzentrationszone für die Errichtung von Windkraftanlagen ebenso gut oder noch besser eignen“.[243]

Diese Feststellung ist nur ein zu berücksichtigender Gesichtspunkt, der von den Planungsträgern bei der Wahl der Konzentrationszone berücksichtigt werden muss.

h) Weitere Festsetzungen

Gem. § 13 Abs. 5 S. 1 ROG sollen Raumordnungspläne Festlegungen zur Raum- 161
struktur, insbesondere zur Siedlungs-, Freiraum- und Infrastruktur enthalten. Neben den in § 7 Abs. 3 ROG genannten Gebieten mit der bevorzugten Nutzung (siehe oben) werden in § 2 Abs. 2 Nr. 1 S. 3 ROG einige wichtige Raumkategorien, nämlich Ballungsräume, ländliche Räume, strukturschwache und strukturstarke Regionen, aufgezählt, welche einen Teil der anzustrebenden Siedlungsstruktur darstellen und somit in den Raumordnungsplänen festgelegt werden sollen.[244] Es findet sich allerdings keine gesetzliche Festlegung

242 BVerwG, U.v..10.2004 – 4 C 2.04 = NVwZ 2005, 211; dazu Erbguth, NVwZ 2005, 241 ff.

243 OVG Münster, U.v. 28.8.2008 – 8 A 2138/06 = BeckRS 2008, 39669.

244 Die Regelung des § 13 Abs. 5 S. 1 ROG geht zurück auf § 7 Abs. 2 ROG (1998), welcher die Kerninhalte von Raumordnungsplänen erstmals erfasste und jeweils durch Beispiele erläuterte. Einerseits folgte hieraus eine Bestimmung der wichtigsten Festlegungsbereiche, andererseits sollte den Ländern ein ausreichender Gestaltungsspielraum hinsichtlich der Ausgestaltung belassen werden. Zu den drei

der „Raumkategorien“. Unter Raumkategorien versteht man räumliche Bereiche, welche nach sozioökonomischen Kriterien abgegrenzt werden und in denen jeweils die gleichen raumordnerischen Zielsetzungen verfolgt werden sollen.[245] In § 2 Abs. 2 Nr. 5 – 7 ROG (1998) gehörten hierzu insb. Verdichtungsräume, ländliche Räume und strukturschwache Räume, welche jedoch durch die landesspezifischen Raumkategorien ergänzt wurden. Heute findet sich in § 2 Abs. 2 Nr. 1 S. 3 ROG eine nicht abschließende Aufzählung von Ballungsräumen, ländlichen Räumen, strukturschwachen und strukturstarken Räumen. Welche Raumkategorien landesrechtlich zu verwenden sind, um die anzustrebende Siedlungsstruktur zu erreichen, ist allein Sache des Landesgesetzgebers. Den Landesgesetzgebern steht damit ein sog. Findungsrecht hinsichtlich weiterer Gebietskategorien zu.[246] Sofern der Landesgesetzgeber jedoch von den im ROG genannten Raumkategorien Gebrauch macht, ist er an die bundesgesetzliche Definition der Begriffe gebunden.[247] In den meisten Raumordnungsplänen der Länder findet sich nach wie vor eine Differenzierung zwischen Verdichtungsräumen und ländlichen Räumen, welche dann noch eine weitere Differenzierung in Form von problemorientierten Unterteilungen erfahren.[248]

Im Folgenden werden die wichtigsten Raumkategorien dargestellt.

aa) Ballungsräume

162 Ein Ballungsraum i.S.d. § 2 Abs. 2 Nr. 1 S. 3 ROG liegt bei einer Einwohnerzahl über 500.000 bei etwa 500 km², also einer Bevölkerungsdichte ab 1000 E/km² vor. Diese schematische Bestimmung ist um strukturelle Komponenten, wie ökonomische, infrastrukturelle und soziokulturelle Struktur sowie die Situation der Umwelt, der Siedlungsstrukturen, der Freiräume und die Vernetzung zum Umland, zu ergänzen. Ein Ballungsraum ist häufig, jedoch nicht zwingend zugleich eine Metropolregion im europäischen Kontext. Man unterscheidet zwischen monozentrischen und polyzentrischen Ballungsräumen.[249] Als monozentrischer Ballungsraum kann insoweit München angesehen werden, als polyzentrische das Ruhrgebiet, die Region Stuttgart oder (landesübergreifend) die

---

Kerninhalten gehören die Siedlungs-, die Freiraum- und Infrastruktur. Infolge der nicht abschließenden Aufzählung steht es dem Landesgesetzgeber frei zusätzliche Inhalte aufzunehmen. Vgl. Dallhammer, in: Cholewa/Dyong/von der Heide/Arenz, ROG (1998), § 7 Rn. 65.

245 Dallhammer, in: Cholewa/Dyong/von der Heide/Arenz, ROG (1998), § 7 Rn. 76.

246 BVerwGE 137, 259 (263); Dallhammer, in: Cholewa/Dyong/von der Heide/Arenz, ROG, § 8 Rn. 127.

247 Dallhammer in: Cholewa/Dyong/von der Heide/Arenz, ROG, § 8 Rn. 128.

248 Domhardt/G,rotheer, Gebietskategorien in: ARL Handwörterbuch, 2018, S. 749 ff.

249 Albrecht/Janssen/Schumacher in: Schumacher/Werk, PdK ROG, § 2 Rn. 20 f.

Rhein-Main-Region mit Mainz, Wiesbaden, Frankfurt und Darmstadt angesehen werden.

bb) Verdichtete Räume

Bis 1997 war der Terminus „Verdichtungsraum“ im ROG enthalten. Im Rahmen 163
der Novelle des ROG 1998 wurde jedoch auf eine Definition des Begriffes verzichtet. Nunmehr fand sich bis 2008 in § 2 Abs. 1 Nr. 5 ROG die Aufgabe der Sicherung verdichteter Räume als Wohn-, Produktions- und Dienstleistungsschwerpunkte.[250] Hierdurch wurde herausgestellt, dass auch in Verdichtungsräumen erhebliche Strukturprobleme auftreten können.[251] Derzeit findet sich der Begriff des „verdichteten Raumes“ in § 13 Abs. 3 ROG. Charakteristisch für diesen Raum ist eine hohe Konzentration an Wohnungen, Produktions- und Dienstleistungsbetrieben. Es hat ein Ausgleich zwischen wirtschaftlichen Aktivitäten und den durch diese angezogenen Menschen und deren Wohnbedürfnisse zu erfolgen. Dabei versucht das Gesetz die Binnenstruktur der verdichteten Räume nachhaltig auszugestalten. Nach Vorstellung des Gesetzgebers handelt es sich um Gebiete, in denen eine gemischte Nutzung stattfindet. Neben Wohnen und Arbeiten dienen sie der Wirtschaft, dem Handel und Handwerk, aber auch den sozialen und kulturellen Bedürfnissen der Bewohner.

Verdichtungsräume sind ein Synonym für verdichtete Räume; sie sind nicht 164
trennscharf von Ballungsräumen abzugrenzen (gebräuchlich ist auch die Bezeichnung „Agglomeration“). Im Rahmen der Ministerkonferenz für Raumordnung (MKRO) 1993 wurden diese bundesweit abgestimmt. Ihre Mindestgröße beträgt dabei jeweils 150 000 Einwohner auf einer Fläche von 100 km² mit einer Bevölkerungsdichte von 1.000 E/km². Darunter fallen folgende Räume: Kiel, Lübeck, Schwerin, Rostock, Hamburg, Bremen, Bremerhaven, Oldenburg, Hannover, Braunschweig, Osnabrück, Magdeburg, Berlin-Potsdam, Halle-Leipzig, Dresden, Chemnitz-Zwickau, Gera, Jena, Erfurt, Bielefeld, Paderborn, Münster, Rhein-Ruhr, Köln-Bonn, Aachen, Koblenz, Saar, Rhein-Main mit Mainz-Bingen und Aschaffenburg, Gießen-Wetzlar, Kassel, Würzburg, Schweinfurt, Bamberg, Nürnberg-Fürth-Erlangen, Regensburg, Ingolstadt, Augsburg, München, Rhein-Neckar, Karlsruhe-Pforzheim, Stuttgart, Ulm, Freiburg und Lörrach-Basel.

Neben diesen Räumen haben die Länder teilweise weitere Verdichtungsräume 165
bestimmt, welche im Zuge der Fortschreibung der Landesplanungen einer dynamischen Anpassung unterliegen.[252] Wenn durch die Verdichtung Nachteile hinsichtlich gesunder Lebensbedingungen oder ausgewogener Wirtschafts- und

250 BT Drs. 13/6392, S. 80.
251 Kratzenberg, NVwZ 1989, 1129.
252 Albrecht/Janssen/Schumacher in: Schumacher/Werk, PdK ROG, § 2 Rn. 22.

Sozialstrukturen entstehen, sollen Maßnahmen zur Strukturverbesserung ergriffen werden.[253]

cc) Ländliche Räume

166 Sie sind durch eine geringe Bevölkerungsdichte und einem hohen Anteil land- und forstwirtschaftlicher Nutzflächen gekennzeichnet.[254] Allerdings dürfen sie nicht allein aufgrund der Bevölkerungsdichte bestimmt werden, da andernfalls im europäischen Kontext, vor allem im Vergleich zu skandinavischen Ländern, nur die peripheren ländlichen Räume Deutschlands unter den Begriff subsumiert werden dürfen. In Deutschland weisen eine Vielzahl von ländlichen Räumen, welche an verdichtete Räume angrenzen, eine Bevölkerungs- und Arbeitsplatzdichte auf, die im europäischen Kontext nicht mehr unter dünn besiedelte Bereiche zu fassen sind.[255] Sie dienen jedoch nicht ausschließlich der Natur und Landschaft, es handelt sich vielmehr um eigenständige Lebens- und Wirtschaftsräume, welche stark von Land- und Forstwirtschaft geprägt sind. Zudem zeichnen sie sich im Vergleich zu angrenzenden Verdichtungs- oder Ballungsräumen durch einen hohen Waldanteil aus.[256] Zudem verfügen sie über ein weites Spektrum an wirtschaftlicher Tätigkeit. In den ländlichen Räumen zählt das Schul- und Ausbildungssystem zum Begriff des eigenständigen Lebensraumes. So soll es jungen Menschen auch dort ermöglicht werden, eine gleich qualifizierte Aus- und Fortbildung zu erhalten, wie in den verdichteten Räumen.[257]

Für land- und forstwirtschaftliche Strukturen finden sich in den ländlichen Räumen gute Bedingungen. Jedoch weisen sowohl Infrastrukturausstattung und verkehrliche Erschließung Defizite im Vergleich zu anderen Räumen auf. Im Hinblick auf Tourismus und Fremdenverkehr können ländliche Räume hingegen ein großes Potenzial insbesondere für die landschaftliche und stille Erholung aufweisen. In den ländlichen Räumen befinden sich Naturparks und Nationalparks, welche eine hohe Bruttowertschöpfung im touristischen Bereich aufweisen.[258]

dd) Strukturschwache Räume

167 In § 2 Abs. 2 Nr. 4 S. 3 ROG n.F. werden strukturschwache Räume als Räume, in denen die Lebensverhältnisse in ihrer Gesamtheit im Verhältnis zum

253 http://www.bbsr.bund.de/BBSR/DE/Raumbeobachtung/Raumabgrenzungen/Verdichtungs-raeume/verdichtungsraeume.html.
254 Albrecht/Janssen/Schumacher in: Schumacher/Werk, PdK ROG, § 2 Rn. 25.
255 Spannowsky in: Spannowsky/Runkel/Goppel, ROG, K § 2 Rn. 76.
256 Albrecht/Janssen/Schumacher in: Schumacher/Werk, PdK ROG, § 2 Rn. 25.
257 Spannowsky in: Spannowsky/Runkel/Goppel, ROG, K § 2 Rn. 79.
258 Albrecht/Janssen/Schumacher in: Schumacher/Werk, PdK ROG, § 2 Rn. 25.

Bundesdurchschnitt wesentlich zurückgeblieben sind oder ein solches Zurückbleiben zu befürchten ist, definiert. Nach dem Wortlaut handelt es sich dabei jedoch um eine nicht abschließende Definition.[259] Maßgeblich ist nach § 2 Abs. 2 Nr. 4 S. 3 ROG dabei die zukünftig zu erwartende Entwicklung. In diesen Räumen sind insbesondere die Entwicklungsvoraussetzungen zu verbessern, so dass eine gewisse Bevorzugung dieser Räume vom Gesetzgeber verlangt wird.[260]

Es handelt sich dabei nicht um eine eigenständige Gebietskategorie. Vielmehr **168**
überlagern sich diese Gebietskategorien mit den verdichteten bzw. ländlichen Räumen zu strukturschwachen verdichteten bzw. ländlichen Räumen.[261] Da es vor allem in strukturschwachen Räumen planerischen Maßnahmen der öffentlichen Hand zur Entwicklung bedarf, wurden diese expliziert normiert. In strukturstarken Räumen beschränken sich die Maßnahmen der öffentlichen Hand auf Ordnungsmaßnahmen, so dass eine gesetzliche Normierung nicht notwendig war. Ein Raum gilt als strukturschwach, wenn die Wirtschaftskraft deutlich unter dem Bundesdurchschnitt liegt oder eine negative Entwicklung dahin gehend abzusehen ist. Jedoch gibt es weitere Teilindikatoren, welche zu einer Einordnung als strukturschwacher Raum führen. Beispielsweise Abwanderung der arbeitenden Bevölkerung, geringes Nachfragepotenzial im Wohnungsbau oder abnehmende Handlungsfähigkeit der Kommunen durch geringere Steuereinnahmen.[262]

---

259 Was sich aus dem ergibt

260 Hendler in: Cholewa/Dyong/von der Heide/Arenz, Bd. 1, ROG § 2 Rn. 42.

261 Vgl. Albrecht/Janssen/Schumacher in: Schumacher/Werk, PdK ROG, § 2 Rn. 27; Spannowsky in: Spannowsky/Runkel/Goppel, ROG, K § 2 Rn. 84.

262 Albrecht/Janssen/Schumacher in: Schumacher/Werk, PdK ROG, § 2 Rn. 28.

§ 6 Verfahren der Raumplanung

I. Verfahrensprinzipien der Raumordnung

1. Das Gegenstromprinzip (§ 1 Abs. 3 ROG; Art. 1 Abs. 3 BayLplG)

a) Allgemeines

169 Nach § 1 Abs. 3 ROG hat sich die Entwicklung, Ordnung und Sicherung der Teilräume in die Gegebenheiten und Erfordernisse des Gesamtraums einzufügen; die Entwicklung, Ordnung und Sicherung des Gesamtraums soll die Gegebenheiten und Erfordernisse seiner Teilräume berücksichtigen (sog. **Gegenstromprinzip**).[263] Es stellt eines der Grundprinzipien der Landesplanung dar, welches im Laufe der Zeit durch zahlreiche (speziellere) Vorschriften konkretisiert wurde. Da es die wechselseitige Beziehung der räumlichen Planung für den Gesamtraum und der räumlichen Planung für die Teilräume betrifft, bindet es nur die Raumplanungsträger untereinander, jedoch nicht deren Verhältnis zur Fachplanung.[264] Die höherstufige Planung soll die unterstufige Planung berücksichtigen, während sich die unterstufige Planung hingegen in die höherstufige Planung einfügen muss.[265] Hieraus ergibt sich ein Rechtsanspruch der untergeordneten Planungsebene auf Berücksichtigung der eingebrachten örtlichen Belange, sowie Mitsprache und Beteiligungsrechte bei der Erstellung überörtlicher Pläne (bspw. § 10 Abs. 1, 20 ROG). Umgekehrt hat die untergeordnete Planungsebene die Vorgaben der überörtlichen Planungsebene zu beachten (Bspw. i.R.v. *Abwägung von Grundsätzen der Raumordnung bzw. Beachtung von Zielen der Raumordnung).* Sinn und Zweck ist es, dass die Raumordnung, welche die Bauleitplanung beeinflusst, diese in der Abwägung berücksichtigt.[266] Durch das Gegenstromprinzip werden Bund und Länder, Länder und Regionen, Regionen und Kommunen zur gegenseitigen Rücksichtnahme verpflichtet.[267] Demzufolge ist die Dominanz des Gesamtraumes zulasten der Teilräume ausgeschlossen. Ein einseitig planender Zentralismus findet nicht statt.[268]

170 Auf der untersten Stufe wird die Anpassungspflicht beispielsweise in § 8 Abs. 2 S. 1 BauGB normiert. Hiernach sind die Bebauungspläne aus den Flächennutzungsplänen zu entwickeln. Der Flächennutzungsplan oder -

263 Es gehört zu den traditionellen Bestandteilen des ROG und war bereits in der Fassung von 1965 in ähnlicher Weise kodifiziert.
264 Runkel in: Spannowsky/Runkel/Goppel, ROG, § 1 Rn. 108.
265 Dallhammer in: Cholewa/Dyong/von der Heide/Arenz, ROG (2008), § 7 Rn. 72.
266 Stüer, Der Bebauungsplan, J Rn. 851.
267 Dörr, in: Ehlers/Fehling/Pünder, BesVwR, D § 38 Rn. 28; Hoppe, in: Hoppe/Bönker/Grotefels, Öffentliches Baurecht, § 4 Rn. 7.
268 Brenner, Öffentliches Baurecht, Rn. 65.

falls ein solcher nicht existiert – auch isolierte Bebauungspläne (§ 8 Abs. 2 S. 2 BauGB) sind ihrerseits an die Ziele der Raumordnung anzupassen, vgl. § 1 Abs. 4 BauGB. Dabei kommt auch eine Anpassung im Parallelverfahren in Betracht (§ 8 Abs. 3 BauGB). Die Ziele der Raumordnung werden in landesweiten Raumordnungsplänen festgesetzt, vgl. § 13 ROG. Dabei sind sie an die Vorgaben, die sich aus der Ordnung des Gesamtraumes ergeben, gebunden.

Des Weiteren haben die öffentlichen Planungsträger nach § 14 ROG zusammen- **171**
zuarbeiten und Maßnahmen untereinander abzustimmen und dabei die Ziele der Raumordnung und Landesplanung zu beachten. Anstelle der ehemals bestehenden gesetzlichen Genehmigungsvorbehalte sollen die gesetzlichen Verpflichtungen heute weitgehend ohne präventive Kontrolle gewährleistet werden, wodurch es zu einer stärkeren Verantwortung vor allem der kommunalen Planungsebenen kam.[269]

b) Gesamtraum und Teilräume

Einerseits wird durch das Gegenstromprinzip das Verhältnis der Teilräume zum **172**
Gesamtraum (§ 1 Abs. 3 Hs. 1 ROG) andererseits das Verhältnis des Gesamtraumes zu seinen Teilräumen (§ 1 Abs. 3 Hs. 2 ROG) erfasst. Eine gesetzliche Definition der beiden Begriffe findet sich jedoch nicht, da die Bildung von Teilräumen Ländersache ist und das ROG nur in Ansätzen materielle Maßstäbe bezeichnet. Außerdem wechselt die Zuordnung je nach Planungsstufe.

Bei einem Raumordnungsplan für das Landesgebiet nach § 13 ROG ist das Land ein Teilraum i.S.d. § 1 Abs. 3 Hs. 1 ROG gegenüber dem Gesamtraum der Bundesrepublik Deutschland. Gegenüber den Teilräumen des Regionalplans ist das Land wiederum Gesamtraum i.S.d. § 13 Abs. 3 Hs. 2 ROG.

Hinsichtlich der Reichweite des Teilraumbegriffs besteht keine Einigkeit. Überwiegend wird der Begriff weit ausgelegt, so dass auch Gemeindegebiete erfasst werden. Folglich verlangt § 1 Abs. 3 ROG, dass auf den verschiedenen Ebenen der Raumordnungsplanung jeweils (auch) die Gegebenheiten und Erfordernisse der örtlichen Teilräume zu berücksichtigen sind. Nach anderer Auffassung ist der Begriff enger zu verstehen. Danach sind nur die Länder, sowie die Gebiete der Regionen als „Teilräume“ erfasst. Dies folge daraus, dass § 13 Abs. 2 S. 2 ROG das Gegenstromprinzip erweitere. Danach seien in der Regionalplanung die Flächennutzungspläne und die Ergebnisse der von Gemeinden beschlossenen sonstigen städtebaulichen Planungen entsprechend § 1 Abs. 3 ROG im Rahmen der Abwägung nach § 7 Abs. 2 ROG zu berücksichtigen. Diese Vorschrift sei notwendig, da die örtliche Planung nicht Teil der

269 Rabe, in: Rabe/Pauli/Wenzel, Bau- und Planungsrecht, B, Rn. 22.

Raumordnungsplanung sei und sich daher das Gegenstromprinzip andernfalls nicht hierauf erstrecken würde.[270]

173 Gegen die letztere Auffassung spricht jedoch, dass sich § 13 Abs. 2 S. 2 ROG ausschließlich auf die Regionalplanung bezieht. Eine vergleichbare Vorschrift zur landesweiten Raumordnungsplanung existiert nicht. Demzufolge wäre die landesweite Raumordnungsplanung nicht besonders verpflichtet, die städtebauliche Planungen der Gemeinden zu berücksichtigen, wenn § 1 Abs. 3 ROG unanwendbar wäre. Vielmehr müssten sie nur i.R.d. § 7 Abs. 2 ROG städtebauliche Planungen der Gemeinden als öffentliche Belange in die Abwägung einbeziehen. Daher sprechen die besseren Argumente dafür, dass es sich bei § 13 Abs. 2 S. 2 ROG lediglich um eine Ausformung im Sinne einer Konkretisierung des Gegenstromprinzips handelt. Demnach handelt es sich auch bei Gemeindegebieten um Teilräume i.S.d. § 13 Abs. 3 ROG.[271]

c) Das „Sich-Einfügen"

174 Zunächst soll sich die Entwicklung, Ordnung und Sicherung der Teilräume in die Gegebenheiten und Erfordernisse des Gesamtraums einfügen, § 1 Abs. 3 Hs. 1 ROG. Dies gilt für den Raumordnungsplan für das Landesgebiet nach § 13 Abs. 1 S. 1 Nr. 1 ROG gegenüber dem Gesamtraum der Bundesrepublik Deutschland § 1 Abs. 1 S. 1 ROG. Dem Gegenstromprinzip kommt bei der Aufgabe, den Gesamtraum des Bundesrepublik Deutschland mithilfe von Raumordnungsplänen zu entwickeln, zu ordnen und zu sichern eine besondere Bedeutung zu, da es keinen Raumordnungsplan für den Gesamtraum der Bundesrepublik gibt. Deswegen muss die Landesplanung sicherstellen, dass sie ihre Aufgabenstellung nicht nur hinsichtlich der Gegebenheiten ihres Landes, sondern für den Gesamtraum der Bundesrepublik Deutschland erfüllt.

Beispiel standortgebundene Rohstoffe: Überwiegendes oder ausschließliches Vorkommen eines standortgebundenen Rohstoffes in einem Bundesland ist für dieses ein bedeutender Faktor. Die Sicherung des Rohstoffes muss sich nicht nur nach der Bedeutung für das Land, sondern nach der Bedeutung für den Gesamtraum der Bundesrepublik Deutschland richten.

175 **Beispiel Infrastruktur:** Als Beispiel für Infrastruktureinrichtungen von überörtlicher Bedeutung kann der Flughafen Frankfurt (Drehscheibe des internationalen Flugverkehrs in Deutschland) herangezogen werden. Auch hier richtet sich die Sicherung nicht nach der Bedeutung der Einrichtung für das Land, sondern nach der Bedeutung für den Gesamtraum.

270 Vgl. Runkel, in: Spannowsky/Runkel/Goppel, ROG, § 1 Rn. 108; a.A. Hendler, in: Cholewa/Dyong/von der Heide/Arenz, ROG (2008), § 1 Rn. 48.

271 Hendler, in: Cholewa/Dyong/von der Heide/Arenz, ROG (2008), § 1 Rn. 46 ff.; vgl. Hoppe, in: Hoppe/Bönker/Grotefels, Öffentliches Baurecht, § 4 Rn. 7.

Gem. § 13 Abs. 2 S. 1 ROG sind die Regionalpläne aus dem Raumordnungsplan für das Landesgebiet zu entwickeln. Im Verhältnis vom Regionalplan zum landesweiten Raumordnungsplan gelten daher zunächst § 4 ROG, § 13 Abs. 2 S. 1 ROG und letztlich das allgemeine Gegenstromprinzip aus § 1 Abs. 3 ROG. In Fällen, in denen Erfordernisse des Gesamtraums als Ergebnis eines Raumordnungsverfahren feststehen, allerdings noch nicht in den Raumordnungsplan aufgenommen wurden, erlangt das Gegenstromprinzip eigenständige Bedeutung.

Nach § 1 Abs. 3 Hs. 2 ROG richtet sich das Gegenstromprinzip im Hinblick auf 176
den Gesamtraum gegenüber seinen Teilräumen. Auf der Ebene des Gesamtraumes der Bundesrepublik Deutschland existiert für die Entwicklung, Ordnung und Sicherung des Raumes nur eine defizitäre Verwaltungskompetenz, wodurch das Gegenstromprinzip ein instrumentelles Defizit verzeichnet. Denn insoweit ist es auf den vertikalen Verwaltungsstrang der Raumordnung begrenzt. Im Verhältnis von Landesplanung zu Regionalplanung allerdings, erfährt das Gegenstromprinzip eine besondere Gewichtung. Kernaussage ist dabei, dass es sich nicht um eine „Top-Down“ Planung handelt, sondern den Bindungswirkungen des § 4 ROG eine Berücksichtigungspflicht der Gegebenheiten und Erfordernisse der Teilräume – im Rahmen der Abwägung – vorgelagert ist.[272]

d) Verfahrensrechtliche und materiellrechtliche Bedeutung

Nicht nur auf formelle Raumordnungspläne, sondern auch im Rahmen der 177
sonstigen Erfordernisse der Raumordnung findet das Gegenstromprinzip Anwendung. Auch bei der Verwirklichung von Raumordnungsplänen ist das Gegenstromprinzip anzuwenden, wenn Gestaltungs- und Ermessensspielräume auszufüllen sind. Durch seine verfahrensrechtliche Ausformung wird es zum Teil auch als **Gegenstromverfahren** bezeichnet. Nur durch Kooperation aller am Raumordnungsverfahren Beteiligter kann die geforderte strukturelle und funktionale Harmonie erreicht werden.[273] Verfahrensrechtlich ist daher zu gewährleisten, dass im Rahmen der Planaufstellung die jeweils andere Seite beteiligt wird.[274] Eine solche Ausformung stellt beispielsweise das in § 14 Abs. 1 ROG normierte **Kooperationsgebot** dar. Hiernach sollen die Träger der Landes- und Regionalplanung, zur Vorbereitung und Verwirklichung von Raumordnungsplänen sowie sonstigen raumbedeutsamen Planungen und Maßnahmen unter anderem mit den hierfür maßgeblichen öffentlichen Stellen zusammenarbeiten oder jedenfalls auf eine derartige Zusammenarbeit hinwirken.

---

272 Runkel, in: Spannowsky/Runkel/Goppel, ROG, § 1 Rn. 110 ff.
273 Dörr, in: Ehlers/Fehling/Pünder, BesVwR D, § 38 Rn. 28.
274 Dallhammer, in: Cholewa/Dyong/von der Heide/Arenz, ROG (2008), § 7 Rn. 73.

178 Eine weitere verfahrensrechtliche Ausformung findet sich in § 9 Abs. 1 ROG. Es handelt sich dabei um das sog. **Beteiligungsgebot** (→ Rn. 180). Hierdurch erhalten die Gemeinden und Gemeindeverbände einen Einfluss auf die Festlegung der übergeordneten Ziele der Raumordnung und Landesplanung, welcher ihnen bereits durch Art. 28 Abs. 2 GG in Form des Prinzips der Selbstverwaltungsgarantie (Planungshoheit) zusteht. Organisatorisch wird dies etwa dadurch verwirklicht, dass die Gemeinden als Träger der örtlichen Bauplanung zugleich Mitglieder in den regionalen Planungsverbänden sind und so an der Ausarbeitung der überörtlichen Pläne selbst beteiligt sind (vgl. Art. 8 Abs. 3 BayLplG). Zwar betrifft Art. 28 Abs. 2 GG lediglich die Wahrnehmung örtlicher Angelegenheiten, jedoch folgt aus dem funktionalen Verständnis der Selbstverwaltungsgarantie, dass ein Anspruch auf Mitwirkung an den überörtlichen Planungsverfahren zumindest dann besteht, wenn diese örtliche Auswirkungen haben.[275]

179 § 1 Abs. 3 ROG verlangt die Berücksichtigung der teilräumigen Gegebenheiten und Erfordernisse bei der gesamträumlichen Planung. Dabei handelt es sich um eine **Anforderung an die planerische Abwägung** von öffentlichen und privaten Belangen nach § 7 Abs. 2 ROG auf unterschiedlichen Planungsebenen. Daher ist das Gegenstromprinzip in materiellrechtlicher Hinsicht dem Abwägungsgebot in Form eines Rücksichtnahmegebots zuzuordnen. Es ist davon auszugehen, dass Planungen und Maßnahmen des Teilraums eigenständig sind, so dass gegenüber den Teilräumen insbesondere die Unterrichtungs-, Mitteilungs-, Abstimmungs- und Beteiligungspflichten intensiv wahrgenommen werden müssen. Im Rahmen der Abwägung nach § 7 Abs. 2 ROG können aufgrund des Gegenstromprinzips Planungen und Maßnahmen der Teilräume nicht einfach „weggewogen“ werden.[276] Vielmehr erfordert gerade das im Gegenstromprinzip verankerte Rücksichtnahmegebot gewichtige und triftige Gründe, welche ein Zurücktreten rechtfertigen müssen.[277] Durch das Gegenstromprinzip wird damit das raumordnerische Abwägungsgebot auf die Berücksichtigung der Wechselbezüglichkeit von großräumigen und teilräumlichen Raumordnungsbelangen erstreckt. Außerhalb von Raumordnungsplanverfahren ist das Gegenstromprinzip bei Ermessensentscheidungen oder sonstigen Gestaltungsspielräumen zu verorten.[278]

275 Vgl. BVerwG, U.v. 14.2.1969 – IV C 82.66 = DVBl. 1969, 362, 363; BVerwG 8.9.1972 – IV C 17.71 = BVerwGE 40, 323; BVerwG 21.2.1973 – IV CB 69.72 = DVBl. 1973, 448.

276 Materielle Berücksichtigungspflicht, dazu Rabe, in: Rabe/Pauli/Wenzel, Bau- und Planungsrecht, B Rn. 23.

277 Dallhammer, in: Cholewa/Dyong/von der Heide/Arenz, ROG, § 7 Rn. 73; Hendler, in: Cholewa/Dyong/von der Heide/Arenz, ROG, § 1 Rn. 54.

278 Runkel, in: Spannowsky/Runkel/Goppel, ROG, § 1 Rn. 112.

2. Das Beteiligungsgebot (§ 9 ROG; Art. 16 BayLplG)

In § 9 ROG n.F. finden sich allgemeine Grundsätze zur Beteiligung bei der Aufstellung von Raumordnungsplänen. Eine detailliertere Ausgestaltung des Verfahrens und der Organisation ist dabei den Ländern vorbehalten.[279] Lediglich hinsichtlich der in § 9 ROG abschließend getroffenen Regelungen ist dies infolge der konkurrierenden Gesetzgebungskompetenz gem. Art. 72 Abs. 1, 74 Abs. 1 Nr. 31 GG begrenzt. Des Weiteren ist der Landesgesetzgeber an die wesentlichen Inhalte des § 9 ROG, welche durch überstaatliches Recht (Bspw. SUP-RL) überlagert ist, gebunden, so dass im Hinblick auf Art. 74 Abs. 3 S. 1 Nr. 4 GG kaum Möglichkeiten substanzieller anderweitiger Gestaltungen bestehen. Nach § 7 Abs. 7 ROG gilt § 9 ROG auch für die Änderung, Ergänzung und Aufhebung der Pläne. 180

Gem. § 9 Abs. 1 S. 1 ROG sind die Öffentlichkeit[280] und die in ihren Belangen berührten öffentlichen Stellen[281] von der Aufstellung bzw. Änderung, Ergänzung und Aufhebung eines Raumordnungsplans zu unterrichten. In der Regel findet die Unterrichtung durch Bekanntgabe und öffentliche Auslegung statt.[282] Eine öffentliche Stelle ist in ihren Belangen berührt, wenn einerseits der Plan Auswirkungen auf ihren Aufgabenbereich haben kann, andererseits, wenn Inhalte, welche für die Aufgabenerfüllung der öffentlichen Stelle bedeutsam sind, nicht in den Plan aufgenommen werden, obwohl eine Aufnahme möglich oder geboten ist.[283] Eine Stellungnahme zum Planinhalt ist sowohl der Öffentlichkeit innerhalb als auch außerhalb des Plangebietes möglich. Im Unterschied zu den öffentlichen Stellen muss die Öffentlichkeit hingegen nicht „betroffen" sein. 181

Den öffentlichen Stellen ist Gelegenheit zur Stellungnahme zu Entwurf und Begründung des Raumordnungsplanes, sowie gegebenenfalls zum Umweltbericht zu geben, § 9 Abs. 2 S. 1 ROG. Sofern eine Umweltprüfung durchgeführt worden ist, sind den zuständigen Stellen die zweckdienlichen Unterlagen für die Dauer von mindestens einem Monat öffentlich auszulegen. Dabei handelt es sich um eine Mindestfrist, so dass eine in den Ländern abweichende längere Frist gem. § 27 Abs. 3 ROG fort gilt.[284] Nach § 9 Abs. 2 S. 3 ROG beträgt die Frist zur Stellungnahme mindestens die Länge der Auslegungsfrist und es hat ein Hinweis zur Möglichkeit der Stellungnahme zu erfolgen. § 9 Abs. 2 S. 4 ROG 182

279 BR Drs. 536/08, S. 62; BT Drs. 16/10292, S. 25.

280 Sog. „Jedermannsbeteiligung", vgl. Hendler, in: Cholewa/Dyong/von der Heide/Arenz, ROG, § 10 Rn. 7.

281 in § 3 Abs. 1 Nr. 5 ROG.

282 Runkel, in: Spannowsky/Runkel/Goppel, ROG, § 10 Rn. 4; Voigt, ROG 2009, S. 173.

283 Hendler, in: Cholewa/Dyong/von der Heide/Arenz, ROG, § 10 Rn. 10 f.

284 Bspw. § 3 Abs. 2 S. 1 ThürLPlG: Dauer von zwei Monaten; eine Verkürzung ist hingegen nicht möglich, Art. 72 Abs. 1 GG.

statuiert eine (materielle) Präklusion, so dass alle Stellungnahmen mit Ablauf der Frist nach § 9 Abs. 3 S. 3 ROG ausgeschlossen sind.[285]

183 Nach § 9 Abs. 4 ROG ist die zuständige Behörde eines Nachbarstaates zu unterrichten, sofern die Durchführung des Raumordnungsplanes erhebliche Auswirkungen auf dessen Gebiet hat. Dabei ist dieser ein Exemplar des Planentwurfs zu übermitteln, § 9 Abs. 4 S. 1 Hs. 2 ROG. Der Behörde des Nachbarstaates ist sodann eine angemessene Frist zur Stellungnahme zu setzen, § 9 Abs. 4 S. 2 ROG. Der Nachbarstaat ist gem. § 14j UVPG zu beteiligen, sofern die Durchführung des Planes erhebliche Auswirkungen auf dessen Gebiet haben kann, § 9 Abs. 4 S. 3 ROG.

184 Sofern nach der Durchführung des Verfahrens nach § 9 Abs. 2 ROG Teile des Planentwurfs dergestalt geändert werden, dass erstmals oder stärkere Berührungen von Belangen entstehen, ist der geänderte Teil erneut auszulegen und diesbezüglich eine erneute Stellungnahme zu ermöglichen, § 9 Abs. 3 S. 1 ROG. Sofern die Grundzüge der Planung nicht berührt werden, sind Verfahrenserleichterungen in Form der Beschränkung der zu Beteiligenden gem. § 9 Abs. 3 S. 3 ROG möglich. Zu den Betroffenen zählen diejenigen, die abwägungserhebliche Interessen in das Verfahren einbringen.[286] Eine öffentliche Stelle ist betroffen, wenn die Festlegungen des Raumordnungsplanes Auswirkungen auf den ihr zugewiesenen Aufgabenbereich haben können.[287]

185 In § 11 Abs. 1 Nr. 1 ROG sind die Folgen einer unterlassenen Beteiligung i.S.d. § 9 ROG geregelt. Demnach ist eine solche Verletzung für die Rechtswirksamkeit des Raumordnungsplans beachtlich, es sei denn es wurden lediglich einzelne Personen oder öffentliche Stellen nicht beteiligt oder eine grenzüberschreitende Beteiligung war fehlerhaft, die entsprechenden Belange jedoch unerheblich waren oder in der Entscheidung berücksichtigt worden sind.

3. Das Zusammenarbeits- bzw. Abstimmungsgebot (§ 14 ROG)

186 Erstmals wurden 1998 in § 13 ROG a.F. sog. „*weiche Instrumente*“ im Raumordnungsgesetz erwähnt, um auf die Verwirklichung der Raumordnungspläne durch die Landes- und Regionalplanung hinzuwirken. Denn neben der Aufstellung der Pläne ist es Aufgabe der Raumordnung, deren tatsächliche Verwirklichung zu fördern.[288] Im Zuge der Reform 2009 sollte die Aufgabe der Raum-

285 Eingefügt durch G.v. 29.5.2017 (BGBl. I S. 1245).
286 ROG 2009,
287 Runkel, in: Spannowsky/Runkel/Goppel, ROG, § 10 Rn. 40; ROG 2009,
288 VoigtROG 2009,

ordnung „*Koordination mittels Kooperation*" stärker hervorgehoben werden.[289] Der Raumordnung sollte, insbesondere gegenüber der Fachplanung, ein stärkeres Gewicht zukommen. Dabei wurden neben den Planinhalten auch sonstige Bereiche der Raumordnung zum Gegenstand möglicher Kooperation erklärt (§ 14 Abs. 1 S. 1 ROG).[290] Insbesondere vor dem Hintergrund des Rückgangs und des Zuwachses von Bevölkerung und Arbeitsplätzen verfolgt die Norm auch die Umsetzung der Vorsorge für einzelne Nutzungen und Funktionen des Raumes.[291]

Durch § 14 ROG wird die Raumordnungsbehörde zur aktiven Gestaltung der Kooperation verpflichtet. Die Kooperation kann dabei sowohl zur Entwicklung einer Region als auch bezüglich grenzüberschreitender oder interkommunaler Angelegenheiten erfolgen (Ziele der Kooperation).[292] Die Umsetzung sollte mithilfe eines kooperativen Weges verbessert werden. Dabei werden sowohl formale als auch informale Instrumente zur kooperativen Planverwirklichung in § 14 Abs. 2 ROG nicht abschließend genannt. Die Nennung der informellen Instrumente soll einerseits der steigenden praktischen Bedeutung andererseits als Anstoß für die Regionalplaner vor Ort dienen, sich im informellen Bereich stärker zu engagieren.[293] **187**

Beispiel: Als formales Instrument der Planung kann die vertragliche Vereinbarung (Vgl. § 14 Abs. 2 S. 1 Nr. 1 ROG) herangezogen werden. Beispiele für informelle Instrumente sind Entwicklungsprogramme, Netzwerke, regionale Foren etc. (Vgl. § 14 Abs. 2 S. 1 Nr. 2 ROG).

Durch § 14 ROG wird klargestellt, dass es sich bei der Planverwirklichung um einen Aufgabenbereich der Raumordnung handelt. Die Vorschrift wurde geschaffen, um die Zweifel über die Reichweite des Aufgabenbereiches auszuschließen. Zum Teil wurde angenommen, dass die Raumordnung sich auf die Aufstellung der Pläne beschränkt. Bereits bei der Vorbereitung der Raumordnungspläne und sonstigen raumbedeutsamen Planungen und Maßnahmen hat die raumordnerische Zusammenarbeit zu erfolgen. Unter Vorbereitung sind dabei Maßnahmen im Vorfeld oder während der Planaufstellung zu verstehen. Hierdurch können Fehlplanungen bereits im Vorfeld vermieden werden, welche andernfalls erst im förmlichen Planaufstellungsverfahren oder im gerichtlichen Verfahren ausgeräumt werden könnten. In § 14 Abs. 1 S. 2 ROG sind die Ziele der Zusammenarbeit normiert. Einerseits kann die Kooperation zur Entwicklung **188**

289 BT Drs. 16/10292, S. 26; Albrecht/Janssen/Schumacher in: Schumacher/Werk, PdK ROG, § 13 Rn. 1.

290 Albrecht/Janssen/Schumacher, in: Schumacher/Werk, PdK ROG, F 2 Bund 13.1.; Hoppe in: Hoppe/Bönker/Grotefels, Öffentliches Baurecht, § 4 Rn. 65.

291 Vgl. BT Drs. 16/10292, S. 20.

292 Vgl. BT Drs. 16/10292, S. 26.

293 Vgl. BT Drs. 18/10883, S. 53.

einer Region andererseits auch im Hinblick auf grenzüberschreitende oder interkommunale Anliegen erfolgen.[294]

4. Das Abwägungsgebot (§ 7 Abs. 2 ROG; Art. 17 BayLplG)

189 In weitgehender Übereinstimmung mit § 1 Abs. 7 BauGB findet sich in § 7 Abs. 2 S. 1 ROG das Abwägungsgebot als Planungsgrundsatz wieder. Hierin wird vor allem auf die Planungsebenenbezogenheit sowie die Abwägungsrelevanz Bezug genommen. Das Abwägungsgebot leitet sich aus den Grundrechten und dem Rechtsstaatsprinzip ab und hat folglich Verfassungsrang. Letztlich beruht es auf dem Grundsatz der Verhältnismäßigkeit und stellt die Kehrseite der planerischen Gestaltungsfreiheit dar.[295] Das Abwägungsgebot fordert im Kern daher eine Prüfung der raumordnerischen Planungsentscheidung auf Willkür und Verhältnismäßigkeit.[296] Nicht erforderlich ist, dass zu allen Punkten auf allen Planungsebenen erneut eine umfassende Abwägung mit Bindungswirkung für nachfolgenden Planungen durchgeführt wird, sondern dass innerhalb eines gestuften Planungssystems auf irgendeiner Stufe dieses Systems eine umfassende Abwägung von der dafür zuständigen Stelle vorgenommen werden muss.[297] Für nachfolgende Planungen stehen diese Festlegungen dann nicht mehr im Rahmen einer Abwägung zur Disposition, sondern stellen vielmehr bindende Vorgaben räumlicher und sachlicher Art dar. Diese sind jedoch einer weiteren Konkretisierung zugänglich.

a) Grundlinien der Abwägungsdogmatik

190 Nach der Rechtsprechung des BVerwG[298] verlangt das Abwägungsgebot, dass

1. eine Abwägung überhaupt stattfindet (andernfalls: **Abwägungsausfall**)
2. Belange in die Abwägung eingestellt werden, die nach Sachlage eingestellt werden müssen (andernfalls: **Abwägungsdefizit**);
3. die Bedeutung der betroffenen öffentlichen und privaten Belange nicht verkannt werden (andernfalls: **Abwägungsfehlgebrauch,** bzw. **-fehlgewichtung**);

294 Albrecht/Janssen/Schumacher in: Schumacher/Werk, PdK ROG, Bund 13.1 ff.
295 Vgl. Numberger/Kraus, Raumordnung und Landesplanung in Bayern, Art. 17 Rn. 2.
296 BVerfG, B.v. 20.2.2008 – 1 BvR 2722/06 – juris – Rn. 55.
297 Runkel, in: Spannowsky/Runkel/Goppel, ROG (2010) § 7 Rn. 21.
298 Leitentscheidung zur Abwägungsdogmatik ist die Floatglasentscheidung des undesverwaltungsgerichtsv. 9.7.1974 (BVerwG); weit. Nw. bei Geis, in: Schoch/Schneider, VwVfG, § 40 Rn. 206 ff.

4. der Ausgleich zwischen den Belangen nicht in einer Weise vorgenommen wird, die zur objektiven Gewichtung einzelner Belange außer Verhältnis steht (andernfalls: **Abwägungsdisproportionalität**).
5.

Nur wenn die einzelnen Festlegungen dem Abwägungsgebot genügen, kann es sich um ein Ziel der Raumordnung handeln, welches nach § 4 Abs. 1 ROG rechtliche Bindung auslöst.[299]

Zur gerichtlichen Überprüfung der Abwägung ausführlich → Rn. 345 ff.

b) Raumordnerische Abwägung

191 Bei Raumordnungsplänen bedarf die Abwägungsdogmatik eine gewisse Anpassung und Berücksichtigung ergänzender Besonderheiten. § 7 Abs. 2 S. 1 ROG verweist auf die Besonderheiten, die auf der gegenüber der Bauleitplanung höheren Ebene der Raumordnungsplanung zu beachten sind. Bis 2017 lautete § 7 Abs. 2 S. 1 Hs. 2 *„bei der Festlegung von Zielen der Raumordnung ist abschließend abzuwägen"*, welcher im Zuge der Gesetzesnovelle entfallen ist. Eine inhaltliche Änderung findet dadurch nicht statt, da die Ziele der Raumordnung bereits in § 3 Abs. 1 Nr. 2 ROG als abschließend abgewogen definiert sind.[300] Aufgabe der Raumordnung ist u.a. die Erstellung überörtlicher und überfachlicher Raumordnungspläne für die Teilräume der Bundesrepublik, vgl. § 1 Abs. 1 S. 1 ROG. Jedoch darf die Raumplanung nur übergeordnete Rahmenbedingungen schaffen, sog. **rahmensetzende Planung**; sie muss der nachfolgenden Planung einen eigenen Gestaltungsspielraum belassen. Nur ausnahmsweise darf die höhere Planungsebene weiter in die Tiefe gehen, insbesondere einzelne Grundstücke betreffen (sog. **„Parzellenschärfe"**), wenn dies zwingend zur Ordnung, Sicherung oder Entwicklung des Raumes erforderlich ist.[301] Im Hinblick auf die bei Raumordnungsplänen zu treffende abschließende Abwägung bedeutet dies, dass an diese nur solche Anforderungen gestellt werden könne, die dem rahmensetzenden Charakter gerecht werden.[302]

192 Raumordnungspläne können kommunale Bauleitpläne oder raumbedeutsame Fachpläne nicht ersetzen. Sie enthalten Ziele und planerische Grundsätze und bedürfen in aller Regel weiteren Konkretisierungen, um zu genauen Festlegungen für einzelne raumbedeutsame Maßnahmen zu gelangen. Eine konkrete Maßnahmeplanung oder ein Maßnahmevollzug findet nicht statt.[303] Daher sind

299 Runkel, in: Spannowsky/Runkel/Goppel, ROG, § 7 Rn. 22.
300 BT Drs. 18/10883, S. 41.
301 Dallhammer, in: Cholewa/Dyong/von der Heide/Arenz, ROG, 7 Rn. 65.
302 Runkel, in: Spannowsky/Runkel/Goppel, ROG, § 7 Rn. 23.
303 BayerfGH, B.v..1987 – 55-IX-87 = NVwZ 1988, 242; Runkel, in: Spannowsky/Runkel/Goppel, ROG, § 7 Rn. 25.

die Abwägungsprozesse bei raumordnerischen Zielen regelmäßig „grobmaschiger“ als im Bauplanungsrecht. Anstelle der individuellen Betroffenheit werden vielmehr Belange von Betroffenengruppen berücksichtigt, es sei denn die individuellen Interessen sind in der maßgeblichen Planungsstufe klar erkennbar.[304] Abschließend abgewogen müssen nur Ziele der Raumordnung werden. Zwar unterliegen auch die Grundätze der Raumordnung dem Abwägungsgebot, jedoch bedarf diese Abwägung nicht derselben Intensität wie die der Zielfestlegungen.[305]

193 Die nach § 7 Abs. 2 S. 1 ROG abzuwägenden Belange erfassen private, öffentliche sowie militärische Belange. Sie sind insoweit beachtlich, als dass sie *„auf der jeweiligen Planungsebene erkennbar und von Bedeutung sind“,* vgl. § 7 Abs. 2 S. 1 ROG. Interessen sind daher unbeachtlich, wenn sie geringwertig, nicht hinreichend schutzwürdig, nur geringfügig betroffen oder in ihrem Betroffensein nicht erkennbar sind.[306] Zu berücksichtigen sind jedoch solche Belange, deren Abwägungserheblichkeit sich aufdrängt, oder die ein Planbetroffener im Rahmen der Öffentlichkeitsbeteiligung oder auf andere zulässige Art rechtzeitig in das Planverfahren einbringt.[307]

Außerdem sind Entwicklungskonzepte, welche zum Zeitpunkt der Planaufstellung bereits bestehen, erfasst.[308] Im Meeresbereich gehört hierzu auch ein etwaig gesondertes Küstenzonenmanagement (IKZM). Für maritime Raumordnungspläne ist daher auch der Anforderung von Art. 7 MRO-RL Rechnung zu tragen. Damit ein Belang zu berücksichtigen ist, muss er raumordnerisch relevant sein. Öffentliche Belange werden durch öffentliche Stellen, Private durch die Rechtspersonen des Privatrechts wahrgenommen. Seit 2004 finden private Belange in Planungsverfahren der Raumordnung nicht nur inhaltliche Berücksichtigung; gem. § 10 Abs. 1 ROG ist die Öffentlichkeit auch bei deren Ermittlung zu beteiligen.

Beispiel: Raumordnungsrechtlich relevant ist dabei insbesondere die Ausweisung als Naturschutzgebiet. Eine solche Festlegung sorgt für den Ressourcenschutz, sorgt für die Erholungsvorsorge sowie den Arten- und Biotopenschutz.

194 In § 7 Abs. 6 ROG findet sich eine Sonderregelung des Abwägungsgebots. Dies dient der Berücksichtigung von Erhaltungszielen und Schutzzwecken von Gebieten mit gemeinschaftlicher Bedeutung oder eines europä-

304 Vgl. Hendler, DVBl. 2001, 1233; Kment, ZfBR 2003, 480; Runkel, in: Spannowsky/Runkel/Goppel, ROG, § 7 Rn. 25.

305 Runkel, in: Spannowsky/Runkel/Goppel, ROG, § 7 Rn. 23.

306 BVerwGE 59, 87 (102 ff.); Dallhammer, in: Cholewa/Dyong/von der Heide/Arenz, ROG, § 7 Rn. 68.

307 Dallhammer, in: Cholewa/Dyong/von der Heide/Arenz, ROG, § 7 Rn. 68.

308 BT Drs. 10/10883, S. 41.

ischen Vogelschutzgebiets.[309] Dabei sind die §§ 31 ff. BNatSchG maßgeblich, § 36 S. 1 Nr. 2 BNatSchG.

c) Berücksichtigungen

Neben der materiellen Bedeutung weist die Abwägung zunehmend einen verfahrensrechtlichen Gehalt auf, was maßgeblich auf die Umsetzung der Umweltrichtlinien der EU in nationales Recht zurückzuführen ist. Hierunter fallen die Umweltprüfung nach § 8 ROG sowie die Beteiligungsverfahren nach § 9 ROG, welche durch § 18 ROG für die Raumordnungspläne des Bundes noch ergänzt werden. Durch die Umweltprüfung wurde der Abwägungsvorgang neu strukturiert: Alle für den Plan relevanten Umweltbelange sind zu ermitteln, bewerten und beschreiben. Dies erfolgt jedoch unabhängig von sonstigen wirtschaftlichen und sozialen Belangen. Erst in der Gesamtabwägung werden diese zusammengeführt. Die Umweltbelange werden dabei in dem ihnen zukommenden Gewicht berücksichtigt. 195

d) Grundsatz der Planerhaltung (§ 11 Abs. 1 ROG; Art. 23 BayLplG)

Sofern Fehler im Abwägungsvorgang oder im Abwägungsergebnis vorliegen oder gegen Form- oder Verfahrensvorschriften verstoßen wurde, ist der Plan rechtswidrig. Dies würde grundsätzlich zur Nichtigkeit des Planes führen, sog. Nichtigkeitsdogma.[310] § 11 ROG statuiert hingegen den sog. **Grundsatz der Planerhaltung.**[311] Dies ist darauf zurückzuführen, dass das aufwendige Verfahren und die Vielzahl der zu berücksichtigenden Belange fehleranfällig sind. Es soll hierdurch vermieden werden, dass der Planaufstellungsbeschluss infolge kleiner Mängel, welche keinen Einfluss auf das Entscheidungsergebnis haben, aufgehoben wird. Andernfalls hätte dies zur Folge, dass ein neues umfangreiches und zeitaufwendiges Planaufstellungsverfahren durchgeführt werden müsste.[312] 196

Inhaltlich behandelt § 11 ROG die Fehlerfolge von bestimmten Verfahrens- und Formverstößen sowie Abwägungsfehler bei der Aufstellung eines Raumordnungsplanes. Im Zuge der Gesetzesnovelle 2008 wurde die Vorschrift reformiert und zum besseren Verständnis neu strukturiert. Sie ist den §§ 214 f. BauGB nachgebildet und dient der Stärkung der Geltung von Raumordnungsplänen. Im Rahmen des § 11 ROG wird daher zwischen „nur beachtlich, wenn", „beacht- 197

309 VoigtROG 2009, S. 170.
310 Potschies, Raumplanung, S. 215; vgl. Ossenbühl, NJW 1986, 2805 (2806 ff.); Erbguth, AVwR, § 25 Rn. 9; § 26 Rn. 5.
311 Vergleichbar mit §§ 214 f. BauGB.
312 Vgl. Wickel, in: Ehlers/Fehling/Pünder, BVwR, § 39 Rn. 97.

lich“ und „unbeachtlich“ unterschieden. Gem. § 11 Abs. 1 ROG sind Verfahrens- und Formmängel ‚nur „beachtlich“, wenn dies in den Nr. 1 – 3 explizit angeordnet ist. Im Hinblick auf das oben dargestellte Abwägungsgebot ist zu differenzieren, vgl. § 11 Abs. 3 ROG. Grundsätzlich unbeachtlich sind Fehler im Abwägungsvorgang, es sei denn, die Mängel sind offensichtlich und haben Einfluss auf das Abwägungsergebnis (→ Rn. 349, 351). Für Mängel im Zusammenhang mit der Umweltprüfung enthält § 11 Abs. 4 ROG eine Sondervorschrift.

198 Sofern die einjährige Rügefrist ab Bekanntmachung des Raumordnungsplans nicht eingehalten wurde, werden auch die beachtlichen Fehler unbeachtlich, § 11 Abs. 5 ROG. Es handelt sich um eine formelle Präklusionsvorschrift. In § 11 Abs. 6 ROG ist schließlich die Möglichkeit vorgesehen, Mängel nachträglich zu heilen und den Plan somit rückwirkend in Kraft zu setzen.

199 Wenn ein Raumordnungsplan materiell unwirksam ist, besteht keine allgemeingültige Verwerfungskompetenz der mit dem Vollzug der Norm befassten Behörden. Diese steht nur den Oberverwaltungsgerichten/Verwaltungsgerichtshöfen im Rahmen eines Normenkontrollverfahrens nach § 47 Abs. 5 S. 2 VwGO zu.[313] Allerdings können die Behörden ebenfalls die Rechtmäßigkeit überprüfen lassen, da sie nicht verpflichtet werden können, Normen ohne jedwede Reflektion anzuwenden.[314] Dafür haben sie ein eigenes Antragsrecht nach § 47 Abs. 2 Satz 1, 2. Alt. VwGO.[315]

5. Bindungswirkung (§ 4 ROG; Art. 3 Abs. 1 BayLplG)

200 In §§ 4 und 5 ROG ist die Bindungswirkung der Erfordernisse der Raumordnung geregelt. Primäre Adressaten der Erfordernisse der Raumordnung sind dabei die öffentlichen Stellen (§ 3 Abs. 1 Nr. 5 ROG). Es wird zwischen Grundsätzen und Zielen der Raumordnung differenziert. **Ziele** der Raumordnung sind zwingend zu **beachten,** wohingegen **Grundsätze** und **sonstige Erfordernisse** der Raumordnung lediglich zu **berücksichtigen** sind, § 4 Abs. 1 S. 1 ROG. Auf Landesebene kann diese bundesgesetzlich geregelte Bindungswirkung nicht eingeschränkt oder ausgeschlossen werden.[316] Diese Bindungswirkung wird gem. § 4 Abs. 1 S. 2 ROG auf einen umgrenzten Kreis von Personen des Privatrechts (solche, die öffentliche Aufgaben wahrnehmen) ausgedehnt.[317] Nach

---

313 Potschies, Raumplanung, S. 216.

314 BGH 25.10.2012 – III ZR 29/12 = NVwZ 2013, 167; Reidt in: Battis/Krautzberger/Löhr, BauGB, § 10 Rn. 10 ff.; Potschies, Raumplanung, S. 216.

315 Zu den Anforderungen an behördliche Anträge vgl. Gerhardt, in: Schneider, VwGO, § 47 Rn. 78 f.

316 VGH Kassel, U.v..2002 – 4 N 455/02 = NVwZ 2003, 229 (231); Steinberg/Steinwachs, NVwZ 2004, 530 (532); Beckmann, in: HBöffBauR, Bd. 3, N Rn. 106.

317 Goppel, in: Spannowsky/Runkel/Goppel, ROG, § 12 Rn. 4.

§ 4 Abs. 1 S. 3 ROG kann die Fachgesetzgebung nach Maßgabe ihrer eigenen Vorschriften von weitgehenden Bindungswirkungen der Erfordernisse der Raumordnung Gebrauch machen.

Gegenüber Personen des Privatrechts entfalten Erfordernisse der Raumordnung grundsätzlich nur eine Berücksichtigungspflicht, § 4 Abs. 2 ROG. Dies gilt bemerkenswerterweise nicht nur für Grundsätze und sonstige Erfordernisse, sondern auch für die Ziele der Raumordnung (mit Ausnahme der in § 4 Abs. Zf. 3 ROG genannten Personen des Privatrechts sowie in den Fällen des §“ 35 Abs. 3 Satz 3 BauGB → Rn. 423). Adressat des § 4 Abs. 2 ROG sind wiederum die öffentlichen Stellen bei der Entscheidung über die Zulässigkeit von raumbedeutsamen Planungen und Maßnahmen von Personen des Privatrechts. **201**

§ 4 Abs. 3 ROG enthält eine Sonderfallregelung. Diese betrifft die Genehmigung über die Errichtung und den Betrieb von Abfallbeseitigungsanlagen von Personen des Privatrechts nach den Vorschriften des BImSchG. Infolge des Investitions- und Wohnbaulandgesetzes bedürfen diese Anlagen keiner Planfeststellung mehr und sind damit grundsätzlich der Bindungswirkung der Erfordernisse der Raumordnung nach § 4 Abs. 1 Nr. 3 ROG entzogen. Sie unterfallen lediglich der immissionsschutzrechtlichen Genehmigung nach §§ 4 ff. BImSchG. Dabei handelt es sich um eine gebundene Entscheidung, welche sich der Bindungswirkung der Erfordernisse der Raumordnung verschließt. Durch § 4 Abs. 3 ROG wird diese Gebundenheit der in Frage stehenden Genehmigung aufgebrochen, indem sie den Erfordernissen der Raumordnung unterworfen wird. Bezüglich der Ziele der Raumordnung hat der Gesetzgeber eine Beachtenspflicht normiert, wohingegen bezüglich der Grundsätze und sonstigen Erfordernisse eine bloße Berücksichtigungspflicht besteht.[318]

a) Ziele der Raumordnung

Ziele der Raumordnung sind zwingend zu **beachten**, § 4 Abs. 1 ROG (**Beachtenspflicht)**[319]. Diese Ziele beruhen auf einer abschließenden Abwägung der betroffenen Belange, erfordern daher keine weitere Abwägung mit anderen Belangen nachfolgender Planungsebenen und können nicht im Rahmen von Ermessens- und Abwägungsentscheidungen überwunden werden.[320] Hinsichtlich der Rechtsfolgen ist nach § 4 ROG zu differenzieren, ob sich diese unmittelbar aus dem ROG ergeben (Abs. 1) oder erst in Verbindung mit der entsprechenden fachgesetzlichen Regelung (Abs. 2). Die Bindungswirkung eines Ziels der Raumordnung kann jedoch durch speziellere Raumordnungsklauseln eingeschränkt **202**

318 Goppel, in: Spannowsky/Runkel/Goppel, ROG, § 4 Rn. 8 f.
319 Heemeyer, UPR 2007, 10.
320 Kment/Grüner, UPR 2009, 93 (95); Heemeyer, UPR 2007, 10.

sein. Beispielsweise durch § 15 Abs. 1 S. 2 NABEG, welcher den grundsätzlichen Vorrang der Bundesfachplanung beim Ausbau des Stromübertragungsnetzes vor der Landesplanung regelt.[321] Je nach Konkretisierungsgrad des Ziels besteht die Möglichkeit der zielkonformen Auslegung der Vorgaben.[322] Maßgeblich für diese Auslegung ist dabei der Wille des Trägers der Landesplanung, welcher die äußerste Grenze der Ausgestaltungsbefugnis bildet.[323]

Ziele der Raumordnung haben eine **strikte Bindungswirkung** für den Planungsträger.

203 Nach § 4 Abs. 1 S. 1 Nr. 1 und 2 ROG unterliegen öffentliche Stellen der strikten Bindungswirkung von Zielen der Raumordnung nicht nur bei ihren raumbedeutsamen Planungen und Maßnahmen, sondern auch bei Genehmigungen, Planfeststellungen und sonstigen behördlichen Entscheidungen über die Zulässigkeit raumbedeutsamer Maßnahmen anderer öffentlicher Stellen. „Öffentliche Stellen" sind in § 3 Abs. 1 Zf- 5 ROG legal definiert als Behörden des Bundes und der Länder, kommunale Gebietskörperschaften, bundesunmittelbare und die der Aufsicht eines Landes unterstehenden Körperschaften, Anstalten und Stiftungen des öffentlichen Rechts.

204 Es ist jedoch zu beachten, dass die Raumplanung nicht zur „Ersatzfachplanung" übergehen darf. Raumordnung ist angelegt auf die Ordnung und Entwicklung des größeren Raumes, so dass der Gesetzgeber der Raumordnung die Kompetenz zur überörtlichen und überfachlichen Gesamtplanung verliehen hat.[324] Auch die Landesplanungsträger können im Rahmen ihres Entwicklungsauftrages Ziele und Grundsätze der Raumordnung aufstellen. Allerdings dürfen sie nicht an die Stelle der Fachplanung treten und den Fachplanungsträgern muss ein ausreichender Planungsspielraum verbleiben.

205 Ziele der Raumordnung entfalten gegenüber privaten Grundstückseigentümern keine unmittelbare Rechtswirkung.[325] Nur wenn die Zulässigkeit einer Maßnahme der Privatperson einer Genehmigung oder einer Planfeststellung bedarf und das entsprechende Fachgesetz eine Bindungswirkung vorschreibt, unterliegen **private Vorhabenträger** dieser **mittelbar**, § 4 Abs. 2 ROG. Hingegen sind öffentliche Stellen, die privatrechtlich tätig werden, an die Ziele der Raumordnung nach § 4 Abs. 1 S. 1 ROG gebunden. Personen des Privatrechts sind in Wahrnehmung öffentlicher Aufgaben gem. § 4 Abs. 1 S. 2 ROG an die Ziele der Raumordnung gebunden, wenn öffentliche Stellen an dieser Person des

321 Beckmann in: HBöffBauR, Bd. 3, N Rn. 107.
322 BVerwGE 90, 329 (334 f.); 119, 217 (223) Kment/Grüner, UPR 2009, 93 (95).
323 Vgl. OVG Münster, U.v. – 10 D 121/07.NG = UPR 2009, 801 (802); Heemeyer, UPR 2007, 10 (11 f.).
324 Beckmann in: HBöffBauR, Bd. 3, N Rn. 110.
325 Kment, ZfBR 2003, 480.

Privatrechts mehrheitlich beteiligt sind oder diese Planungen und Maßnahmen überwiegen.

Gem. § 4 Abs. 1 ROG sind bei sonstigen Entscheidungen der öffentlichen Stellen über die Zulässigkeit raumbedeutsamer Maßnahmen von Personen des Privatrechts die Erfordernisse der Raumordnung nach Maßgabe der entsprechenden Fachgesetze zu berücksichtigen. Das Gesetz spricht hier von einer Berücksichtigungspflicht. Da allerdings auch Ziele der Raumordnung zu den Erfordernissen der Raumordnung zählen, sind diese bei behördlichen Zulassungsentscheidungen über private Vorhaben lediglich zu berücksichtigen. Etwas anderes gilt nur dann, wenn das Gesetz durch eine Raumordnungsklausel eine zwingende Beachtung verlangt. Dass durch § 4 Abs. 2 ROG letztlich eine bloße Berücksichtigungspflicht ausgelöst wird, steht nicht im Widerspruch zu § 4 Abs. 1 ROG. Denn § 4 Abs. 2 ROG betrifft die Zulassung privater Vorhaben im Einzelfall, wohingegen § 4 Abs. 1 ROG die Bindungswirkung von Zielen für raumbedeutsame Vorhaben und Planungen regelt. Eine Genehmigungsentscheidung weist jedoch keine Maßnahmenqualität auf, so dass der Anwendungsbereich ein anderer ist. Sofern es sich jedoch um Fälle der Plangenehmigung oder Planfeststellung über die Zulässigkeit privater Vorhaben handelt, bleibt es bei § 4 Abs. 1 S. 1 Nr. 3 ROG.[326] 206

Raumordnungsklauseln sind zu unterscheiden von gesetzlichen Zulassungstatbeständen, welche die Zulässigkeit eines Vorhabens an die Vereinbarkeit mit öffentlich-rechtlichen Normen knüpfen. Hierbei fehlt es an der Anordnung einer Beachtens- oder Berücksichtigungspflicht von Erfordernissen der Raumordnung, so dass sie von privaten Bauträgern nicht zu berücksichtigen bzw. beachten sind. Dies gilt beispielsweise für Baugenehmigungen oder immissionsschutzrechtliche Genehmigungen. § 4 Abs. 3 ROG statuiert eine explizite Beachtenspflicht der Ziele der Raumordnung im Rahmen der Genehmigung über die Errichtung und den Betrieb von öffentlich zugänglichen Abfallanlagen von Personen des Privatrechts nach den Vorschriften des BImSchG. Daher ergibt sich als Umkehrschluss daraus, dass es sich bei § 6 Abs. 1 Nr. 2 BImSchG nicht um eine Raumordnungsklausel handelt, da andernfalls § 4 Abs. 3 ROG überflüssig wäre. Hingegen handelt es sich bei § 35 Abs. 3 S. 2 und 3 BauGB um Raumordnungsklauseln, so dass im Außenbereich die Erfordernisse der Raumordnung hiernach beachtlich sind.[327] 207

Beachte: Grundsätze und sonstige Erfordernisse der Raumordnung haben keine strikte Bindungswirkung für den Planungsträger.

326 Beckmann in: HBöffBauR, Bd., N Rn. 116.
327 Beckmann in: HBöffBauR, Bd. 3 Rn. 118 ff.

b) Abgrenzung Ziele – Grundsätze der Raumordnung

208 Allerdings ergeben sich regelmäßig Abgrenzungsschwierigkeiten zwischen Zielen und Grundsätzen der Raumordnung und damit verbunden der Frage nach deren Bindungswirkung. Nicht zuletzt ist dies darauf zurück zu führen, dass in der Praxis eine große Bandbreite von Festlegungen existiert, welche anhand der vom Gesetzgeber normierten Legaldefinitionen in § 2 ROG erfolgen muss. Häufig finden sich Formulierungen wie „Soll" oder „in-der-Regel". Dies resultiert daraus, dass der Planungsträger bei der Festsetzung von Zielen der Raumordnung erhöhten rechtsstaatlichen Anforderungen vor allem in der Abwägung gem. § 7 Abs. 2 S. 3 ROG genügen muss (siehe auch -> Rdn. 126 f.).

c) Beschränkung der Bindungswirkung gem. § 5 ROG

209 Bei raumbedeutsamen Planungen und Maßnahmen von öffentlichen Stellen des Bundes, von anderen öffentlichen Stellen, die im Auftrag des Bundes tätig sind, sowie von Personen des Privatrechts nach § 4 Abs. 1 S. 2, die für den Bund öffentliche Aufgaben durchführen, gilt die Bindungswirkung der Ziele der Raumordnung in Raumordnungsplänen nach § 13 Abs. 1 nur, wenn die zuständige Stelle oder Person bei der Aufstellung des Raumordnungsplans nach § 9 beteiligt worden ist und sie innerhalb einer Frist von zwei Monaten nach Mitteilung des rechtsverbindlichen Ziels nicht widersprochen hat. Der Widerspruch nach § 5 Abs. 1 ROG lässt die Bindungswirkung des Ziels der Raumordnung gegenüber der widersprechenden Stelle oder Person nicht entstehen, wenn das ihre Belange berührende Ziel der Raumordnung auf einer fehlerhaften Abwägung beruht oder sie ihre raumbedeutsamen Planungen und Maßnahmen nicht auf anderen geeigneten Flächen durchführen kann als auf denen, für die ein entgegenstehendes Ziel im Raumordnungsplan festgelegt wurde.

210 Der einzelne Bürger hat allerdings keinen Anspruch darauf, dass eine beteiligte öffentliche Stelle nach § 5 Abs. 1 ROG widerspricht, auch wenn er sich durch die Erfordernisse der Raumordnung beispielsweise über fachgesetzliche Raumordnungsklauseln gebunden sieht.[328]

211 Sofern eine Veränderung der Sachlage ein Abweichen von den Zielen der Raumordnung erforderlich macht, kann die zuständige öffentliche Stelle oder Person nach § 5 Abs. 1 ROG mit Zustimmung der nächsthöheren Behörde gem. § 5 Abs. 3 ROG innerhalb einer angemessenen Frist (spätestens sechs Monate nach Kenntniserlangung) unter den Voraussetzungen des § 5 Abs. 2 ROG widersprechen.

---

328 BVerwG, U.v. 7.11.1996 – 4 B 170.96 = DVBl. 1997, 434; Beckmann, in: HBöffBauR, Bd. 3, N Rn. 149.

d) Ausnahmen, § 6 Abs. 1 ROG

In § 6 Abs. 1 ROG findet sich der Versuch des Gesetzgebers, Ziele der Raumordnung flexibler zu gestalten, wieder. Es handelt sich dabei um eine Möglichkeit, Zielausnahmen bereits in den Raumordnungsplan aufzunehmen. Eine Fixierung der materiellen Voraussetzungen für die Ausnahmen der Zielfestlegung ist jedoch nicht kodifiziert. Hierdurch werden die grundsätzlich systemfremden „Soll-Ziele“ und „In-der-Regel-Festlegungen“ nicht ausgeschlossen. Vielmehr kann diese Regelung als Zugeständnis verstanden werden.[329] Sofern der Plangeber von der Möglichkeit Gebrauch macht, Ausnahmen zu formulieren und damit seine Planungsaussage zu relativieren, findet hierdurch letztlich eine Verlagerung der abschließenden Abwägung auf eine andere Stelle statt. Allerdings ist dabei erforderlich, dass der Plan die Voraussetzungen für die Ausnahme selbst regelt.[330] 212

e) Zielabweichungsverfahren

Die strikte Bindungswirkung von Zielen der Raumordnung aus § 4 ROG ist jedoch nicht ausschließlich. Vielmehr besteht seit der Gesetzesnovellierung 2009 die Möglichkeit im Rahmen eines Zielabweichungsverfahrens von diesen strikten Festlegungen abzuweichen. Dieses Zielabweichungsverfahren ist in § 6 Abs. 2 ROG und § 19 ROG geregelt. Prinzipiell ist damit eine Abweichung möglich, sofern diese unter raumordnerischen Gesichtspunkten vertretbar ist und die Grundzüge der Planung nicht berührt werden. Maßgeblich ist, ob die Abweichung den in der Planaufstellung getroffenen Entscheidungen der Abwägung nicht entgegensteht.[331] 213

6. „Verknüpfungsnormen“ in anderen Gesetzen – sog. Raumordnungsklauseln

Die sog. Raumordnungsklauseln finden sich in zahlreichen Fachplanungsgesetzen sowie außerhalb von Fachplanungsgesetzen des Bundes und der Länder, welche zusätzliche Bestimmungen über das Verhältnis von Fachplanung und überfachlicher Raumplanung enthalten. Auch im Landesrecht, z.B. in Art. 3 Abs. 1 S. 1 BayLplG finden sich § 4 ROG entsprechende Vorschriften. Die genannten Ausführungen gelten entsprechend für die landesrechtlichen Umsetzungen. 214

329 Vgl. Kment/Grüner, UPR 2009, 93.
330 Vgl. BT Drs. 16/10292, 23; Beckmann, in: HBöffBauR, Bd. 3, N Rn. 69; a.A. Kment/Grüner, UPR 2009, 93 (98 f.).
331 Vgl. Kment/Grüner, UPR 2009, 93.

a) § 1 Abs. 4 BauGB (kommunale Bauleitplanung)

215 § 1 Abs. 4 BauGB regelt die Schnittstelle zwischen Raumordnung und Landesplanung einerseits und Bauleitplanung andererseits. Hiernach sind die Bauleitpläne an die Ziele der Raumordnung anzupassen. Innerhalb der Vorschrift wird nicht nach raumbedeutsamen und nicht raumbedeutsamen Bauleitplänen differenziert, so dass jeder Bauleitplan der Anpassungspflicht unterliegt.[332] Zwar wird dadurch in die kommunale Selbstverwaltungsgarantie eingegriffen, dies ist jedoch verfassungsrechtlich gerechtfertigt.[333] „Anpassen" i.S.d § 1 Abs. 4 BauGB meint die strikte Bindung der Bauleitplanung an die entsprechende Festsetzung. Zielaussagen können daher nicht durch die Gemeinde im Rahmen einer Abwägung überwunden werden. Das Raumplanungsrecht kennzeichnet sich durch eine Abfolge von Planungsentscheidungen, welche sich von Bundesebene über die Landesebene bis zu den Festlegungen auf Gemeindeebene immer mehr verdichten. Sofern der Landesplanungsträger durch die Festlegung eines Ziels eine abschließende Abwägung getroffen hat, spiegeln sich hierin die unterschiedlichen betroffenen Belange wieder. Daher ist es systemgerecht, wenn § 1 Abs. 4 BauGB die Bindungswirkung dieser landesplanerischen Letztentscheidung auf die Gemeinde als Träger der örtlichen Planungshoheit erstreckt. Die Gemeinde kann, die in einem Ziel der Raumordnung und Landesplanung enthaltene Vorgabe zielkonform ausgestalten und die Wahlmöglichkeiten voll ausschöpfen, die ihr dabei zu Gebote stehen, sie kann sie aber nicht im Wege der Abwägung überwinden.[334] Demzufolge sind die Erfordernisse der Raumordnung bereits bei der Aufstellung von Bauleitplänen zu beachten bzw. berücksichtigen.

216 Im unbeplanten Innenbereich entfalten die Ziele der Raumordnung insofern Bindungswirkung, als dass sich eine Gemeinde im Rahmen der interkommunalen Abstimmung nach § 2 Abs. 2 BauGB auf die ihnen durch die Ziele der Raumordnung zugewiesene Funktion berufen kann. Dies ist immer dann möglich, wenn es sich um Vorhaben nach § 34 Abs. 1 und 2 BauGB handelt, welche nach § 34 Abs. 3 BauGB keine schädlichen Auswirkungen auf zentrale Versorgungsbereiche in der Standortgemeinde oder in anderen Gemeinden haben dürfen. Damit hat die Gemeinde ein Abwehrrecht gegen störende raumordnungswidrige Planungen der Nachbargemeinde. Voraussetzung ist, dass die Ziele der Raumordnung der Gemeinde eine bestimmte Funktion zuweisen. Dies ist dann der Fall, wenn durch die Zielfestlegung der Gemeinde eine bestimmte Aufga-

332 VGH Bayern, U.v. .10.2003 – 26 N 99.3785 = BayVBl. 2004, 530; Dirnberger, in: BeckOK BauGB, § 1 Rn. 60.

333 Vertiefend Dirnberger, in: BeckOK BauGB, § 1 Rn. 6a.

334 BVerwG, U.v. 19.1.1993 – 6 P 19.90 = NVwZ 1993, 167; vgl. auch VGH München, BRS 65 Nr. 5.

be übertragen wurde. Zudem muss die Gemeinde eine Beeinträchtigung oder Verletzung der zugewiesenen Funktion geltend machen, welche die Irrelevanz- bzw. Bagatellschwelle übersteigt. Im Rahmen des interkommunalen Abstimmungsgebots sind nur Belange von gewissem Gewicht beachtlich.[335]

Zudem können Ziele der Raumordnung gem. § 34 Abs. 2 BauGB i.V.m. § 11 Abs. 3 BauNVO beachtlich sein. Außer in Kerngebieten sind großflächige Einzelhandelsbetriebe, die sich nach Art, Lage oder Umfang auf die Verwirklichung der Ziele der Raumordnung auswirken können, nur in den für sie festgesetzten Sondergebieten zulässig, § 11 Abs. 3 S. 1 Nr. 2 BauNVO. Sofern die nähere Umgebung des Vorhabens keinem der Gebietstypen der BauNVO entspricht, kann sich eine Beachtlichkeit von Zielen nur dann ergeben, wenn das jeweilige Bundesland von der Ermächtigung in § 246 Abs. 7 S. 1 BauGB Gebrauch gemacht hat.[336] 217

Beispiel: Schön zu sehen ist dies beispielsweise bei der Ausweisung des Standortes im Regionalplan für ein Kraftwerk als Ziel der Raumordnung. Jedes andere Außenbereichsvorhaben widerspricht dem für den Standort ausgewiesenen Ziel der Raumordnung. 218

Im Außenbereich erhalten die Erfordernisse der Raumordnung bei privaten raumbedeutsamen Vorhaben stets als öffentlicher Belang nach Maßgabe der Raumordnungsklausel des § 35 Abs. 3 S. 2 und 3 BauGB eine besondere Bindungswirkung. Nach § 35 Abs. 3 S. 2 Hs. 1 BauGB entfalten die Ziele der Raumordnung eine **Negativwirkung**. Raumbedeutsame Vorhaben dürfen diesen nicht widersprechen. Ein Vorhaben steht im Widerspruch zu den Zielen der Raumordnung, wenn es mit einer konkreten, standortbezogenen Aussage eines Ziels unvereinbar ist. Dies ist der Fall, wenn der Standort anderweitig verplant ist.[337] Soweit die öffentlichen Belange bei der Darstellung raumbedeutsamer Vorhaben nach § 35 Abs. 1 BauGB als Ziele der Raumordnung in Plänen i.S.d. § 8 oder 17 ROG abgewogen sind, stehen diese gem. § 35 Abs. 3 S. 2 Hs. 2 BauGB nicht entgegen, sog. **Positivwirkung**. In der Regel stehen öffentliche Belange einem Vorhaben nach § 35 Abs. 1 BauGB entgegen, soweit hierfür durch Darstellung im Flächennutzungsplan oder als Ziel der Raumordnung eine Ausweisung an anderer Stelle erfolgt, sog. **außergebietliche Ausschlusswirkung**.[338]

Im Rahmen des § 35 Abs. 3 S. 2 BauGB können Ziele der Raumordnung nicht auf dieselbe Stufe mit den genannten Belangen gestellt werden. Durch § 35 Abs. 2 und 3 BauGB gilt die Bindungswirkung der Ziele auch 219

335 Vgl. Beckmann, in: HBöffBauR, Bd. 3, N Rn. 126; OVG Rheinland-Pfalz, 26.2.2014 – 8 C 10561/13 – juris, Rn. 41.

336 Vgl. Beckmann in: HBöffBauR, Bd. 3, N Rn. 127.

337 Spoerr, DVBl. 2001, 90, 93; Beckmann in: HBöffBauR, Bd. 3, N Rn. 132.

338 Vgl. Beckmann in: HBöffBauR, Bd. 3, N Rn. 128.

gegenüber Privaten. Damit diese Bindungswirkung eintritt, muss es sich um ein Vorhaben i.S.d. § 29 BauGB handeln und die Anwendung der §§ 29 ff. BauGB darf nicht durch § 38 BauGB ausgeschlossen sein. Zwar ordnet nur § 35 Abs. 3 S. 2 BauGB die „Raumbedeutsamkeit" des Vorhabens an, jedoch gilt dies auch im Rahmen des § 35 Abs. 3 S. 3, weil Ziele der Raumordnung keine Aussage treffen u Vorhaben, die nicht raumbedeutsam sind.[339]

b) § 16 Abs. 2, § 17 S. 2 BFStrG: Planung von Bundesfernstraßen

220 In § 16 Abs. 2 BFStrG findet sich ein materielles, auf öffentliche Belange bezogenes Abwägungsgebot. Hintergrund des § 16 Abs. 2 FStrG ist es, dass eine Abstimmung zwischen Bund und Ländern unverzichtbar ist, da die Länder die Straßen des Bundes planen und bauen. Mit dem Abwägungsgebot bei der Linienführung sind Elemente des Planfeststellungsverfahrens vorverlagert. Grundsätzlich bezieht sich dieses nur auf öffentliche Belange, insbesondere solche der Raumordnung, Landesplanung und der Umweltverträglichkeit.[340] Die in § 16 Abs. 2 BFStrG genannten Aspekte sind jedoch nicht abschließend.[341] Nach dem Wortlaut des § 16 Abs. 4 S. 3 BFStrG hat die Bundesplanung grundsätzlich Vorrang vor der Orts- und Landesplanung.

c) Straßenplanung auf Landesebene (z. B. Art. 35 Abs. 2 BayStrWG)

221 Im Bereich der Landesstraßenplanung existieren ebenfalls Raumordnungsklauseln.

Exemplarisch zitiert sei hier Art. 35 Abs. 2 BayStrWG: Danach sind bei Planungen, welche den Bau neuer oder die wesentliche Änderung bestehender Straßen von übergeordneter Bedeutung betreffen, die Erfordernisse der Raumordnung und Landesplanung zu berücksichtigen. Dabei ist der Begriff der „Erfordernisse" weit auszulegen und umfasst sowohl die Ziele, die Grundsätze als auch sonstige Erfordernisse der Raumordnung. Es handelt sich um eine Raumordnungsklausel mit einer Beachtenspflicht, welche unterschiedlich ausgeprägt und im Lichte des Landesplanungsrechts auszulegen ist.[342] Hinsichtlich der Grundsätze der Raumordnung gilt grundsätzlich eine Berücksichtigungspflicht, welche durch Art. 35 Abs. 2 BayStrWG nicht modifiziert wird. Es gelten daher die allgemeinen Grundsätze fachplanerischer Abwägung. Im Hinblick

339 Spoerr, DVBl. 2001, 90, 92; Vgl. Beckmann in: HBöffBauR, Bd. 3, N Rn. 130 f.
340 Vgl. dazu OVG Nordrhein-WestfalenU. v. 30.10.1995 – 10 A 3096/91 = NuR 1995, 46.; OVG Niedersachsen, 20.10.1993 – 7 K 9/90 = DVBl. 1994, 770.
341 Lampe, in: Erbs/Kohlhaas, FStrG § 16 Rn. 1.
342 Numberger, in: Sieder/Zeitler/Wiget, Bayerisches Straßen- und Wegegesetz, Art. 35, Rn. 20.

auf die Ziele der Raumordnung, welche grundsätzlich zu beachten sind, hat Art. 35 Abs. 2 BayStrWG deklaratorischen Charakter, soweit wie dieser deren Beachtung fordert.[343]

Entsprechende – im Wortlaut allerdings differierende – Normen sind § 35 Abs. 1 Satz 1 BbgStrG; § 32 Abs. 1 HessStrG; § 37 Abs. 1 StrG NRW; § 37 Abs. 1 Satz 3 NdsStrG; § 4 Abs. 1 Satz 1 LStrG Rh.-Pf.; § 38 Abs. 1 Satz 1 SaarlStrG; § 36 Abs. 1 SächsStrG; § 34 Abs. 1 StrG LSA; § 35 Abs. 1 ThürStrG. Eine etwas „schwammige" Formulierung enthält § 44 Abs. StrG MV („haben Rechnung zu tragen").

Keine Raumordnungsklauseln enthalten die Landesstraßengesetze von Baden-Württemberg, Schleswig-Holstein, und den Stadtstaaten Berlin, Bremen und Hamburg,

Im Infrastrukturbereich darf die Raumordnung nur insoweit verbindliche Festle- **222**
gungen treffen, als aus überfachlichen Gründen ein Koordinierungsbedarf in Bezug auf die Nutzungsansprüche besteht. Aufgabe der Verkehrsfachplanung ist es, nach rein fachlichen Gesichtspunkten den Bedarf und die Dringlichkeit eines Vorhabens festzustellen. Daher führt es in der Praxis zu Problemen, wenn die Raumordnungsbehörde Festlegungen zu Bedarf und Dringlichkeit des Ausbaus und des Neubaus von Straßen festlegt. In ländlichen Räumen versucht die Raumordnung durch die Festlegungen vielfach eine Verbesserung der Erreichbarkeit der Räume und bestehende Verbindungen zu optimieren. In verkehrlich stark belasteten Räumen, namentlich Metropolregionen, Verdichtungsräumen und Ballungsräumen hingegen, finden sich vermehrt Festlegungen von Maßnahmevorschlägen, die auf eine Reduzierung der verkehrlichen Belastung ausgerichtet sind.[344]

Im bayerischen Landesentwicklungsprogramm finden sich nur knappe Aussa- **223**
gen zur Straßeninfrastruktur der Landesstraßen. Insbesondere durch die Stärkung des Personennahverkehrs sollen in Verdichtungsräumen und in stark frequentierten Tourismusgebieten die Verkehrsverhältnisse verbessert werden. In ländlichen Räumen soll die Verkehrserschließung weiterentwickelt und die Flächenbedienung durch den öffentlichen Personennahverkehr verbessert werden. Das Netz der Staats- und Kommunalstraßen soll leistungsfähig erhalten und bedarfsgerecht ergänzt werden. Bei der Weiterentwicklung der Straßeninfrastruk-

343 Runkel u.a., in: Spannowsky/Runkel/Goppel, ROG, K Vorb. §§ 3–5, Rn. 30; K § 4, Rn. 264; Hoppe, DVBl. 1993, 681, 682; Hoppe, BayVBl. 2002, 129; Steinberg, DVBl. 2010, 137; Schink, DÖV 2011, 905; Numberger, in: Sieder/Zeitler/Wiget, Bayerisches Straßen- und Wegegesetz, Art. 35 Rn. 20b.

344 Numberger, in: Sieder/Zeitler/Wiget, Bayerisches Straßen- und Wegegesetz, Art. 35 Rn. 20c.

tur soll der Ausbau des vorhandenen Straßennetzes bevorzugt vor dem Neubau erfolgen.[345]

d) § 10 Abs. 1 S. 2, Abs. 3 BNatSchG: Landschaftsplanung

224 In § 10 Abs. 1 S. 2 BNatSchG findet das Verhältnis von Raumordnung und Landschaftsplanung in zweierlei Hinsicht Beachtung. In erster Linie sind Ziele und Grundsätze der Raumordnung im Landschaftsprogramm und im Landschaftsrahmenplan zu beachten und berücksichtigen. In der Abwägung des § 7 Abs. 2 ROG sind wiederum die raumbedeutsamen Ziele, Erfordernisse und Maßnahmen des Naturschutzes und der Landschaftspflege zu berücksichtigen, § 10 Abs. 3 BNatSchG.[346] Es handelt sich bei § 10 Abs. 1 S. 2 BNatSchG um eine Raumordnungsklausel, welche das Problem perpetuiert, dass die überörtliche Landschaftsplanung keine substantiell neuen Planungskonzeptionen entwickeln kann, wenn sie an die zielförmigen Inhalte einer ihr vorgegeben Raumordnungsplanung strikt gebunden ist.

e) § 50 BImSchG: Immissionsschutz; Erhaltung der bestmöglichen Luftqualität

225 Nach der Raumordnungsklausel des § 47 Abs. 3 S. 2 BImSchG sind bei der Aufstellung eines Luftreinhalteplans die Ziele der Raumordnung zu beachten und die Grundsätze und sonstigen Erfordernisse der Raumordnung zu berücksichtigen. Ein solcher Plan kann beim Vorliegen von Anhaltspunkten für die Überschreitung von festgelegten Immissionswerten aufgestellt werden. Entsprechendes gilt, wenn in einem „Untersuchungsgebiet“ nach § 44 Abs. 2 sonstige schädliche Umwelteinwirkungen zu besorgen sind. Nach § 47d Abs. 6 BImSchG gilt diese Raumordnungsklausel für die Aufstellung von Lärmaktionsplänen entsprechend. Damit muss bei der Aufstellung und Überarbeitung von Raumordnungsplänen, aber auch bei der Auslegung der festgelegten Ziele und Grundsätze zum einen die Zielsetzung der Umgebungslärm-Richtlinie beachtet werden, zum anderen gegebenenfalls auch ein Lärmaktionsplan, soweit er auf die Raumordnung Bezug nimmt. Da in Raumordnungsplänen insbesondere Verkehrsinfrastrukturen aufgenommen sind, ist die Raumordnung eine Grundlage für Hauptlärmquellen im Sinne des Lärmaktionsplanungsrechts. Insofern könnten entsprechende Festlegungen etwa für die Festsetzung oder den Schutz ruhiger Gebiete relevant werden.

226 Die zentrale Planungsnorm im BImSchG ist § 50 BImSchG. Sie findet sowohl bei raumordnungsrechtlichen und städtebaulichen Gesamtplanungen als auch

345 Vgl. LEP Bayern vom 22. 8. 2013, GVBl., S. 550.
346 Kleve, in: BeckOK Umweltrecht, BNatSchG, § 10 Rn. 13.

bei Fachplanungen Anwendung. Sie kann die Zulassung raumbedeutsamer Vorhaben im Einzelfall steuern. Sie gilt vor allem für die Erstellung von Plänen der Raumordnung und der Bauleitplanung, für Planfeststellungen sowie für die Zulassung raumbedeutsamer Vorhaben. Sie tritt zu den einschlägigen Vorschriften des Raumordnungsrechts ergänzend hinzu und verschärft deren Anforderungen hinsichtlich Immissions- und Störfallschutz.[347]

f) § 15 Abs. 2 S. 2 Nr. 5 KrWG, § 30 Abs. 5 KrWG: Abfallbeseitigung und -wirtschaftsplanung

227 Nach § 15 Abs. 2 S. 1 KrWG sind Abfälle so zu beseitigen, dass das Wohl der Allgemeinheit nicht beeinträchtigt wird. Es handelt sich um eine Vorgabe für eine umweltgerechte Abfallbeseitigung, welche eine Grundpflicht der Abfallbeseitigung darstellt. Diese wird durch § 16 KrWG weiter konkretisiert. Eine Gemeinwohlbeeinträchtigung liegt vor, wenn im konkreten Einzelfall die Voraussetzungen eines Regelbeispiels erfüllt sind. Allerdings ist die Aufzählung in § 15 Abs. 2 KrWG nicht abschließend. Nach § 15 Abs. 2 S. 2 Nr. 5 KrWG liegt eine Umweltbeeinträchtigung insbesondere dann vor, wenn Ziele, Grundsätze oder sonstige Erfordernisse der Raumordnung missachtet wurden.

228 Die Belange der Raumordnung spielen im Abfallrecht vor allem bei der Abfallwirtschaftsplanung und im Planfeststellungsverfahren eine Rolle.[348] Zum einen sind bei der Aufstellung von Abfallwirtschaftsplänen die Teile der Raumordnung zu beachten, Grundsätze und sonstige Erfordernisse der Raumordnung zu berücksichtigen. Zum anderen soll die Abfallwirtschaftsplanung an der Durchsetzungskraft der Raumordnung teilhaben. Daher sollen die Festlegungen der Abfallwirtschaftspläne in die Raumordnungspläne aufgenommen werden, so dass sie als Ziele oder Grundsätze der Raumordnung von anderen Planungs- und Vorhabenträgern beachtet bzw. berücksichtigt werden müssen.[349]

229 Bei § 30 Abs. 5 KrWG handelt es sich um eine fachgesetzliche Raumordnungsklausel und regelt das Zusammenwirken zwischen Abfallwirtschaftsplanung und Raumordnung.[350] Abfallwirtschaftspläne sind der Fachplanung zuzuordnen, so dass sie auf die Gesamtplanung, und insbesondere die Raumplanung, abzustimmen sind.[351] Gem. § 30 Abs. 5 S. 1 Hs. 1 KrWG sind daher die Ziele der Raumordnung zu beachten, so dass sie auch im Rahmen der planerischen Ab-

347 Jarass, BImSchG, § 50 Rn. 2.
348 Beckmann in: Landmann/Rohmer, Umweltrecht, KrWG § 15 Rn. 70.
349 Beckmann in: Landmann/Rohmer, Umweltrecht, KrWG § 30 Rn. 89.
350 Kropp, in: BeckOK Umweltrecht, KrWG § 30 Rn. 56; Kleve, in: Schink/Versteyl, KrWG, § 30 Rn. 52.
351 Zum Verhältnis von Gesamtplanung und Fachplanungen Erbguth, in: Jarass/Petersen, KrWG, § 30Rn. 3 ff.; Lau, in: Kopp-Assenmacher, KrWG, 2014, § 30 Rn. 42; ,

wägung bei der Aufstellung von Abfallwirtschafsplänen nicht überwindbar sind. Ein Abfallwirtschaftsplan, welcher im Widerspruch zu einem Ziel der Raumordnung steht, ist nichtig.[352] Grundsätze und sonstige Erfordernisse der Raumordnung sind gem. § 30 Abs. 5 S. 1 Hs. 2 KrWG zu berücksichtigen und damit im Rahmen einer ordnungsgemäßen Abwägung überwindbar.[353] § 7 Abs. 4 ROG bleibt nach § 30 Abs. 5 S. 2 KrWG unberührt. Hierdurch wird angeordnet, dass die raumbedeutsamen Erfordernisse und Maßnahmen der Abfallwirtschaftspläne im Gegenzug auch in die Raumordnungspläne aufgenommen werden sollen. Demzufolge ist eine wechselseitige Abstimmung erforderlich.[354]

230 Die Ziele, Grundsätze und sonstigen Erfordernisse der Raumordnung sind unabhängig von der Abfallwirtschaftsplanung auch bei der abfallrechtlichen Planfeststellung und Plangenehmigung von Bedeutung, § 4 ROG. Nach § 36 Abs. 1 Nr. 1 lit. a KrWG i.V.m. § 15 Abs. 2 S. 2 Nr. 5 KrWG darf ein Planfeststellungsbeschluss oder eine Plangenehmigung nur erteilt werden, wenn die Ziele der Raumordnung beachtet und die Grundsätze und sonstigen Erfordernisse der Raumordnung berücksichtigt werden.

g) Art. 28 BayEUG: Errichtung und Betrieb von Schulen

231 Bei Art. 28 BayEUG handelt es sich um eine fachgesetzliche Raumordnungsklausel. Demnach sind bei der Errichtung öffentlicher Schulen die Ziele der Raumordnung zu beachten sowie die Grundsätze und sonstigen Erfordernisse der Raumordnung zu berücksichtigen.

Beispiel: Die zuständige Schulaufsichtsbehörde hat bei der Errichtung einer kommunalen Schule sowohl die Einhaltung der Festschreibungen im Landesentwicklungsprogramm (Art. 13 BayLPlG) und der Regionalpläne (Art. 17 BayLPlG, Art. 28 S. 2 BayEUG) zu beachten. Sinn und Zweck dieser Raumordnungsklausel ist vor allem die Schaffung eines ausgewogenen Netzes der Schulversorgung und die Bedeutung von öffentlichen Schulen für den Zentralitätscharakter von Orten, um einem „Ausbluten“ der Bevölkerung durch Wegzug entgegenzuwirken.

Entsprechende Regelungen enthalten § 145 Abs. 4 S. 2 HessSchulG, § 91 Abs. 4 S. 2 SchulG Rh.-Pf.; § 146 Abs. 4 S. 2 HessSchulG, § 23a Abs. 1 S. 3 SächsSchulG, § 41Abs. 3 S. 3 ThürSchulG;, § 107 Abs. 4 S. 2 SchulG M.-V.; § 102 Abs. 1 S. 3 BbgSchulG. Eine abgeschwächte Regelung enthält § § 22 Abs. 6 SchulG LSA.

Keine entsprechenden Regelungen finden sich in den betroffenen Flächenstaaten Baden-Württemberg (auch nicht im thematisch einschlägigen § 30c SchulG

352 Hoppe/Beckmann, Planfeststellung und Plangenehmigung im Abfallrecht, S. 53; Beckmann in: Landmann/Rohmer, Umweltrecht, KrWG § 30 Rn. 90.
353 Beckmann in: Landmann/Rohmer, Umweltrecht, KrWG § 30 Rn. 91.
354 Kropp, in: BeckOK Umweltrecht, KrWG § 30 Rn. 57.

BW), in Niedersachsen, in Nordrhein-Westfalen, Schleswig-Holstein, sowie in den Stadtstaaten Berlin, Bremen und Hamburg,

II. Bindung der kommunalen Ebene

Im Unterschied zur Fachplanung ist für die Raumordnung deren Überörtlichkeit und Überfachlichkeit charakteristisch. Den einzelnen Fachrechten und vor allem auch speziell den Fachplanungen wurde eine relative Eigenständigkeit durch die Kompetenzordnung eingeräumt. Die eigentliche Fachaufgabe wird vom Fachrecht als deren Hausgut verstanden, obwohl es sich eigentlich um Querschnittsaufgaben handelt und somit auch in andere Bereiche hineinwirkt. Aufgabe des Fachrechts ist es dabei, die jeweiligen fachlichen Interessen zu bedienen, jedoch auch Bereiche anderer Fachrechte einzubeziehen. Der Raumordnung komm eine ausgleichende Funktion zu. Sie soll die verschiedenen Fachrechte und deren Sichtweisen zusammenfassen und in einer Querschnittsfunktion bündeln. Deswegen wurde die Raumordnung durch den Gesetzgeber mit einer überfachlichen Kompetenz ausgestattet. **232**

Beispiel: Verkehrswegeplanung für Infrastrukturvorhaben als Teil des Straßenrechts, des Eisenbahnrechts oder des Wasserwegerechts.

1. Vorrang von Fachplanungen (§ 38 BauGB)

a) Privilegierte Fachplanung und Bauleitplanung

Fachplanungsprivileg: **233**

- Abschwächung der zwingenden Anforderungen der §§ 30 ff. BauGB zu abwägungserheblichen Belangen
- gemeindliches Einvernehmens nach § 36 Abs. 1 S. 1 BauGB entfällt

In § 38 BauGB ist der Vorrang der privilegierten Fachplanung vor der (örtlichen) Bauleitplanung geregelt, sog. „Fachplanungsprivileg“.[355]

Planfeststellung:

Ein Planfeststellungsbescheid stellt die Zulässigkeit eines Vorhabens hinsichtlich aller maßgeblichen öffentlich-rechtlichen Vorschriften fest. Andere behördliche Zulassungsentscheidungen (z.B. Baugenehmigung) sind nicht erforderlich, § 75 Abs. 1 S. 1 und 2 VwVfG.

→ **formelle Konzentrationswirkung**

Entsprechendes gilt für die Plangenehmigung, § 74 Abs. 6 S. 2 VwVfG.

Es handelt sich um eine Kollisionsregelung, welche das Verhältnis zwischen (örtlicher) Bauleitplanung und überörtlicher (objektbezogener) Fachplanung re-

355 Kraft, in: BeckOK BauGB, § 38 Rn. 4.

gelt.[356] Gem. § 38 S. 1 Hs. 1 BauGB sind die §§ 29 bis 37 BauGB auf Planfeststellungen für Vorhaben von überörtlicher Bedeutung nicht anzuwenden, wenn die Gemeinde im Verfahren beteiligt wird. Dies gilt auch für Festsetzungen eines Bebauungsplans, die dem Zweck der Privilegierung von Fachplanungsvorhaben und Abfallbeseitigungsanlagen durch § 38 BauGB zuwiderlaufen. Diese Festsetzungen werden von der Rechtswirkung einer bestandskräftigen und sofort vollziehbaren Planfeststellung bzw. anderen Zulassungsentscheidung i.S.d. § 38 BauGB überlagert.

234 **Materielle Konzentrationswirkung:**

Andere Prüfungsverfahren werden vollständig ersetzt.

Gem. § 38 S. 1 Hs. 1 BauGB sind die §§ 29 ff BauGB nicht anzuwenden, wenn die Gemeinde beteiligt wird. Sie sind daher nicht Prüfungsmaßstab in dem Planfeststellungsverfahren.

Eine formelle Konzentrationswirkung hat grundsätzlich keine materielle Konzentrationswirkung zur Folge.

Gem. § 38 S. 1 Hs. 2 BauGB sind die städtebaulichen Belange nur bei der Planfeststellung zu berücksichtigen. Hieraus folgt, dass städtebauliche Probleme von der planfeststellenden Behörde als abwägungserhebliche Belange sachgerecht bewältigt werden müssen.[357] Bei der Planfeststellung durch den Fachplaner kommen den §§ 30 ff. BauGB in der Regel im Abwägungsvorgang nur noch die Funktion von **Orientierungshilfen** zu; sie sind jedoch keine zwingenden Versagensgründe. Der nach § 38 BauGB privilegierten Fachplanung kommt folglich eine sog. **materielle Konzentrationswirkung** zu. Bei der fachplanerischen Abwägung sind die städtebaulichen Belange zu berücksichtigen, können jedoch überwunden werden.[358]

Allerdings gilt dies nur für Vorhaben mit überörtlicher Bedeutung. Im Umkehrschluss ist für Planfeststellungen für Vorhaben mit lediglich örtlicher Bedeutung das Bauplanungsrecht vollinhaltlich anzuwenden. Dabei kann die Gemeinde die Fläche und die städtebauliche Einbindung durch Festsetzungen im Bebauungsplan bestimmen. Zwar bleibt die Entscheidung hinsichtlich des „Ob“ und „Wie“ beim Fachplaner, jedoch müssen bei der Planfeststellung die städtebaulichen Zulässigkeitsvorschriften beachtet werden. Folglich stellen widersprechende Festsetzungen im Bebauungsplan gegen ein Vorhaben mit nur örtlicher Bedeutung zwingende Versagungsgründe dar.[359]

---

356 König, Baurecht, Rn. 629.

357 Spiecker, Raumordnung und Private, S. 199.

358 König, Baurecht, Rn. 630; Kraft, in: BeckOK BauGB, § 38.

359 Bay.v..12.1991 – 11 B 91.2603 = NVwZ 1991, 391; Spiecker, Raumordnung und Private, S. 200.

Einerseits folgt hieraus, dass die kommunale Bauleitplanung bestehende Ergebnisse der überörtlichen Planung als Vorgaben hinzunehmen hat, andererseits, dass sich die überörtliche Fachplanung über bereits bestehende, widersprechende Ziele der Bauleitplanung hinwegsetzen darf, wenn dies aus Sicht der Fachplanung nach Abwägung mit den von ihnen verfolgten Zielen erforderlich sein soll.

Die Landes- und Regionalplanung legt die Vorgaben auf überörtlicher Ebene 235
fest. Die Kommunen hingegen nehmen die Aufgabe der örtlichen Planung wahr, wobei sie an die Vorgaben der Landes- und Regionalplanung gebunden sind. Aus der Selbstverwaltungsgarantie aus Art. 28 Abs. 2 GG ergibt sich die kommunale Planungshoheit. Diese umfasst das Recht auf Planung und Regelung der Bodennutzung im Gemeindegebiet. Hiervon ist auch die Möglichkeit umfasst, jederzeit unbeplante Flächen zu überplanen. Probleme können dabei sowohl bei der Zulassung des Fachvorhabens (Perspektive des Fachplaners), als auch danach (Perspektive der Bauleitplanung und der Bauaufsicht) auf verschiedenen Ebenen auftreten.

Die Vorschrift des § 38 BauGB findet sowohl bei privat- als auch bei gemein- 236
nützigen Planfeststellungen Anwendung. Sinn und Zweck des § 38 BauGB ist es, der Gemeinde die nach dem BauGB mögliche gesamträumliche materielle Planungskompetenz nur zu nehmen, wenn eine Planung entwickelt werden muss, welche die städtebauliche Steuerungsfunktion der Gemeinde angesichts überörtlicher und damit raumbedeutsamer Bezüge voraussichtlich überfordert. Dies ist jedenfalls dann der Fall, wenn ein Vorhaben einen Koordinierungsbedarf im Hinblick auf die Belange anderer Planungsträger mit überörtlicher Zielsetzung auslöse, den zu bewältigen die planerische Kraft der einzelnen Gemeinde mutmaßliche übersteige. Der Fachplanung kommt dabei gegenüber anderer Planung eine starke Stellung zu, vgl. § 38 BauGB.[360]

b) Fachplanung und Raumordnung

Raumordnung und Fachplanung stehen vielfach in einer wechselseitigen Bezie- 237
hung. Im Verhältnis zur überfachlichen Raumordnung bringt der Gesetzgeber die Stellung der Fachplanung in § 4 Abs. 1 S. 1 Nr. 1 ROG zum Ausdruck. Die Träger der Bundes- und Landesfachplanung sind demnach verpflichtet, die Grundsätze und Erfordernisse der Raumordnung zu berücksichtigen, sowie die Ziele der Raumordnung zu beachten. Allerdings können sich die Träger der Bundesfachplanung gem. § 5 ROG aus dieser Bindungswirkung lösen.[361] Um die insofern schwächere Fachplanung nicht leer laufen zu lassen, muss ihr

360 Vgl. Steiner, in: Steiner/Brinktrine, BesVwR, § 5 Rn. 71.
361 Steiner, in: Steiner/Brinktrine, BesVwR, § 5 Rn. 71.

die Raumordnung einen ausreichenden Gestaltungsspielraum belassen.[362] Die Raumordnung hat sich dabei auf die Fragen der konkurrierenden Raumnutzung- und Raumfunktion zu konzentrieren, während hingegen die Fachplanung sich mit den darunter befindlichen Fachfragen (Bspw. Fragen des CO_2-Ausstoßes oder von Lärmemissionen) beschäftigt. Letztlich wirken sie bei der Zulassung eines Vorhabens arbeitsteilig zusammen. Die Raumordnung legt bei raumbedeutsamen Vorhaben den Standort und der Trasse fest, so dass es der Fachplanung im Rahmen der Planfeststellung verwehrt ist, eine eigene Standortabwägung durchzuführen und sich über die Festlegungen der Raumordnung hinwegzusetzen. Jedoch kann sie Einzelheiten der Außenverbindlichkeit und Außenkoordination der Planung regeln.[363]

2. Bindung der kommunalen Bauleitplanung

a) Das Anpassungsgebot in der Bauleitplanung (§ 1 Abs. 4 BauGB)

238 Nach § 1 Abs. 4 BauGB sind Kommunen dazu verpflichtet, ihre Bauleitpläne[364] an die Ziele der Raumordnung anzupassen. Sofern Bauleitpläne mit den Zielen der Raumordnung nicht übereinstimmen, sind sie zur Anpassung verpflichtet. Eine Unterscheidung zwischen raumbedeutsamen und nicht raumbedeutsamen Plänen sieht das Gesetz nicht vor, so dass die Anpassungspflicht grundsätzlich für jeden Bauleitplan gilt. Voraussetzung für die Anpassungspflicht ist jedoch die Rechtswirksamkeit der entsprechenden Zielfestlegung.[365]

239 Sofern die Gemeinde die Festsetzung eines Ziels der Raumordnung für rechtswidrig hält, hat sie dieses dennoch im Planaufstellungsverfahren zu beachten, da ihr keine Verwerfungskompetenz zukommt. Nach § 11 Abs. 5 S. 1 Nr. 1 ROG und gegebenenfalls weiteren landesrechtlichen Vorschriften besteht jedoch die Möglichkeit binnen eines Jahres schriftlich die Rechtswidrigkeit des Raumordnungsplanes zu rügen. Andernfalls besteht für die Gemeinde die Möglichkeit im Rahmen einer Verpflichtungsklage auf Erteilung der Genehmigung des Flächennutzungsplanes nach § 6 Abs. 1 BauGB eine gerichtliche Entscheidung über die von ihr geltend gemachte Rechtswidrigkeit des Zieles der Raumordnung herbeizuführen.[366]

Beispiel: Festlegung eines Vorranggebiets für raumbedeutsame Windkraftanlagen mit Ausschlusswirkung nach § 35 Abs. 3 S. 3 BauGB

---

362 BVerwGE 125, (134); Schink, DÖV 2011, 905 (907); Haug, Öffentliches Recht im Überblick, Rn. 1093.
363 Schink, DÖV 2011, 905 (915).
364 Bauleitpläne sind Flächennutzungs- und Bebauungspläne.
365 Dirnberger, in: BeckOK, BauGB, § 1 Rn. 60; König, Baurecht, Rn. 80.
366 Schrödter, ZfBR 2013, 535 f.

Folge: Gemeinde darf außerhalb dieses Gebietes weder im Flächennutzungsplan raumbedeutsame Windkraftanlagen zulassen noch im Bebauungsplan Festsetzungen zugunsten raumbedeutsamer Windkraftanlagen oder zum Repowering dieser Anlagen nach § 249 Abs. 2 BauGB treffen.

Die Gemeinde kann jedoch nach § 6 Abs. 1 ROG auf Grundlage einer Ausnahme oder durch eine Zielabweichung nach § 6 Abs. 2 ROG von den Zielen der Raumordnung abweichen. Praktisch haben diese Möglichkeiten derzeit geringe Bedeutung.[367]

b) Anpassungspflicht bei Änderung und Aufhebung von Plänen

Zweifellos besteht eine Anpassungspflicht nach § 1 Abs. 4 BauGB dann, wenn **240** das Ziel der Raumordnung im Zeitpunkt der Erstellung, Änderung, Ergänzung oder Aufhebung des Planes rechtswirksam vorhanden ist. Die Anpassungspflicht wird dabei gem. §§ 6, 10 Abs. 2 i.V.m. § 1 Abs. 4 BauGB oder mithilfe eines kommunalaufsichtlichen Verfahrens durchgesetzt. Zudem besteht für die Raumordnungsbehörde die Möglichkeit, nach § 12 ROG die Planung zu untersagen. Sofern die Festsetzungen eines Bauleitplans dem fraglichen Ziel der Raumordnung sachlich widersprechen, ist der Plan nichtig. Die Vorschriften über die Planerhaltung nach §§ 214 ff. BauGB finden keine Anwendung. Maßgeblicher Zeitpunkt ist dabei die Bekanntmachung des Bauleitplans.[368]

Beachte: Ziel der Raumordnung existiert im Zeitpunkt der Erstellung, Änderung, Ergänzung oder Aufhebung des Planes → Anpassungspflicht der Kommune nach § 1 Abs. 4 BauGB.

c) Anpassungspflicht und -gebot bei bestehenden Plänen

Aus § 1 Abs. 4 BauGB folgt, dass durch die nachträgliche Zielfestlegung ein Bauleit- **241** plan nicht *ipso iure* nichtig wird. Vielmehr ist dieser an ein entgegenstehendes, nachträglich rechtswirksam gewordenes, Ziel der Raumordnung anzupassen.[369] Dies ergibt sich aus der Struktur der Gesamtplanung. Ziele der Raumordnung entfalten unmittelbar keine bodenrechtliche Wirkung. Im aufsichtlichen Verfahren kann diese Anpassungspflicht erzwungen werden. In einigen Landesgesetzen finden sich Spezialregelungen hinsichtlich der Anpassungspflicht mit besonderen Zuständigkeiten (Anpassungsgebot). Zu nennen sind etwa § 21 Abs. 1 LPlG B.-W., Art. 33 BayLPlG, § 17 NdsROG oder § 21 LPlG NRW, § 23 Abs. 1 LPlG Rh.-Pf.

Allerdings darf ein Bebauungsplan nicht bekannt gemacht werden, wenn nach der Beschlussfassung ein dem Bebauungsplan widersprechendes Ziel rechts-

367 Schrödter, ZfBR 2013, 535.

368 Steiner, in: Steiner/Brinktrine, BVwR, § 5 Rn. 61; König, Baurecht, Rn. 83.

369 OVG Mecklenburg-Vorpommern, U.v..2008 – 3 L 281/03 = BauR 2009, 1399 (1404); BVerwG, U.v. .2007 – 4 BN 8.07 = BRS 71, Nr. 29; Beckmann in: HBöffBauR, Bd. 3, N Rn. 123.

wirksam wird, welches eine Anpassungspflicht begründet.[370] Maßgeblicher Zeitpunkt für die Beurteilung ist damit der des Inkrafttretens des Bauleitplanes.[371] Soll ein Plan an ein Ziel der Raumordnung angepasst werden nach § 1 Abs. 4 BauGB, so gilt § 8 Abs. 2 BauGB (Entwicklungsgebot) nicht, wenn die Darstellungen des Flächennutzungsplanes dem (neuen) Ziel der Raumordnung widersprechen.[372]

Beachte: Erlangt ein Ziel der Raumordnung zeitlich später Rechtsgeltung als die Bauleitpläne, hat die Gemeinde diese anzupassen (§ 1 Abs. 4 BauGB). Solange dies allerdings nicht geschehen ist, sind für die Zulässigkeit eines Bauvorhabens ausschließlich die Bauleitpläne entscheidend. Es gibt also keinen unmittelbaren „Durchgriff" des Raumordnungsrechts.

242 Im Geltungsbereich eines Bebauungsplanes nach § 30 BauGB ist eine raumbedeutsame Windkraftanlage demnach zu genehmigen, wenn das Vorhaben den Festsetzungen des Bebauungsplanes entspricht, die Erschließung gesichert ist und sonstige Voraussetzungen (beispielsweise nach dem Immissionsschutzrecht) erfüllt sind. Dem steht auch ein nachträglich festgelegtes entgegenstehendes Ziel der Raumordnung nicht entgegen, es sei denn, die Raumordnungsbehörde hat die Anpassungspflicht aus § 1 Abs. 4 BauGB beispielsweise im Wege der Kommunalaufsicht durchgesetzt.[373]

Im Rahmen einer Normenkontrolle nach § 47Abs. 1 Nr. 1 VwGO ist ein Bebauungsplan jedoch gem. § 47 Abs. 5 S. 2 VwGO für unwirksam zu erklären, wenn er im Zeitpunkt der gerichtlichen Kontrolle einem Ziel der Raumordnung widerspricht. Das Vorhaben ist dann ex ante nach § 34 oder § 35 BauGB zu beurteilen.

243 Ähnlich sind die Auswirkungen auf Flächennutzungspläne. Eine Ausnahme enthält § 35 Abs. 3 Satz 3 BauGB für die Auswesung sog. Konzentrationsflächen

Beispiel: Ein Flächennutzungsplan der Gemeinde weist keine Konzentrationsfläche für raumbedeutsame Windkraftanlagen i.S. § 35 Abs. 3 Satz 3 BauGB aus. Wird nun in einem Regionalplan ein Vorranggebiet für raumbedeutsame Windkraftanlagen für einen Teil des Gemeindegebiets festgelegt, wirkt dies, als wäre bereits beim Flächennutzungsplan eine entsprechende Ausweisung erfolgt. Eine abweichende Festlegung durch den Flächennutzungsplan ist dann nicht mehr möglich

Aus dem Flächennutzungsplan folgen grundsätzlich „Baurechte". Diese stehen sodann im Widerspruch zu den nachträglich festgesetzten Zielen der Raumordnung nach § 35 Abs. 3 S. 2 BauGB. Nach der Rechtsprechung des BVerwG findet die Normenkontrolle nach § 47 Abs. 1 Nr. 1 VwGO auf Flächennutzungs-

370 BVerwGB.v. .2007 – 4 BN 8.07 = ZfBR 2007, 576; Beckmann, in: HBöffBauR, Bd. 3, N Rn. 123.
371 Schrödter, ZfBR 2013, 535.
372 BVerwG, B.v. .2003- 4 CN.01 = BRS 66, Nr. 9; Schrödter, ZfBR 2013, 535 (536).
373 Schrödter, ZfBR 2013, 535 (542).

pläne mit Darstellungen mit den Wirkungen des § 35 Abs. 3 S. 3 BauGB analoge Anwendung. Dies folge daraus, dass der Flächennutzungsplan im Anwendungsbereich des § 35 Abs. 3 S. 3 BauGB eine dem Bebauungsplan vergleichbare Funktion erfülle.[374] Allerdings folgt hieraus keine vollkommene Gleichstellung des Flächennutzungsplanes mit einem Bebauungsplan. Vielmehr sollte durch die analoge Anwendung des § 47 Abs. 1 Nr. 1 VwGO eine unter Rechtsschutzgesichtspunkten bestehende planwidrige Regelungslücke geschlossen werden. Daher erscheint es vorzugswürdig, einen Flächennutzungsplan mit Darstellungen nach § 35 Abs. 3 S. 3 BauGB nicht bedingungslos wie einen Bebauungsplan zu behandeln und die raumbedeutsame Windkraftanlage im Vorranggebiet von der Bindung an die nachträglich festgesetzten rechtmäßigen Ziele der Raumordnung freizustellen.

Ohne eine gesicherte Rechtsprechung hat die zuständige Genehmigungsbehörde daher in einem solchen Fall zu entscheiden, ob der Flächennutzungsplan bereits wie ein Bebauungsplan wirkt und die Genehmigung erteilt werden muss oder ob der Raumordnungsplan vorrangig ist und die Genehmigung für Windkraftanlagen im Geltungsbereich des Flächennutzungsplans daher abzulehnen ist.[375]

d) Erstplanungspflicht der Gemeinden nach § 1 Abs. 3 BauGB?

Lange Zeit war es umstritten, ob aus § 1 Abs. 4 BauGB eine **Erstplanungspflicht** der Kommunen folgt. In der Entscheidung „Gewerbepark Mühlheim-Kärlich“ hat das Bundesverwaltungsgericht dies nun abschließend geklärt. Es spricht sich für eine Erstplanungspflicht aus und begründet dies mit der Grundstruktur des mehrstufigen und auf Kooperation angelegten Systems der räumlichen Gesamtplanung.[376] Aus § 1 Abs. 3 BauGB ergibt sich die Pflicht der Gemeinden Bauleitpläne aufzustellen, sofern dies für die städtebauliche Entwicklung und Ordnung erforderlich ist. Diese Wertung ist im Rahmen des der Gemeinde eingeräumten Planungsermessens zu berücksichtigen. § 1 Abs. 3 BauGB ist eng mit § 1 Abs. 1 und § 2 Abs. 1 BauGB verbunden. Vom Planungsermessen der Gemeinde sind das „Ob“, das „Wie“ und das „Wann“ planerischer Gestaltung erfasst. Damit steht es grundsätzlich im Ermessen der Gemeinde, ob sie einen Bauleitplan aufstellt, ändert oder aufhebt. Des Weiteren darf sich eine Gemeinde auf die §§ 34, 35 BauGB verlassen, welche zur Steuerung der städtebaulichen Entwicklung in Teilbereichen ihres Gebietes ausreichen. 244

374 BVerwG, E.v. 26.4.2007 – 4 CN 3.06 = ZfBR 2007, 271 = BRS 71 Nr. 33.
375 Schrödter, ZfBR 2013, 535 (542 f.).
376 Koch/Hendler, Baurecht, Raumordnungs- und Landesplanungsrecht, § 13 Rn. 15.

245 § 1 Abs. 3 BauGB enthält jedoch den Vorbehalt der „Erforderlichkeit". Einerseits verpflichtet § 1 Abs. 3 BauGB zur Aufstellung eines Bebauungsplans, wenn und soweit dies aus städtebaulichen Gründen erforderlich ist. Folglich kann sich das Planungsermessen zu einer Planungspflicht aus objektiv-rechtlichen Gründen verdichten. Dies gilt sowohl bei einer erstmaligen Planung sowie der Änderung oder Aufhebung eines bestehenden Planes. Andererseits wird durch die „städtebauliche Erforderlichkeit" dem Planungsermessen eine inhaltliche Schranke gesetzt.

Beachte: Sie: § 1 Abs. 3 BauGB enthält sowohl das Gebot erforderlicher Planung als auch das Verbot nicht erforderlicher Planung.

In § 1 Abs. 1 BauGB findet sich die Wertung des Gesetzgebers wieder, die davon ausgeht, dass die städtebauliche Entwicklung durch die Planung gelenkt und geordnet werden muss und nicht abhängig von Einzelentscheidungen nach §§ 34, 35 BauGB. Zwar finden §§ 34, 35 BauGB Anwendung, wenn kein Bebauungsplan vorhanden ist, sie ersetzen diesen jedoch nicht vollwertig.

246 Der Erstplanungspflicht steht auch nicht die kommunale Selbstverwaltungsgarantie aus Art. 28 Abs. 2 GG entgegen. Bei der Bauleitplanung handelt es sich um eine öffentliche Aufgabe, die der Gemeinde anvertraut ist. Diese hat die Gemeinde nach Maßgabe des BauGB im Interesse der städtebaulichen Entwicklung wahrzunehmen.

e) Voraussetzungen der Planungspflicht

247 Bei der Planungspflicht handelt es sich um eine Ausnahme, diese ist daher an bestimmte Voraussetzungen gebunden. Nicht ausreichend ist, dass ein planerisches Einschreiten der städtebaulichen Entwicklung dienen würde. Vielmehr muss ein qualifizierter Planungsbedarf vorliegen. Dies ist dann der Fall, wenn die Genehmigungspraxis auf Grundlage der §§ 34 Abs. 1 und Abs. 2 BauGB städtebauliche Konflikte auslöst oder auszulösen droht, die eine Gesamtkoordination der widerstreitenden öffentlichen und privaten Belange in einem förmlichen Planungsverfahren dringend erfordern. Die Pflicht der Gemeinde, planerisch einzuschreiten besteht also dann, wenn nach ihrer Einschätzung die planersetzende Vorschrift des § 34 BauGB zur Lösung städtebaulicher Konflikte nicht mehr ausreicht. Dies ist jedenfalls dann der Fall, wenn städtebauliche Missstände oder Fehlentwicklungen eingetreten sind oder einzutreten drohen. Anhaltspunkte für das Vorliegen von städtebaulichen Missständen bieten § 136 Abs. 2 und Abs. 3 BauGB.

248 Nach § 1 Abs. 4 BauGB sind Bauleitpläne den Zielen der Raumordnung anzupassen. Einerseits folgt hieraus die Pflicht, bestehende Bauleitpläne an geänderte Ziele der Raumordnung anzupassen oder diese aufzuheben. Andererseits

besteht auch die Verpflichtung zur Erstplanung, sobald und soweit dies zur Verwirklichung der Ziele der Raumordnung erforderlich ist. Dies ist dann der Fall, wenn bei Fortschreiten der „planlosen" städtebaulichen Entwicklung die Verwirklichung der Ziele der Raumordnung auf unüberwindbare (tatsächliche oder rechtliche) Hindernisse stoßen oder wesentlich erschwert würden.

Die gemeindliche Bauleitplanung steht im mehrstufigen Planungssystem auf unterster Ebene und ist der Landes- und Regionalplanung nachgeordnet. Die Raumordnung ist überörtlich, überfachlich und zusammenfassend hinsichtlich Planung und Ordnung des Raumes, § 1 ROG. Um den vielfältigen Nutzungsansprüchen gerecht zu werden, bedarf es einer Abstimmung auf verschiedenen Planungsebenen. Ziele der Raumordnung bedürfen regelmäßig planerischer Umsetzung durch nachgeordnete Planungsträger. Vielfach bietet erst der Bebauungsplan Gewähr für die Durchsetzung des Ziels. Nur wenn die Entwicklung des gemeindlichen Planungsraums, mit der des größeren Raums in Einklang gebracht wird, funktioniert das mehrstufige System der Planung.

Die raumordnerisch bedingte Erstplanungs- und Änderungspflicht der Gemeinde 249
rechtfertigt sich daraus, dass die Ziele der Raumordnung grundsätzlich keine unmittelbare bodenrechtliche Wirkung entfalten.[377]

Ziel des § 1 Abs. 4 BauGB ist eine dauerhafte Übereinstimmung von Landesplanung und Städteplanung. Jedoch funktioniert das arbeitsteilige System der räumlichen Gesamtplanung nur, wenn die Entwicklung des gemeindlichen Raums mit dem größeren Raum in Einklang gebracht werde. Da Ziele der Raumordnung keine unmittelbare bodenrechtliche Wirkung entfalten, können sie nur durch Mitwirkung der Gemeinden Geltung erlangen.[378] Aus Sicht der Raumordnung stellt die Entscheidung der Gemeinde, keinen Bauleitplan aufzustellen, eine negative Planungsentscheidung dar. Diese Entscheidung der Gemeinde ist ebenso zu korrigieren, wie die städtebaulichen Vorstellungen der Gemeinde, die positiv-rechtlich ihren Niederschlag in einem Bebauungsplan gefunden haben, sofern und soweit dies aus raumordnerischen Gründen erforderlich ist. Um eine Planungspflicht nach § 1 Abs. 4 BauGB auszulösen, müssen Ziele der Raumordnung hinreichend bestimmt, jedenfalls bestimmbar, und rechtmäßig sein.

Eine Erstplanungspflicht der Gemeinde soll jedenfalls dann bestehen, wenn bei 250
Voranschreiten einer nur durch §§ 34 f. BauGB gesteuerten „planlosen" städtebaulichen Entwicklung die Verwirklichung eines Ziels der Raumordnung unmöglich oder wesentlich erschwert würde.[379]

---

377 BVerwG, E.v. 02.10.2003 - 1 B 33.03 = NVwZ 2004, 220 (224).

378 BVerwG, E.v. 17.9.2003 – 4 C 14.01 = BVerwGE 119, 25 (38 ff.); Koch/Hendler, Baurecht, Raumordnungs- und Landesplanungsrecht, § 13 Rn. 16.

379 Vgl. OVG Schleswig-Holstein, U.v.04.2013 – 1 LB 7/12 - juris, Rn. 53; König, Baurecht, Rn. 81.

Sofern sich eine Erstplanungspflicht sowohl aus § 1 Abs. 3 als auch aus Abs. 4 BauGB ergibt, stellt sich die Frage des Verhältnisses der beiden Vorschriften zueinander.

Beispiel: Erstplanungspflicht zur Steuerung des großflächigen Einzelhandels in Sondergebieten nach § 11 BauNVO.

Sofern sich die Gemeinde entschließt, einen Bebauungsplan aufzustellen, weil sie dies für die städtebauliche Entwicklung als erforderlich erachtet (§ 1 Abs. 3 BauGB), so hat sie dabei die Ziele der Raumordnung zu beachten, § 1 Abs. 4 BauGB. Somit greifen § 1 Abs. 3 und Abs. 4 BauGB ineinander. Allerdings kann § 1 Abs. 4 BauGB als eigenständige Rechtsgrundlage einer Pflicht zur Erstplanung eines Bauleitplans neben § 1 Abs. 3 BauGB treten, wenn die Gemeinde planungsunwillig ist und ein landesplanerisches Einschreiten nicht nur aus städtebaulichen (bodenrechtlichen) Gründen, sondern auch zur konkretisierenden Umsetzung raumordnungsrechtlicher Zielaussagen erforderlich ist.

Folglich haben die beiden pflichtbegründenden Tatbestände unterschiedliche Zweckrichtungen und können sowohl nebeneinanderstehen oder alleine zur Anwendung kommen.

Beispiel: Gewerbepark Mülheim-Kärlich

Das Stadtgebiet der Klägerin liegt in einem hochverdichteten Ballungsraum, der die Städte Andernach und Neuwied, Koblenz und Lahnstein umfasst. Der umstrittene Gewerbepark liegt an der nordwestlichen Grenze von Koblenz. Die Landesplanung weist den Städten Andernach, Neuwied und Lahnstein die Funktion von Mittelzentren im Grundnetz und der Stadt Koblenz die Funktion eines Oberzentrums zu. Die Klägerin nimmt nach den Festlegungen des regionalen Raumordnungsplans Mittelrhein-Westerwald die Funktion eines Zentrums der Grundversorgung wahr.

Die Ansiedlung von Einzelhandelsbetrieben in dem "Gewerbepark" geschah zunächst auf der Grundlage von zwei Bebauungsplänen, die den Bereich im Wesentlichen als Industrie- und Gewerbegebiet auswiesen. Anfang der neunziger Jahre stellte das Verwaltungsgericht Koblenz im Rahmen einer inzidenten Normenkontrolle u.a. fest, dass einer dieser Bebauungspläne abwägungsfehlerhaft und rechtswidrig sei, weil er die Zentrumsfunktionen der benachbarten Städte Koblenz, Andernach und Neuwied nicht ausreichend berücksichtige. Zuvor hatte es bereits aus diesem Grund Zweifel an der Rechtmäßigkeit des anderen Plans geäußert. Die Bemühungen aller Beteiligten, die dadurch entstandene Situation bauleitplanerisch "zu bereinigen", blieben letztlich erfolglos. Die Klägerin beschloss zwar wiederholt die Aufstellung eines Bebauungsplans für das Gebiet des "Gewerbeparks" sowie den Erlass einer Veränderungssperre. Diese Beschlüsse hob die Klägerin jedoch selbst nach einiger Zeit wieder auf. In den Zeiten, in denen keine Veränderungssperre bestand, wurde die Ansiedlung weiterer, insbesondere großflächiger Einzelhandelsbetriebe auf der Grundlage von § 34 BauGB genehmigt. 1996 beliefen sich die Einzelhandelsverkaufsflächen im "Gewerbepark" auf insgesamt 120.000 qm. Im November 1997 hob die Klägerin den 1996 gefassten Beschluss zur Aufstellung eines Bebauungsplans für den Gewerbepark sowie (wegen verwaltungsgerichtlich festgestellter Mängel) die 1996 beschlossene Veränderungssperre auf. Zu diesem Zeitpunkt lagen Bauanfragen für zwei weitere SB-Warenhäuser (30.600 und 11.000 qm) vor. Außerdem wurden Bauvoranfragen für verschiedene Einzelhandelsprojekte (insgesamt etwa 8.000 qm) sowie für zehn große Verkaufshallen gestellt.

f) Durchsetzung der Anpassungspflicht im Aufsichtsweg

Aus § 1 Abs. 4 BauGB folgt kein unmittelbares Recht der zuständigen Landes- 251
planungsträger, im Einzelfall eine Anpassung bestehender Bauleitpläne an Ziele der Raumordnung durchzusetzen. Es handelt sich vielmehr um eine materielle Anpassungspflicht der Gemeinde. Dennoch stehen den für die Raumordnung zuständigen Stellen gegenüber dem Träger raumbedeutsamer Planung Gebote und Untersagungen zur Verfügung. Auf bundesrechtlicher Ebene findet sich kein Planungsgebot im Raumordnungsgesetz. Allerdings finden sich solche in einigen Planungsgesetzen der Länder.

Beispiele für entsprechende Regelungen sind Art. 33 BayLplG und § 21 LplG BW.

So kann die oberste Landesplanungsbehörde im Einvernehmen mit den betei- 252
ligten Staatsministerien nach Art. 33 BayLplG verlangen, dass die Gemeinden ihre rechtswirksamen Bauleitpläne den Zielen der Raumordnung anpassen. Zwar bezieht sich der Wortlaut der Norm nur auf bereits existierende Bauleitpläne, jedoch ist allgemein anerkannt, dass die Vorschrift auch auf die Verpflichtung zur Erstplanung entsprechend Anwendung findet.[380] Neben den landesrechtlichen Planungsgeboten kann die Anpassungspflicht durch die kommunale Rechtsaufsicht (Art. 108 ff. BayGO) durchgesetzt werden.[381] Die Maßnahmen reichen von einer bloßen Beanstandung bis hin zur Ersatzvornahme.[382]

insofern ; hier kann dic Anpassungspflicht aus § 1 Abs. 4 BauGB lediglich durch 253
Maßnahmen der Kommunalaufsicht (Rechtsaufsicht) gegenüber den Gemeinden durchgesetzt werden, die sich aus dem Kommunalverfassungsrecht der Länder ergeben. Ist ein Bauleitplan bereits bei Inkrafttreten mit einem Ziel der Raumordnung unvereinbar, verstößt er gegen eine höherrangige Norm und ist insofern nichtig. In der Rechtsprechung wurde die Möglichkeit einer kommunalaufsichtlich verfügten Veränderungssperre, welche die Aufhebung eines zielwidrigen Bebauungsplanes sichern sollte, als Ersatzvornahme für zulässig erachtet. Bevor jedoch kommunalaufsichtliche Maßnahmen vorgenommen werden, ist den Gemeinden aus Gründen der Verhältnismäßigkeit ein angemessener Zeitraum zur Erfüllung der Anpassungspflicht einzuräumen. Insbesondere ist ihnen die Möglichkeit zu geben, einen Verstoß gegen das Zielanpassungsgebot nachträglich in einem ergänzenden Verfahren nach § 214 Abs. 4 BauGB zu beheben,

380 König, Baurecht, Rn. 82.
381 König, Baurecht, Rn. 82.
382 Vgl. Gierke, in: Brügelmann, BauGB, § 1 Rn. 447 f. m.w. Bsp.

und der Plan rückwirkend in Kraft treten kann.[383] Weigert sich eine Kommune allerdings auch nach Ablauf einer eingeräumten Frist, kann sie im Wege eines Planungsgebotes zur Einleitung des Verfahrens zur Änderung oder Aufhebung des anzupassenden Planes verpflichtet werden.

254 Das Planungsgebot ist von der Untersagung raumbedeutsamer Planungen und Maßnahmen nach § 12 Abs. 1 ROG durch die Raumordnungsbehörde zu unterscheiden.[384] Eine solche Untersagung ist dann ein wichtiges Instrument, wenn es sich um raumbedeutsame Planung im Selbstverwaltungsbereich handelt, die als solche keiner staatlichen Genehmigung oder Rechtskontrolle bedarf (dazu ausführlich → Rn. 283 ff.). Denkbar ist auch eine teilweise Untersagung, wenn lediglich ein bestimmter räumlicher Teil oder eine inhaltliche Festlegung teilweise gegen Ziele der Raumordnung verstößt, sie aber im Übrigen unberührt lässt. Dies folgt aus dem Verhältnismäßigkeitsgrundsatz. Die Gemeinde muss dann entscheiden, die Planung entweder insgesamt aufzugeben oder die Planung mit den geforderten Maßgaben abzuschließen.

III. Bindungswirkung für Private (z.B. Grundstückseigentümer)

1. Keine unmittelbare Rechtswirkung der Ziele und Grundsätze der Raumordnung

255 Nach § 4 Abs, 1 ROG binden Ziele der Raumordnung grundsätzlich nur öffentliche Stellen, § 4 Abs. 1 ROG, Art. 3 Abs. 1 BayLplG. Auf Personen des Privatrechts erstreckt sich diese Bindungswirkung nur unter den Voraussetzungen des § 4 Abs. 1 Satz 2 ROG. Dies ist dann der Fall, wenn die Person des Privatrechts raumbedeutsame Planungen und Maßnahmen in Wahrnehmung öffentlicher Aufgaben durchführt und öffentliche Stellen mehrheitlich an der Person des Privatrechts beteiligt sind oder alternativ zur Mehrheitsbeteiligung die raumbedeutsame Planung und Maßnahmen Privater überwiegend mit öffentlichen Mitteln finanziert werden. Typischerweise sind dies privatisierte, ehemals öffentliche Einrichtungen wie die Post- und Bahnnachfolger oder Verkehrsverbünde in Form einer Gesellschaft. Der Gesetzgeber leitet die Beachtenspflicht der Erfordernisse der Raumordnung aus der mehrheitlichen staatlichen Beteiligung bzw. staatlichen Finanzierung ab. Im Übrigen haben die Erfordernisse der Raumord-

383 Runkel, in: Ernst/Zinkahn/Bielenberg, BauGB, § 1 Rn. 69.

384 Vgl. Gierke, in: Brügelmann, BauGB, § 1 Rn. 446; Ehlers, in: Ehlers/Fehling/Pünder, BVwR, § 38 Rn. 57 f.

nung keine unmittelbare Bindungswirkung gegenüber Privaten.[385] Es kommt allenfalls eine mittelbare faktische Auswirkung in Betracht.[386]

2. Keine Einwirkung auf konkrete Genehmigungsverfahren

Die Festsetzung von Zielen der Raumordnung haben keine Auswirkung auf lau- **256**
fende Genehmigungsverfahren, sofern diese noch nicht nach § 1 Abs. 4 BauGB umgesetzt sind; zur Durchsetzung muss entweder eine baurechtliche Veränderungssperre (§ 14 BauGB) durch die Gemeinde oder eine Zurückstellung durch die Baugenehmigungsbehörde (§ 15 BauGB) oder eine unbefristete resp. befristete raumordnungsrechtliche Untersagung (§ 12 ROG) durch die zuständige Raumordnungsbehörde erlassen worden sein (vgl. auch -> Rn. 241).

3. Relevanz für § 34 und § 35 BauBG (insb. für „Konzentrationszonen" im Außenbereich nach Abs. 3 S. 3 BauGB)

Im unbeplanten Innenbereich entfalten Ziele der Raumordnung keinerlei rechtli- **257**
che Auswirkungen, geschweige denn Bindungswirkung. Die Zulässigkeit eines Vorhabens richtet sich vielmehr ausschließlich nach der Vereinbarkeit mit einem Gebietstyp nach der BauNVO (§ 34 Abs. 2 BauGB) oder subsidiär danach, ob sich das Vorhaben gemäß § 34 Abs. 1 BauGB in die nähere Umgebung einfügt („statisches Modell").[387] Eine Ausnahme könnte sich nur im Falle eines sog. einfachen Bebauungsplans nach § 30 Abs. 3 BauGB ergeben, der die Anpassung an Ziele der Raumordnung nach § 1 Abs. 4 BauGB verfolgt; in diesem richtet sich die Zulässigkeit von Bauvorhaben zwar ebenfalls nach § 34 BauGB, die Ziele der Raumordnung gelten aber über den angepassten Bebauungsplan.

Raumbedeutsame Vorhaben im Außenbereich dürfen Zielen der Raumordnung nicht widersprechen. Da die öffentlichen Belange bei der Aufstellung von Zielen abschließend abgewogen sind, können sie im Gegenzug den Vorhaben nicht mehr isoliert entgegenstehen. Besonders relevant ist die Ausweisung von sog. Konzentrationszonen für bestimmte Nutzungen nach § 35 Abs. 3 Satz 3 BauGB: In solchen Zonen können öffentliche Belange dem Vorhaben nicht mehr entgegenstehen, während sie an allen anderen Orten die Zulässigkeit ausschließen. Allerdings müssen die Ziele sachlich, räumlich und zeitlich hinreichend konkret

385 Vgl. VerfGH Bayern, U.v. – 55-IX-87 = NVwZ 1988, BVerwG, B.v. .1984 – 4 C 43.81 = NVwZ 1984, 367.

386 VGH Bayern, U.v. .1990 – 22 B 88.3351 = NVwZ 1990, 983 (984); Spannowsky/Runkel in: Spannowsky/Runkel/Goppel, ROG, § 5 Rn. 70, § 7 Rn. 17.

387 BVerwG, DVBl. 1993, 658 ff.

sei, um eine „nachvollziehende Abwägung" zu ermöglichen.[388] Mit diesem Instrument kann die Errichtung von privilegierten Vorhaben wie Windkraftanlagen (-parks) etwa in besonders „windhöffigen" Gebieten gezielt forciert werden, was vor allem im Rahmen der Energiewende von hoher Bedeutung ist.[389]

IV. Abstimmung, Ausnahmen, Abweichungen

1. Abstimmung mit Planungen anderer Länder

258 Planungen eines Bundeslandes und auch Regionalpläne, die an Landesgrenzen stoßen, sind mit den benachbarten Planungsträger abzustimmen. Dieser Gedanke ist in § 14 ROG unter dem Gesichtspunkt der raumordnerischen Zusammenarbeit mitumfasst, findet aber in den Landesplanungsgesetzen z.T. deutliche Konkretisierungen. Der Gedanke entspricht einmal dem Abstimmungsgebot im Bauplanungsrecht (§ 2 Abs. 2 BauGB), ist aber jedenfalls auf Länderebene auch Ausfluss des (ungeschriebenen) Grundsatzes der Bundestreue.

Daraus folgt sowohl die Pflicht zu bundesfreundlichem als auch zum landesfreundlichen Verhalten, insbesondere auch im Verhältnis der Länder zueinander.[390] Die einseitige Schaffung vollendeter Tatsachen („faits accompli") soll damit ausgeschlossen werden.

259 Exemplarisch konkretisiert dies etwa Art. 16 Abs. 3 BayLplG: Danach ist der Entwurf des Regionalplans mindestens einen Monat lang (1.) von den regional betroffenen höheren Landesplanungsbehörden, Landratsämtern und kreisfreien Gemeinden zur Einsicht ausgelegt und (2.) vom zuständigen Regionalen Planungsverband und den höheren Landesplanungsbehörden nach Nr. 1 in das Internet einzustellen.

Mit der Verabschiedung des BayLplG als Vollgesetz wurde dessen Art. 16 Abs. 3 S. 1 neugefasst und sprachlich vereinfacht, entspricht jedoch inhaltlich dem vorherigen Art. 13 Abs. 3 S. 1 BayLplG a.F..[391] Hierdurch sollte vor allem Art. 7 Abs. 1 UA 2 der SUP-Richtlinie umgesetzt werden, wonach zur Unterrichtung der Öffentlichkeit dieser die erforderlichen Informationen zur Verfügung zu stellen sind. Vor allem Themenstellungen, die über die Regionsgrenzen hinausgehen, sind hiernach in wechselseitiger enger Abstimmung mit Planungsverbänden benachbarter Regionen zu regeln.

Beispiel: Als Beispiel sind dafür Hochwasserschutzgebiete oder die zu Beginn erwähnten europäischen Verkehrsachsen zu nennen.

---

388 BVerwG, NVwZ 2002, 476 ff.; OVG Koblenz, U.v. 20.2.2003 – 1A 11406/01.OVG; Kment, BayVBl. 2003, 150 ff.

389 Schrödter, ZfBR 2013, 535.

390 Zur Geltung auch unter den Ländern vgl. Isensee, in: HStR VI, 2008, Rn. 160, 163.

391 https://www.csu.de/common/csu/content/csu/hauptnavigation/partei/parteiarbeit/aku S. 22.

Die Abstimmung bayerischer Raumordnungspläne mit den benachbarten Ländern erfolgt durch Übersendung des Entwurfs des Landesentwicklungsprogramms an die für Raumordnung zuständigen obersten Landesbehörden, bei Regionalplänen an die jeweiligen Träger der Regionalplanung. Hierdurch soll die Öffentlichkeit unter Nutzung moderner Kommunikationsmöglichkeiten, nämlich des Internets, einbezogen werden. Im Gegensatz zu § 15 Abs. 3 S. 4 ROG sieht das bayerische Landesplanungsgesetz die Nutzung des Internets zwingend vor, wohingegen auf Bundesebene die Nutzung elektronische Informationstechnologien lediglich ergänzend genutzt werden sollen. 260

Entsprechendes gilt für die meisten Landesplanungsgesetze.

2. Bindungswirkung für Bundesbehörden (§ 5 ROG iVm Art. 3 Abs. 3 BayLplG)

Grundsätzlich entfalten Ziele der Raumordnung Bindungswirkung, § 4 ROG: Allerdings wird dies in § 5 ROG relativiert. Durch § 5 Abs. 1 und 2 ROG wird die Realisierbarkeit raumbedeutsamer Planungen und Maßnahmen gegenüber entgegenstehender Ziele der Raumordnung gesteigert, indem die Bindungswirkung nur unter bestimmten Voraussetzungen eintritt. Es handelt sich letztlich um eine Sonderbehandlung (Ausnahme zu § 4 ROG) zugunsten raumbedeutsamer Planungen und Maßnahmen des Bundes. 261

Träger einer begünstigten raumbedeutsamen Planung und Maßnahme des Bundes können sein:

- Öffentliche Stellen des Bundes
- Personen des Privatrechts (i.d.R. AG oder GmbH), die im Auftrag des Bundes tätig sind oder für den Bund eine öffentliche Aufgabe durchführen

Für die Länderebene können nur die öffentlichen Stellen der Länder, die für raumbedeutsame Planungen und Maßnahmen zuständig sind, diejenigen Stellen sein, welche die Beschränkung der Bindungswirkung der Ziele der Raumordnung geltend machen können.

Damit die Bindungswirkung eintritt, müssen folgende Voraussetzungen erfüllt sein: 262

I. Ordnungsgemäße Beteiligung der zuständigen Stelle oder Person bei der Planaufstellung nach § 9 ROG
II. Kein (materiell begründeter) Widerspruch innerhalb von zwei Monaten nach Mitteilung des rechtsverbindlichen Ziels

Der nachträgliche Widerspruch führt dazu, dass es der Träger der raumbedeutsamen Planung und Maßnahme im Falle der Veränderung der Sachlage sogar in der Hand hat, die einmal eingetretene Bindungswirkung wieder entfallen zu lassen (§ 5 Abs. 3 ROG). Die Möglichkeit des nachträglichen Widerspruchs nach

§ 5 Abs. 3 ROG ist allerdings zeitlich limitiert; die dafür vorgesehene Frist von 6 Monaten läuft ab dem Zeitpunkt der Kenntnis, dass sich die Sachlage verändert hat.

In § 5 Abs. 1 ROG wird festgelegt, unter welchen formellen Voraussetzungen die Bindungswirkung eines Ziels der Raumordnung für die Planungen und Maßnahmen des Bundes entsteht. § 5 Abs. 2 ROG regelt hingegen einen verwaltungsverfahrensrechtlichen Weg zur Vermeidung eines gerichtlichen Verfahrens zwischen den beteiligten Stellen zur Verfügung (sog. **Konfliktvermeidungsverfahren**). Hierdurch werden andere Rechtsschutzmöglichkeiten jedoch nicht tangiert. Damit die Bindungswirkung entfällt, muss der Widerspruch materiell begründet sein. Durch den Widerspruch wird zunächst nur die Überprüfung des Ziels der Raumordnung in Gang gesetzt. Der Widerspruch ist materiell begründet, wenn das ihre Belange berührende Ziel der Raumordnung auf einer fehlerhaften Abwägung beruht oder sie ihre raumbedeutsamen Planungen und Maßnahmen nicht auf anderen geeigneten Flächen durchführen kann als auf denen, für die ein entgegenstehendes Ziel im Raumordnungsplan festgelegt wurde. § 5 Abs. 3 ROG lässt die Bindungswirkung des Ziels der Raumordnung gänzlich entfallen (anders beispielsweise § 6 Abs. 2 ROG).

263 Es werden nur Ziele der Raumordnung in Raumordnungsplänen im Bereich der Raumordnung der Länder nach § 13 Abs. 1 ROG und Ziele der Raumordnung in Raumordnungsplänen des Bundes in länderübergreifenden Raumordnungsplänen für den Hochwasserschutz und zu Standortkonzepten für Häfen und Flughäfen als Grundlage für die verkehrliche Anbindung im Rahmen der Bundesverkehrswegeplanung erfasst. Ausgenommen von der Beschränkung der Bindungswirkung sind hingegen die Raumordnungspläne für die deutsche ausschließliche Wirtschaftszone gem. § 17 Abs. 1 ROG (2017) und andererseits der Raumordnungsplan für den Gesamtraum gem. § 17 Abs. 3 S. 1 ROG (2017). Bei Raumordnungsplänen für die ausschließliche Wirtschaftszone folgt dies daraus, dass sie nicht in Konflikt mit den Raumordnungsplänen für den Raum der Länder i.S.d. § 13 Abs. 1 S. 1 ROG geraten können. Der Raumordnungsplan für den Gesamtraum ist von der Beschränkung ausgenommen, weil er ohnehin nur eine sachlich beschränkte Steuerungswirkung entfaltet, da in einem solchen Raumordnungsplan des Bundes Festlegungen nur in Form von Grundsätzen der Raumordnung getroffen werden können, also gerade keine Bindungswirkung entsteht, wie sie durch Ziele der Raumordnung im Sinne von § 3 Abs. 1 Nr. 2 iVm § 4 Abs. 1 ROG ausgelöst wird.

264 Durch die Gesetzesnovelle 2017 wurde § 5 Abs. 4 ROG eingefügt. Dies führt zu einer Gleichbehandlung von raumbedeutsamen Planungen und Maßnahmen von öffentlichen Stellen des Bundes mit raumbedeutsamen Planungen und Maßnahmen öffentlicher Stellen der Länder und der Träger der Regionalplanung, soweit diese in Kollision mit der Bindungswirkung der jeweiligen Raumordnungsplanung der anderen staatlichen Planungsebene im Föderalstaat geraten. Somit wurde das Konfliktbereinigungsverfahren auch auf raumbedeutsame Planungen und Maßnahmen der Länder und Träger der Regionalplanung ausgedehnt. Einerseits wird damit dem Gegenstromprinzip aus § 1 Abs. 3 ROG Rechnung getragen, andererseits folgt hieraus eine Erleichterung der Wahrnehmung der Planungskompetenz des Bundes, so dass der Bund diese wahrnehmen kann, ohne den Konflikt mit raumbedeutsamen Planungen und Maßnahmen der Länder scheuen zu müssen. Gestützt auf das wechselseitige Prinzip der Bundestreue soll § 5 ROG den Weg für die Realisierung raumbedeutsamer Planungen und Maßnahmen der widersprechenden Stelle trotz des Vorhandenseins eines entgegenstehenden Ziels der Raumordnung der jeweils anderen Planungsebene im Föderalstaat freimachen, sofern der raumbedeutsamen Planung und Maßnahme im Rahmen der Abwägung im konkreten Fall ein überwiegendes Gewicht beizumessen ist.

Der einzelne Bürger hat keinen Anspruch darauf, dass eine beteiligte öffentliche Stelle nach § 5 Abs. 2 ROG widerspricht, auch wenn er sich durch die Erfordernisse der Raumordnung beispielsweise über fachgesetzliche Raumordnungsklauseln gebunden sieht. 265

Sofern eine Veränderung der Sachlage ein Abweichen von den Zielen der Raumordnung erforderlich macht, kann die zuständige öffentliche Stelle oder Person nach § 5 Abs. 1 ROG mit Zustimmung der nächst höheren Behörde gem. § 5 Abs. 3 ROG innerhalb einer angemessenen Frist (spätestens sechs Monate nach Kenntniserlangung der Veränderung der Sachlage) unter den Voraussetzungen des § 5 Abs. 2 ROG widersprechen.

3. Ausnahmen von den Zielen der Raumordnung (§ 6 Abs. 1 ROG; nicht in Bayern!)

In § 6 Abs. 1 ROG findet sich der Versuch des Gesetzgebers, Ziele der Raumordnung flexibler zu gestalten. Es handelt sich dabei um eine Möglichkeit Zielausnahmen bereits in den Raumordnungsplan aufzunehmen. Da dies dem Normgeber beliebiger Rechtsmaterien zusteht, Ausnahmen von seinen Rechtsnormen zuzulassen (vgl. § 31 Abs. 1 BauGB) handelt es sich wohl um eine deklaratorische Regelung.[392] 266

Eine Fixierung der materiellen Voraussetzungen für die Ausnahmen der Zielfestlegung ist jedoch nicht kodifiziert. Hierdurch werden die grundsätzlich systemfremden *„Soll-Ziele“* und *„In-der-Regel-Festlegungen“* nicht ausgeschlossen. 267

392 Goppel, in: Spannowsky/Runkel/Goppel, ROG, § 6 Rn. 10.

Vielmehr kann diese Regelung als Zugeständnis verstanden werden. Die Ausnahmetatbestände müssen sich jedoch zumindest aus der Begründung des Ziels herleiten lassen.[393] Sofern der Plangeber von der Möglichkeit Gebrauch macht, Ausnahmen zu formulieren und damit seine Planungsaussage zu relativieren, findet hierdurch letztlich eine Verlagerung der abschließenden Abwägung auf eine andere Stelle statt. Allerdings ist dabei erforderlich, dass der Plan die Voraussetzungen für die Ausnahme selbst regelt.

4. Zielabweichung und Zielabweichungsverfahren (§§ 6, 19 ROG, Art. 4 BayLplG)

268 Die strikte Bindungswirkung von Zielen der Raumordnung aus § 4 ROG ist jedoch nicht ausschließlich. Vielmehr besteht seit der Gesetzesnovellierung 2009 die Möglichkeit im Rahmen eines Zielabweichungsverfahrens von diesen strikten Festlegungen abzuweichen. Dieses Zielabweichungsverfahren ist in § 6 Abs. 2 ROG und § 19 ROG geregelt. Prinzipiell ist damit eine Abweichung möglich, sofern diese unter raumordnerischen Gesichtspunkten vertretbar ist und die Grundzüge der Planung nicht berührt werden. Maßgeblich ist, ob die Abweichung den in der Planaufstellung getroffenen Entscheidungen der Abwägung nicht entgegensteht.

393 Goppel, in: Spannowsky/Runkel/Goppel, ROG, § 6 Rn. 11.

§ 7 Sicherung der Raumordnung

I. Raumordnungsverfahren (§ 15 ROG; Art. 24 ff. BayLplG)

1. Funktion und Bedeutung

In den §§ 15, 16 ROG ist das Raumordnungsverfahren bundesgesetzlich geregelt. Die Länder können aufgrund von Art. 72 Abs. 3 S. 1 Nr. 4 GG jedoch abweichende Regelungen erlassen. Eine vollständige Abschaffung auf Landesebene ist nicht möglich, da dieses zentrale Instrument zu denjenigen Kernbereichen der Raumordnung gehört, die dem Abweichungsrecht der Länder entzogen ist.[394] In den Landesplanungsgesetzen kann die vollumfängliche bundesgesetzliche Regelung lediglich ergänzt werden. Beispielweise finden sich dort Festlegungen der für das Raumordnungsverfahren zuständigen Behörde, Ausgestaltungen hinsichtlich des Beteiligungsverfahrens oder Regelungen hinsichtlich der vorzulegenden Unterlagen. Gem. § 15 Abs. 1 S. 1 ROG dient das Raumordnungsverfahren der Überprüfung der Raumverträglichkeit raumbedeutsamer Planungen und Maßnahmen im Sinne von § 1 der Raumordnungsverordnung und ist grundsätzlich verpflichtend für die Länder, mit Ausnahme der Stadtstaaten Berlin, Bremen und Hamburg (§ 15 Abs. 6 S. 1 ROG). Etwas anderes gilt nur dann, wenn diese Länder Rechtsgrundlagen für Raumordnungsverfahren schaffen, § 15 Abs. 6 S. 2 ROG. Ein solcher Fall findet sich im gemeinsamen Staatsvertrag der Länder Berlin und Brandenburg: Art. 16 Bln/BbgLPlV. 269

Die Raumordnungsverordnung wurde durch die Bundesregierung erlassen und enthält einen Katalog von raumbedeutsamen Vorhaben, deren öffentlich-rechtlicher Zulassung ein Raumordnungsverfahren vorausgehen soll.[395] Im Gegensatz zu Raumordnungsplänen, welche als Rechtsnormen den Generalfall betreffen, bezieht sich ein Raumordnungsverfahren auf einen Einzelfall.[396] Das Verfahren dient nicht der Aufstellung von Zielen der Raumordnung.[397] Es handelt sich um besonderes Verfahren, welches dem eigentlichen Zulassungs- und Genehmigungsverfahren vorgeschaltet ist.[398] Hierdurch erfolgt eine frühzeitige Klärung der grundsätzlichen Machbarkeit eines geplanten Vorhabens und zeigt die günstigste Alternative unter mehreren Standort- und Trassenalternativen auf. Der Gesetzgeber hat durch die Formulierung des „besonderen Verfahrens" klar- 270

394 Bäumler, in: Cholewa/Dyong/von der Heide/Arenz, ROG, § 15 Rn. 1 ff.

395 Steiner, in: Steiner/Brinktrine, BVwR, § 5 Rn. 79.

396 Goppel, in: Spannowsky/Runkel/Goppel, ROG, § 15 Rn. 22; Ebguth, NVwZ 1992, 551.

397 BVerwGE 68, 311 (318); Beckmann, in: HBöffBauR, Bd. 3, N Rn. 250.

398 Albrecht/Janssen/Schumacher, in: Schumacher/Werk, PdK ROG, § 15 Rn. 10.

gestellt, dass es sich um ein selbstständiges Verfahren handelt, welches nicht Bestandteil eines anderen Planungs- oder Genehmigungsverfahren ist.[399]

2. Verfahren und Ergebnis

a) Raumordnungsverfahren

271 In § 15 Abs. 1 S. 2 und 3 ROG ist der Prüfungsumfang des Raumordnungsverfahrens festgelegt. Es handelt sich allerdings nicht um eine abschließende Aufzählung.[400] Damit ein Raumordnungsverfahren in Betracht kommt, muss die Planung oder Maßnahme eine sog. „überörtliche Raumbedeutsamkeit" aufweisen. Raumbedeutsam ist eine Planung oder Maßnahme, wenn sie Raum in Anspruch nimmt oder die räumliche Entwicklung oder Funktion eines Gebietes beeinflusst wird, § 3 Abs. 1 Nr. 6 ROG. Ob eine Raumbeeinflussung vorliegt, ist eine Prognoseentscheidung. Als entscheidendes Kriterium kann dabei nur auf die Vorhersehbarkeit des Raumauswirkung abgestellt werden.[401]

Beispiele finden sich insbesondere im Bereich des Siedlungswesens, der gewerblichen Wirtschaft, des Verkehrs, der Energieversorgung und der Entsorgung.

In der Raumordnungsverordnung (RoV) findet sich in § 1 eine – nicht abschließende – Auflistung von Planungen und Maßnahmen, bei denen ein Raumordnungsverfahren durchgeführt werden soll. Darüber hinaus können die zuständigen Landesbehörden auch in weiteren Fällen ein Raumordnungsverfahren anordnen.

272 Die Bauleitplanung ist grundsätzlich nicht dem Raumordnungsverfahren zugänglich, da es sich um örtliche Planung handelt. Etwas anderes gilt jedoch, wenn es sich beispielsweise um einen projektbezogenen Bebauungsplan handelt, der über die Gemeindegrenzen hinaus raumbedeutsam ist oder bei gemeinsamen Bauleitplänen mehrerer Gemeinden gemeindeübergreifend Raum beansprucht. Hiervon zu unterscheiden ist ein Einzelvorhaben, welches einer Bauleitplanung bedarf und vor Aufstellung dieser aufgrund seiner überörtlichen Raumbedeutsamkeit eines Raumordnungsverfahrens bedarf. Das Ergebnis dieses Verfahrens ist anschließend in der Bauleitplanung zu berücksichtigen, § 4 Abs. 1 S. 1 ROG.[402]

273 **Beispiele:** Industrieparks oder Einzelhandelsprojekte (mit Einzugsbereichen)

399 Bäumler, in: Cholewa/Dyong/von der Heide/Arenz, ROG, § 15 Rn. 8.
400 Zu folgern aus dem „insbesondere".
401 Numberger/Kraus, Raumordnung und Landesplanung in Bayern, Art. 24 Rn. 24; Goppel, in: Spannowsky/Runkel/Goppel, ROG, § 15 Rn. 32.
402 Goppel, in: Spannowsky/Runkel/Goppel, ROG, § 15 Rn. 36, 37.

Um die raumbedeutsamen Auswirkungen der Planung oder Maßnahme unter überörtlichen Gesichtspunkten überprüfen zu können (§ 15 Abs. 1 S. 2 Hs. 1 ROG) benötigt die zuständige Raumordnungsbehörde entsprechende Unterlagen. Daher verpflichtet § 15 Abs. 2 ROG den Träger des Vorhabens zur Vorlage dieser. Das Landesrecht bestimmt die für die Durchführung des Raumordnungsverfahrens zuständige Behörde. Häufig sind dies die Mittelbehörden, teilweise aber auch die obere oder untere Landesplanungsbehörde.[403] Das Bundesministerium der Verteidigung oder die von ihr bestimmte Stelle entscheidet bei raumbedeutsamen Planungen und Maßnahmen der Verteidigung, und bei raumbedeutsamen Planungen und Maßnahmen des Zivilschutzes als zuständige Stelle über Art und Umfang der Angaben für die Planung oder Maßnahme, § 15 Abs. 2 S. 2 ROG. Nach § 15 Abs. 3 S. 1 ROG sind sowohl die in ihren Belangen berührten öffentlichen Stellen als auch die Öffentlichkeit am Raumordnungsverfahren zu beteiligen. Nachbarstaaten sind nach den Grundsätzen der Gegenseitigkeit und Gleichwertigkeit zu beteiligen, wenn raumbedeutsame Planungen und Maßnahmen erhebliche Auswirkungen auf den Nachbarstaat haben können, § 15 Abs. 3 S. 6 ROG. Über die Durchführung eines Raumordnungsverfahrens hat die zuständige Stelle innerhalb von vier Wochen zu entscheiden, § 15 Abs. 4 S. 1 ROG. Die Frist beginnt mit der Einreichung der für das Raumordnungsverfahren erforderlichen Unterlagen durch den Vorhabenträger. Die Höchstdauer für die Durchführung des Raumordnungsverfahrens beträgt sechs Monate und beginnt in dem Zeitpunkt, in dem alle Unterlagen vollständig vorliegen, § 15 Abs. 4 S. 2 ROG. Der Landesgesetzgeber bestimmt Art und Umfang der Unterlagen, welche für die Durchführung des Verfahrens erforderlich sind.[404]

Beispiel: Wenn in einem Regionalplan bereits eine umfassende Abwägung stattgefunden hat, beispielsweise durch die Festlegung eines Vorranggebietes, ist ein Raumordnungsverfahren nicht mehr erforderlich. Gleiches gilt, wenn das jeweilige Zulassungsverfahren, insbesondere das Planfeststellungsverfahren, gewährleistet, dass die Erfordernisse der Raumordnung im gebotenen Umfang in die Entscheidung einbezogen werden. **274**

Von einem Raumordnungsverfahren kann gem. § 16 Abs. 2 ROG abgesehen werden, wenn sichergestellt ist, dass die Raumverträglichkeit anderweitig überprüft wird. Die Landesgesetzgeber können Näheres durch Rechtsverordnung regeln.

403 Beckmann, in: HBöffBauR, Bd. 3, N Rn. 251.
404 Beckmann, in: HBöffBauR, Bd. 3, N Rn. 255.

b) Ergebnis des Raumordnungsverfahrens

275 Mithilfe des Raumordnungsverfahrens wird festgestellt, ob raumbedeutsame Planungen und Maßnahmen mit den Erfordernissen der Raumordnung übereinstimmen und wie raumbedeutsame Maßnahmen und Planungen unter den Gesichtspunkten der Raumordnung aufeinander abgestimmt und durchgeführt werden können. Demzufolge wird einerseits die Vereinbarkeit mit den Erfordernissen der Raumordnung und andererseits die Abstimmungsmöglichkeiten geprüft.[405] Das Ergebnis ist ein „sonstiges Erfordernis der Raumordnung" gem. § 3 Abs. 1 Nr. 4 ROG. Zwar handelt es sich um ein förmliches Verfahren, jedoch nicht um ein Verwaltungsverfahren i.S.d. § 9 VwVfG, da der sog. raumordnerische Entscheid, welcher das Verfahren abschließt, grundsätzlich keinen Verwaltungsakt darstellt,[406] es sei denn, das Landesrecht sieht ausdrücklich eine Regelung durch Verwaltungsakt vor.[407] Ansonsten ist nach dem BVerwG das Ergebnis des Raumordnungsverfahrens als gutachterliche Äußerung anzusehen.[408] Dies hat zur Konsequenz, dass es keinen unmittelbaren Rechtsschutz hiergegen gibt. Sowohl Anfechtungsklagen nach § 42 Abs. 1 Alt. 1 VwGO als auch Nichtigkeitsfeststellungsklagen gem. § 43 Abs. 1 Alt. 2 VwGO sind mangels Verwaltungsaktqualität unstatthaft.[409] Auch ein feststellungsfähiges Rechtsverhältnis wird in ständiger Rechtsprechung abgelehnt, so dass auch Klagen auf Feststellung der Rechtswidrigkeit einer landesplanerischen Beurteilung oder vorbeugende Klagen auf Feststellung, dass die Beurteilung keine Rechtswirkung entfaltet, unzulässig sind.[410] Problematisch ist hierbei, dass in den Ländern das Raumordnungsverfahren häufig „vorgeschalten" ist und somit das Vorhaben vom Ausgang des Raumordnungsverfahrens abhängig ist.[411] Jedoch ist dem **Rechtsschutzinteresse** insoweit genüge getan, als dass bei der **gerichtlichen Überprüfung** des Zulassungs- oder Genehmigungsverfahrens dieses **inzident** mit überprüft wird.[412] Des Weiteren besteht die Möglichkeit

---

405 Beckmann, in: HBöffBauR, Bd. 3, N Rn. 261.

406 BVerwG, U.v. 30.8.1995 – 4B 86/95 = NVwZ-RR 1996, 67; Bäumler, in: Cholewa/Dyong/von der Heide/Arenz, ROG, § 15 Rn. 10.

407 Z.B. § 14 LPlG BW für Freileitungen.

408 Vgl. Steiner, in: Steiner/Brinktrine, BesVwR, § 5 Rn. 81.

409 Vgl. z.B. VGH Bayern, U.v. 19.3.1982 – 9 B 80 A. - dejure.org Höhnberg, BayVBl. 1982, 722 (723).

410 Vgl. VGH Bayern, U.v. 17.5.1995 – 3 B 94.3181; Höhnberg, BayVBl. 1982, 722 (723).

411 Goppel, in: Spannowsky/Runkel/Goppel, ROG, § 15 Rn. 90.

412 Höhnberg, BayVBl. 1982, 722 (723); vgl. OVG Thüringen, U.v. 25.2.2008 – 1 N 508/07 - juris; VG Lüneburg, U.v. .2009 – 2 B 16/09 – juris; Goppel, in: Spannowsky/Runkel/Goppel, ROG, § 15 Rn. 92.

der Überprüfung innerhalb einer gerichtlichen Entscheidung über einer **Unterlassungs- oder Folgenbeseitigungsanspruch.**[413]

Gegenüber dem Planungsträger entfaltet das Raumordnungsverfahren keine unmittelbare Bindungswirkung, da es sich um ein reines Behördeninternum handelt. Allerdings ist das Ergebnis des Raumordnungsverfahrens als öffentlicher Belang im Zuge der nachvollziehenden Abwägung zu berücksichtigen.[414] Dies ergibt sich aus § 2 Abs. 1 Nr. 4 ROG i.V.m. § 4 ROG, wonach das Verfahrensergebnis zu den sonstigen Erfordernissen der Raumordnung zählt, welche im Wege des jeweiligen Verfahrens zu berücksichtigen sind.[415] **276**

Beispiele: § 1 Abs. 6, 7 BauGB § 35 BauGB; § 23 a Abs. 1 der 9. BImSchV.

Wird die Einleitung eines ROV von der Raumordnungsbehörde abgelehnt, kann nicht auf dessen Durchführung geklagt werden.[416] Es besteht auch kein Anspruch auf ermessensfehlerfreie Entscheidung. Ein solcher würde voraussetzen, dass die Durchführung auch den subjektiven Interessen des Antragstellers zu dienen bestimmt ist.[417] Das Raumordnungsverfahren dient jedoch ausschließlich dem staatlichen Interesse an der Sicherung der Raumordnung. Es dient weder der Ausgestaltung noch dem Schutz der Planungshoheit der Gemeinde oder deren Selbstveraltungsrecht.[418] Aufgrund der Rechtsnatur als Gutachten entfaltet das Raumordnungsverfahren gegenüber anderen Fachverfahren **keine Konzentrationswirkung.**[419] Dementsprechend bedarf es zusätzlich der spezialgesetzlich vorgesehenen Genehmigungen, Planfeststellungen oder sonstige behördliche Genehmigungen über die Zulässigkeit raumbedeutsamer Planungen und Maßnahmen.[420] **277**

In vielen Bundesländern ist das Ergebnis des Raumordnungsverfahrens aufgrund entsprechender landesrechtlicher Vorschriften nur zeitlich begrenzt, kann jedoch unter bestimmten Umständen verlängert werden.[421] **278**

Im Rahmen eines immissionsschutzrechtlichen Genehmigungsverfahrens kann die zuständige Behörde abwarten, sofern ein als erforderlich angesehenes **279**

---

413 Hoppe, Rechts- und Vollzugsfragen des Raumordnungsverfahrens, S. 205 ff.; Beckmann, in: HBöffBauR, Bd. 3, N Rn. 262.
414 Vgl. Goppel, in: Spannowsky/Runkel/Goppel, ROG, § 15 Rn. 93.
415 Koch/Hendler, Baurecht, Raumordnungs- und Landesplanungsrecht, § 7 Rn. 14.
416 Vgl. Höhnberg, BayVBl. 1982, 722 (723); BVerwG, U.v. 21.2.1973 – IV CB 69.72 = DVBl 1973, 448 ff.
417 BVerwG, U.v. 7.1.1972 – IV C 49.68 = BVerwGE 39, 235 (237); vgl. Steiner in: Steiner/Brinktrine, BesVwR, § 5 Rn. 80.
418 Vgl. Höhnberg, BayVBl. 1982, 722 (723).
419 Vgl. BVerwGE 98, 339 (348); Erbguth, LKV 1993, 145 (147); Goppel in: Spannowsky/Runkel/Goppel, ROG, § 15 Rn. 94.
420 Koch/Hendler, Baurecht, Raumordnungs- und Landesplanungsrecht, § 7 Rn. 14; vgl. Kment, NVwZ 2010, 542.
421 Kment, NVwZ 2010, 542.

Raumordnungsverfahren durchgeführt wird, um dessen Ergebnis in die Entscheidung einbeziehen zu können. Beispielsweise muss sie die Entscheidung im Rahmen der Raumordnungsklausel des § 35 Abs. 3 S. 2 BauGB als sonstiges Erfordernis der Raumordnung berücksichtigen.[422]

3. Vereinfachtes Raumordnungsverfahren, § 16 Abs. 1 ROG

a) § 16 Abs. 1 ROG

280 Sofern feststeht, dass ein Raumordnungsverfahren erforderlich ist, ist zu prüfen, ob ein beschleunigtes Raumordnungsverfahren durchgeführt werden kann. Nach § 16 Abs. 1 S. 1 ROG ist dies dann der Fall, wenn die Auswirkungen der Planungen oder Maßnahmen gering sind oder wenn die für die Prüfung der Raumverträglichkeit erforderlichen Stellungnahmen schon in einem anderen Verfahren abgegeben wurden. Durch das beschleunigte Raumordnungsverfahren kann auf die Beteiligung einzelner öffentlicher Stellen verzichtet werden. Es ist jedoch insoweit unzulässig, wie andere Rechtsvorschriften (bspw. § 49 UVPG) entgegenstehen.[423] § 49 UVPG stellt die Verbindung des UVPG zu § 15 ROG her. Durch § 49 Abs. 2 ROG kann der raumordnerische Teil der UVP in das Raumordnungsverfahren vorverlagert werden.[424] Das Raumordnungsverfahren ist regelmäßig das „Trägerverfahren" der ersten Umweltverträglichkeitsprüfung.[425] Das beschleunigte Verfahren ist ausgeschlossen, wenn im Raumordnungsverfahren eine Umweltverträglichkeitsprüfung vorzunehmen ist, da hierbei eine zwingende Behördenbeteiligung vorgeschrieben ist, § 17 UVPG (2018).[426]

281 Im Gegensatz zum normalen Raumordnungsverfahren, welches gem. § 15 Abs. 4 S. 2 ROG bis zu sechs Monate dauern kann, ist die Frist für das beschleunigte Raumordnungsverfahren gem. § 16 Abs. 1 S. 2 ROG auf drei Monate begrenzt. Haben die Länder kürzere Fristen für die Durchführung des beschleunigten Raumordnungsverfahrens festgelegt, gelten diese nach § 27 Abs. 3 ROG fort. Für die Entscheidung, ob ein Raumordnungsverfahren durchzuführen ist, gilt die Frist von vier Wochen des § 15 Abs. 4 S. 1 ROG. Eine spezielle Frist für die Entscheidung hinsichtlich des vereinfachten Verfahrens

---

422 BVerwG, U.v. 1.10.2008 – 4 B 52.08 = ZfBR 2009, 57; Beckmann in: HBöffBauR, Bd. 3, N Rn. 262.

423 Stüer, Bau- und Fachplanungsrecht, Rn. 352.

424 Beckmann, in: HBöffBauR, N Rn. 259.

425 Steiner, in: Steiner/Brinktrine, BesVwR, § 5 Rn. 79; dazu näher: Wahl in: FS Sendler, S. 198 (200, 223).

426 Wulfhorst, in: Landmann/Rohmer, UmwR, § 16 Rn. 42.

gibt es nicht; in der Regel wird diese mit der Entscheidung zur Durchführung eines Raumordnungsverfahrens zusammenfallen.[427]

b) Art. 24 BayLplG

Art. 24 Abs. 1 BayLPlG normiert, dass Gegenstand von Raumordnungs- 282
verfahren Vorhaben von erheblicher überörtlicher Raumbedeutsamkeit sind. § 49 Abs. 1 UVPG findet in solchen Verfahren keine Anwendung, Art. 24 Abs. 2 S. 3 BayLplG. Für solche Verfahren ist gemäß Art. 24 Abs. 2 S. 1 BayLPlG nach einem Raumordnungsverfahren die Raumverträglichkeit zu prüfen. Auch in einem solchen Fall ist ein vereinfachtes Raumordnungsverfahren möglich, wenn bereits ein Bauleitplan- oder Zulassungsverfahren für das Vorhaben eingeleitet worden ist, Art. 26 S. 1 BayLPlG.

II. Untersagung raumordnungswidriger Planungen und Maßnahmen (§ 12 ROG)

Nach § 12 ROG kann die Raumordnungsbehörde raumordnungswidrige Planun- 283
gen und Maßnahmen sowie die Entscheidung über deren Zulässigkeit gegenüber öffentlichen Stellen unbefristet (Abs. 1) sowie befristet (Abs. 2) untersagen. Die Möglichkeit einer unbefristeten Untersagung wurde 1998 in das ROG eingefügt und dient der Sicherstellung der Einhaltung bereits rechtsverbindlicher Ziele und der Erhöhung ihrer Durchsetzungskraft, insbesondere wenn die Fortschreibung eines novellierungsbedürftigen Regionalplans gegenüber konfligierenden Planungen oder Einzelmaßnahmen gesichert werden soll.[428] Entsprechende Bestimmungen existieren im Landesrecht. Nach manchen Landesplanungsgesetzen ist auch – quasi als Vorstufe der Untersagung – ein sog landesplanerischer Einspruch möglich (z.B. § 19 LPlG RP).

1. Unbefristete Untersagung, § 12 Abs. 1 ROG

Grundsätzlich bedarf eine rechtsverbindliche Norm keines zusätzlichen Verwal- 284
tungsaktes für deren Verbindlichkeit. Sofern in einem Plan Ziele der Raumordnung aufgestellt sind, entfalten diese Bindungswirkung, § 4 Abs. 1 ROG; bestehende Bauleitpläne sind anzupassen. Gleichwohl könnte eine Gemeinde auf der Grundlage eines noch nicht angepassten Flächennutzungsplans einen Bebauungsplan entwickeln und in Kraft setzen, obwohl ersterer materiell gegen die Zielanpassungspflicht verstößt. Dem kann mit einer „Untersagung raumord-

427 I, : Spannowsky/Runkel/Goppel, ROG, § 16 Rn. 25 ff.
428 Vgl. VGH Bayern, U.v. .12.2013 – Az. 22 CS 13.1757 = BeckRS 2013, 59880, Rn. 38; Goppel, BayVBl. 2002, 617.

nungswidriger Planungen und Maßnahmen“ begegnet und so die Durchsetzung der Raumordnung sichergestellt werden. Die dem nachgeordneten Planungsträger bekanntmachende Untersagungsverfügung ist ein Verwaltungsakt nach § 35 VwVfG, der vollstreckt werden kann und so als repressives Sicherungsinstrument den Druck der Norm erhöht.[429] Rechtsbehelfe haben keine aufschiebende Wirkung (§ 12 Abs. 3 ROG), Wer zuständige „Raumordnungsbehörde“ ist, ergibt sich aus dem Landesrecht. Weil die Untersagung ein „scharfes Schwert“ ist, ist regelmäßig das zuständige Ministerium als oberste Raumordnungsbehörde zuständig,[430] in Baden-Württemberg die Regierung als höhere Raumordnungsbehörde.[431]

285 Eine unbefristete Untersagung kann zunächst **raumbedeutsame Planungen** betreffen. Diese sind in § 3 Abs. 1 Nr. 6 ROG näher konkretisiert. Hierunter fallen vor allem Bauleitpläne, da die Gemeinde bei deren Aufstellung der **Beachtenspflicht** des § 4 Abs. 1 ROG neben der Anpassungspflicht nach § 1 Abs. 4 BauGB unterliegt.[432] Des Weiteren ergibt kann ein Bauleitplan im Laufe seiner Gültigkeit durch Inkrafttreten neuer Ziele der Raumordnung zu diesen im Widerspruch stehen. Sofern die Gemeinde nicht rechtzeitig Abhilfe schafft, besteht die Möglichkeit der Untersagung. Dies gilt auch für regionale Flächennutzungspläne und sachliche Teilflächennutzungspläne. Desgleichen können Regionalpläne untersagt werden, wenn sie gegen Ziele des landesweiten Raumordnungsplanes/-programmes verstoßen.[433]

286 Weiter können **raumbedeutsame Maßnahmen**, d.h. konkrete Vorhaben öffentlicher Stellen der Beachtenspflicht des § 4 Abs. 1 ROG unterfallen und nach § 12 Abs. 1 ROG untersagt werden (z.B. Planfeststellungsverfahren). Die Untersagung ergeht durch die Raumordnungsbehörde gegenüber einer öffentlichen Stelle (§ 3 Abs. 1 Nr. 5 ROG). Aus dem Verweis auf § 4 ROG folgt, dass die öffentlichen Stellen insoweit Adressat der unbefristeten Untersagung sind, als sie der Beachtenspflicht nach § 4 ROG unterworfen sind.

Beispiel: Die Gemeinde ist Trägerin der Bauleitplanung. Die öffentliche Stelle ist Trägerin eines konkreten Vorhabens.→ Untersagung der Maßnahme selbst gegenüber dem Vorhabenträger.

287 Nicht nur gegenüber dem Vorhabenträger selbst kann die raumbedeutsame Maßnahme nach § 12 Abs. 1 ROG untersagt werden. Es besteht vielmehr auch die Möglichkeit, die Genehmigungsentscheidung gegenüber der Genehmigungsbehörde zu untersagen.

429 Goppel, in: FS Bartlsperger, S. 485.
430 Z.B. Art. 28 BayLplG; § 19 LPlG Rh.-Pf.
431 § 20 LplG B.-W.
432 Goppel, in: FS Bartlsperger, S. 484.
433 Vgl. auch: Schoen, Untersagung in der Raumordnung, S. 39.

Ebenso kann einer Behörde die Planfeststellung (oder Genehmigung mit der Rechtswirkung der Planfeststellung) über die Zulässigkeit einer raumbedeutsamen Maßnahme eines Privaten untersagt werden, da die Behörde gem. § 4 Abs. 1 S. 1 Nr. 2, S. 2 ROG an die Beachtenspflicht der Ziele der Raumordnung gebunden ist. Abgesehen von den Fällen des § 4 Abs. 3 ROG kommt eine Untersagung gegenüber dem Privaten als Vorhabenträger jedoch nicht in Betracht, da dieser nicht Adressat der Beachtenspflicht der Ziele der Raumordnung ist.[434]

Grundsätzlich können auch Planungen oder Maßnahmen des Bundes Gegenstand einer Untersagungsverfügung sein. Einerseits muss geprüft werden, ob der Untersagungsgegenstand von der Bindungswirkung des § 4 Abs. 1 oder Abs. 3 ROG erfasst ist. Andererseits müssen zudem die Voraussetzungen des § 5 ROG beachtet werden.[435] 288

Beispiel: Untersagung gegenüber einer Behörde des Bundes nur insoweit, wie die Bindungswirkung der Ziele der Raumordnung gem. § 5 ROG gegenüber dem Bund reicht.

Damit ein Ziel der Raumordnung entgegenstehen kann, muss dieses rechtsverbindlich sein. Dies setzt zum einen eine abschließend abgewogene Festlegung sowie eine räumliche und sachliche Bestimmtheit und Bestimmbarkeit voraus. und mit dem höherrangigen Recht im Einklang stehen.

Eine unbefristete Untersagung ist auch insoweit möglich, als dass nach § 4 Abs. 2 ROG die Ziele der Raumordnung als Teil der Erfordernisse der Raumordnung lediglich zu berücksichtigen sind. Anders als bei der Beachtenspflicht kann ein Ziel bei einer bloßen Berücksichtigungspflicht im Rahmen einer Abwägung überwunden werden. Eine unbefristete Untersagung setzt jedoch das „Entgegenstehen" eines Ziels der Raumordnung voraus. Zwar mag dies bei einer bloßen Berücksichtigungspflicht schwerer nachzuweisen sein, jedoch ist dies bei einem eindeutigen gravierenden Zielverstoß, welcher ein „zielüberwindendes" Abwägungsergebnis ausschließt, denkbar. Lediglich eine geringfügige Beeinträchtigung des Ziels der Raumordnung rechtfertigt noch kein „Entgegenstehen". Es muss vielmehr ein eindeutiger Widerspruch erkennbar sein. 289

2. Befristete Untersagung, § 12 Abs. 2 ROG

Durch eine befristete Untersagung kann eine sich im Entstehen befindliche Rechtsnorm vor ihrem Inkrafttreten **gesichert** werden, bevor sie durch Schaffung von vollendeten Tatsachen unterlaufen wird. Wenn eine durch konkrete Anhaltspunkte begründete Gefahr besteht, dass Planungen oder Maßnah- 290

434 Goppel in: FS Bartlsperger, S. 486.
435 Goppel in: FS Bartlsperger, S. 486 f.

men die Verwirklichung von in Aufstellung befindlichen Zielen der Raumordnung durch Raumordnungspläne wesentlich erschweren oder unmöglich machen könnte, kann eine befristete Untersagung nach § 12 Abs. 2 ROG verfügt werden. Es handelt sich daher um eine **präventive Maßnahme.**[436] Die Dauer einer befristeten Untersagung beträgt höchstens zwei Jahre, vgl. § 12 Abs. 2 S. 2 ROG, mit der Möglichkeit einer Verlängerung um ein weiteres Jahr, vgl. § 12 Abs. 2 S. 3 ROG.[437] Eine gesetzliche Entschädigungsregelung ist nicht mehr vorgesehen, da bei der befristeten Untersagung die Fristen des § 18 BauGB unterschritten bleiben.[438]

291 Neben der Möglichkeit, die Erteilung einer Baugenehmigung zu verhindern, um ein in Aufstellung befindliches Ziel zu sichern, steht weiterhin die Möglichkeit der zuständigen Baubehörde, die Baugenehmigung zu verweigern, weil ihr ein öffentlicher Belang i.S.d. § 35 Abs. 3 BauGB, nämlich das in Aufstellung befindliche Ziel der Raumordnung, entgegensteht.[439] Die raumordnungsrechtliche Untersagung hat keinen Vorrang vor der letztgenannten Möglichkeit, da sie einem anderen Schutzzweck dient.[440]

292 **Voraussetzung für eine befristete Untersagung** nach § 12 Abs. 2 ROG ist zunächst ein in Aufstellung befindlicher Raumordnungsplan. Gemeint ist dabei die inhaltliche Neufassung, Veränderung oder Ergänzung von Zielen der Raumordnung. Damit sich ein Ziel *„in Aufstellung befindet"* wird man, unabhängig von der jeweiligen landesgesetzlichen Regelung, wohl einen vom zuständigen Beschlussorgan gebildeten Zielentwurf für erforderlich halten. Es findet keine antizipierte Rechtmäßigkeitskontrolle des in Aufstellung befindlichen Ziels durch die Untersagungsbehörde statt.[441] Allerdings kann eine befristete Untersagungsverfügung nicht auf ein offenkundig rechtswidriges, in Aufstellung befindliches Ziel gestützt werden.[442] Des Weiteren muss zu befürchten sein, dass die Planung oder Maßnahme die Verwirklichung der vorgesehenen Ziele der Raumordnung *unmöglich machen oder wesentlich erschweren* würde. Unter „Befürchten" ist weniger das Bestehen einer konkreten Gefahr, sondern vielmehr ein erkennbarer Widerspruch der raumbedeutsamen Planung oder Maßnahme zu dem in Auf-

436 Goppel, in: FS Bartlsperger, S. 485.

437 Die Regelung ist der Veränderungssperre im Bauplanungsrecht (§§ 14 ff. BauGB) nachgebildet.

438 Battis, Öffentliches Baurecht und Raumordnungsrecht, Rn. 115.

439 Runkel, in: Ernst/Zinkhahn/Bielenberg, BauGB, § 1 Rn. 72.

440 BVerwGE 122, 364 (368).

441 Goppel, in: FS Bartlsperger, S. 488; vgl. auch OVG Sachsen-Anhalt, U.v.23.12.2008 – 2 M 216/08 - juris.

442 Kupke, Anmerkung zu OVG Sachsen-Anhalt, U. v. 13.7.2004 – 2 M 336/04 = ZNER 2004, 377 (378); Goppel, in: FS Bartlsperger, S. 488.

stellung befindlichen Ziel, welcher sich abzeichnet, zu verstehen.[443] Es handelt sich dabei um eine **Prognoseentscheidung**, welche methodisch einwandfrei ermittelt sein[444] muss und sowohl am fraglichen Vorhaben als auch am vorgesehenen künftigen Ziel zu messen ist. An die befristete Untersagung sind höhere Anforderungen zu stellen als an die unbefristete, bei der die Zielbeachtungspflicht bereits besteht. Durch die befristete Untersagung wird die beabsichtigte Planung bzw. Maßnahme verhindert und sichert so die Umsetzung des projektierten Ziels.[445]

Mit einer Höchstdauer von zwei Jahren kommt der befristeten Untersagung **293** eine reine Sicherungsfunktion zu, welche keine Entschädigungspflicht auslöse. Zwar handelt es sich um eine Inhalts- und Schrankenbestimmung i.S.d. Art. 14 Abs. 1 S. 2 GG, jedoch wird auch ohne finanziellen Ausgleich dem Betroffenen kein unverhältnismäßiges Opfer auferlegt.[446]

Letztlich ist festzustellen, dass die Anforderungen an eine befristete Untersa- **294** gung im Gegensatz zu einer unbefristeten Untersagung höher sind. Dies folgt jedenfalls daraus, dass die Zielbeachtungspflicht im Zeitpunkt der Untersagung tatsächlich noch nicht besteht.

3. Teilweise Untersagung

Raumbedeutsame Planungen können auch nur teilweise räumlich oder sachlich **295** (=inhaltlich) gegen Ziele der Raumordnung verstoßen. Aus dem Grundsatz der Verhältnismäßigkeit und dem Übermaßverbot ergibt sich, dass eine teilweise Untersagung zulässig und geboten sein kann. Sie kann sich daher auf räumliche Teile und/oder inhaltliche Festlegungen des Plans beschränken, ihn im Übrigen aber unberührt lassen.[447] Im Falle einer Teiluntersagung kann die Gemeinde entscheiden, ob sie die Planung im gesamten aufgibt oder ob sie das Planverfahren mit den vorgegebenen Maßgaben abschließt.

4. Rechtsnatur und Zuständigkeit

Bei einer Untersagungsverfügung nach § 12 ROG handelt es sich dem Pla- **296** nungsträger gegenüber um einen Verwaltungsakt nach § 35 S. 1 VwVfG. Dies

443 Vgl. Lautner, VR 1987, 336 (338); Schmitz, in: Spannowsky/Runkel/Goppel, ROG, K § 12 Rn. 45; anders Goppel, in: FS Bartlsperger, S. 488, der eine konkrete Gefahr fordert.

444 BVerwGE 56, 110 (121); Goppel, in: FS Bartlsperger, S. 488.

445 Goppel, in: Spannowsky/Runkel/Goppel, ROG, § 12 Rn. 18–25.

446 BVerwG, U.v. .2005 – 4 C 5.04 = DVBl 2005, 706 ff.; Goppel, in: FS Bartlsperger, S. 494.

447 Vgl. Runkel, in: Ernst/Zinkahn/Bielenberg/Krautzberger, BauGB, § 1 Rn. 72.

ergibt sich mittelbar aus § 12 Abs. 3 ROG, wonach Rechtsbehelfe gegen eine Untersagungsverfügung keine aufschiebende Wirkung haben (was wegen § 80 Abs. 1 VwGO nur bei Verwaltungsakten einen Sinn ergibt). Außerdem entfaltet eine solche Verfügung Sperrwirkung gegenüber raumbedeutsamen Planungen und Maßnahmen, so dass die erforderliche Regelungs- und Außenwirkung gegeben ist. Statthafte Klageart ist damit die Anfechtungsklage nach § 42 Abs. 1 Alt. 1 VwGO (zum Rechtsschutz ausf. → Rn. 333, 343 ff.).

297 Richtet sich eine Untersagungsverfügung gegen laufende Planungen, so bleiben bereits bestandskräftige Genehmigungen unberührt; denkbar wäre das in den Fällen der Vorgriffswirkung nach § 33 BauGB. Auch förmlich abgeschlossene Bauleitplanungen können nicht Gegenstand einer Untersagungsverfügung sein. Stehen einem Bauleitplan Ziele der Raumordnung entgegenstehen, so kann die Anpassung nur mit aufsichtlichen Mitteln erzwungen werden.

298 Das Landesrecht statuiert eigene Untersagungsnormen[448], die ursprünglich der Ausfüllung der rahmenrechtlichen Regelung des § 7 ROG a.F. (1986) dienten. Solche waren notwendig, da im Bundesrahmenrecht Vorschriften über die Zuständigkeit oder mögliche Entschädigungsregeln fehlten.[449] Dazu gehören auch Regelungen über die Beteiligung anderer betroffener Ministerien und deren Art (Einvernehmen, Benehmen). Das ist etwa der Fall, wenn ein Ziel gesichert werden soll, das fachliche Belange zum Gegenstand hat[450] oder wenn die zu untersagende Maßnahme sich auf den Geschäftsbereich dieses Ministeriums auswirkt; maßgeblich ist dabei die Intensität der Auswirkung.[451].

Beispiel: Nach Art. 28 Abs. 1 und 2 BayLPlG sowohl für die unbefristete als auch für die befristete gem. Art. 7 Alt. 1 BayLPlG das Staatsministerium der Finanzen, für Landesentwicklung und Heimat zuständig. Wenn von einem in Aufstellung befindlichen Regionalplan Ziele im Bereich des Fremdenverkehrs betroffen sind, ist das Staatsministerium für Wohnen, Bau und Verkehr zu beteiligen. Wenn ein Straßenbauvorhaben untersagt werden soll, in dessen Erwartung aus Wirtschaftsförderprogrammen bereits erhebliche Investitionen erfolgt sind, sind das Staatsministerium für Wirtschaft, Energie und Technologie und das Staatsministerium für Wohnen, Bau und Verkehr zu beteiligen. Bei Uneinigkeit entscheidet der Ministerrat § 6 Abs. 1 S. 2 StRGeschO (Bay). Außerdem wird das Einvernehmen fingiert, wenn das Ministerium sich nicht innerhalb eines Monats äußert. (Art. 28 Abs. 3 Satz 2 BayLplG).

---

448 Siehe § 20 LPlG B.-W Art. 14 Bln/BbgLPlanV; § 16 LPlG M.-V.; § 19 III NROG; § 36 Abs. 1 NWLPlG; § 19 Abs. 3–5 RhPfLPlG; § 14 SächsLPlG; § 12 LEntwG LSA; § 18 LPlG Schl.-H.; § 9 ThürLPlG.

449 Vgl. Heigl/Hosch, in: Numberger/Kraus, Raumordnung und Landesplanung in Bayern Art. 24 Rn. 1.

450 Vgl. Numberger/Kraus, Raumordnung und Landesplanung in Bayern, Art. 24 Rn. 20 f.

451 Vgl. Numberger/Kraus, Raumordnung und Landesplanung in Bayern, Art. 24 Rn. 21.

Wie auch die bundesgesetzliche Regelung sieht Art. 28 Abs. 6 S. 1 BayLPlG eine Höchstdauer von zwei Jahren vor. Damit wird die untersagende Behörde dazu angehalten, zu prüfen, für welchen Zeitraum die Untersagung zwingend erforderlich ist.[452] **Zwingend erforderlich** ist die Untersagung höchstens bis zur Rechtswirksamkeit des in Aufstellung befindlichen Ziels. 299

Die Untersagung kann von der zuständigen Behörde von Amts wegen oder auf Antrag eines Planungsträgers, dessen Aufgaben durch die zu untersagende Planung oder Maßnahme berührt werden, ergehen (vgl. Art. 28 Abs. 4 BayLPlG). Letztere können auch Private sein, auf die sich die Bindungswirkung des § 4 ROG erstreckt, und deren Interessen dadurch betroffen sein können. Aus ihrer Antragsberechtigung ergibt sich jedoch kein Anspruch auf Untersagung.[453] 300

Durch Mitteilungspflichten wird sichergestellt, dass die oberste Landesplanungsbehörde von allen raumbedeutsamen Planungen und Maßnahmen Kenntnis erlangt (vgl. Art. 30 BayLPlG). Dabei erfolgt in jedem Falle eine landesplanerische Überprüfung, sei es im Rahmen eines Fachplanungsverfahrens, eines Anzeige-, Erlaubnis- oder Genehmigungsverfahrens oder außerhalb solcher Verfahren als landesplanerische Abstimmung im Raumordnungsverfahren oder auf andere Weise. 301

Muss der Träger einer untersagten Planung einem Dritten gegenüber Entschädigung leisten, so sind ihm die notwendigen Aufwendungen vom Land zu ersetzen (vgl. § 20 Abs. 6 Satz 3 LplG B.-W.; Art. 28 Abs. 8 BayLPlG; § 36 Abs. 4 LPlG NRW), Das ROG oder die Landesplanungsgesetze statuieren allerdings selbst keine Entschädigungsansprüche, sondern setzen diese voraus (z.B. §§ 39 ff. BauGB; Ansprüche aus enteignendem Eingriff[454]). Der Ersatz tritt jedoch nicht an, wenn die Untersagung vom Planungsträger verschuldet ist oder anderweitige Ansprüche bestehen. 302

Die Untersagung stellt eine aufschiebende Maßnahme dar, welche lediglich die Verzögerung von Vorhaben bewirken kann. Dementsprechend können sich Schadensersatzansprüche, die aufgrund der Untersagung entstanden sind, nur auf diesen Verzögerungseffekt stützen.[455] 303

Beispiel: Wenn die Gemeinde eine vertragliche Verpflichtung eingeht, ohne vorher sich hinreichend über die Situation im Bereich der Raumordnung und Landesplanung informiert zu haben, kann ein Verschulden gegeben sein.

452 Vgl. Numberger/Kraus, Raumordnung und Landesplanung in Bayern, Art. 24.
453 Vgl. Numberger/Kraus, Raumordnung und Landesplanung in Bayern, Art. 24 Rn. 24
454 Ausdrücklich geregelt in § 20 Abs. 6 Satz 1 und 2 LplG B.-W.
455 Vgl. Numberger/Kraus, Raumordnung und Landesplanung in Bayern, Art. 24 Rn. 32 ff.

III. Weitere Instrumente staatlicher Kontrolle

304 Auf Grundlage ihrer Verfahrenskompetenz nach Art. 84 Abs. 1 GG können die Landesgesetzgeber weitere Kontrollinstrumente einführen.

1. Mitteilungs- und Auskunftspflichten

305 Nach § 246 Abs. 1 BauGB können die Landesgesetzgeber eine allgemeine Anzeigepflicht für Bebauungspläne als Präventivkontrolle vorsehen. Darüber hinaus können sie bestimmen, dass der obersten Landesplanungsbehörde sämtliche raumbedeutsamen Planungen und Maßnahmen unverzüglich mitgeteilt werden müssen. Gleichzeitig haben private Planungsträger die Pflicht, den Landesplanungsbehörden Auskunft über solche zu geben (auch wenn diese nicht unter § 4 Abs. 1 S. 2 ROG fallen). Solche Informationspflichten enthalten nahezu alle Landesplanungsgesetze.[456]

2. Raumbeobachtung (Monitoring)

306 Um fortlaufend Kenntnis der raumbedeutsamen Tatbestände und Entwicklungen zu haben, erfassen, werden diese permanent von den Landesplanungsbehörden erfasst, bewertet und überwacht (sog. Monitoring).[457] In anderen Bundesländern erfolgt die Beobachtung alternativ oder kumulativ durch die in den Landesplanungsgesetzen vorgeschriebene behördliche Führung eines Raumordnungskatasters und/oder in digitalen Informationssystemen.[458]

3. Aufsicht über regionale Planungsverbände

307 Eine weitere Art der staatlichen Kontrolle ist die Ausübung der allgemeinen Rechts- und Fachaufsicht durch die zuständige Landesplanungsbehörde über die regionalen Planungsverbände bzw. die Träger der Regionalplanung (vgl. Art. 11 BayLplG).

4. Kommunalaufsicht

308 Hinsichtlich der Planungen und Maßnahmen von Kommunen tritt schließlich ergänzend auch die allgemeine Kommunalaufsicht hinzu, die in Selbstverwal-

---

456 L B.-W. Art. 30 BayLplG; M.-V.ds NRW R.-P.aarEntw S.-A. Bln/Bbg

457 Vgl. § 28 Abs. 1 LplG B.-W., Art. 31 BayLplG; § 17 Abs. 1 SächsLplG, § 19 Abs. 1 LEntwG S.-A. und § 23 S. 1 LplG S.-H.

458 B.-W. M.-V.ds R.-P.aar S.-A. Bln/Bbg.

tungsangelegenheiten wie der Bauleitplanung die Rechtsaufsicht, bei Aufgaben im übertragenen Wirkungskreis auch die Fachaufsicht umfasst.[459]

5. Unterrichtung des Landtags

Häufig statuieren die Landesplanungsgesetze Berichtspflichten der Landesregierung gegenüber dem Landtag über den Stand der Raumordnung, die Verwirklichung des Landesentwicklungsprogramms und über neue Planungsvorhaben.[460] 309

459 Ausf. Geis, Kommunalrecht, § 24.
460 B.-W.Art. 32 BayLplG; Bln/Bbg R.-P. S.-A. S.-H.

§ 8 Rechtsschutz

I. Allgemeines

310 Da die Raumordnungspläne der Länder und Regionen mit ihren Grundsätzen und Zielen sowohl für die Gemeinden als auch für den einzelnen Bürger weitreichende und nachhaltige Gestaltungwirkung entfalten, kommt der Frage nach gerichtlichem Rechtsschutz hohe Bedeutung zu.[461] Aufgrund der unterschiedlichen Bindungsebenen Hierzu wird in diesem Kapitel insbesondere auf den verfassungsrechtlichen Rahmen des Rechtsschutzes, mögliche Beteiligte etwaiger Rechtsschutzverfahren und die Voraussetzungen dementsprechender Klagen bzw. Anträge eingegangen.

1. Verfassungsrechtlicher Rahmen

311 Die Notwendigkeit des Rechtsschutzes folgt aus Art. 19 Abs. 4 GG, der ein echtes Grundrecht darstellt.[462] Die betroffene Partei hat dadurch die Möglichkeit, bei Verletzung eines geschützten Rechts gerichtliche Hilfe einzuholen. Die gilt insbesondere für Gemeinden, die einen Eingriff in die verfassungsrechtlich geschützten Planungshoheit (Art. 28 Abs. 2 GG) durch ein bindendes Ziel der Raumordnung oder zumindest eine Einschränkung durch ein sonstiges Erfordernis der Raumordnung monieren. Aber auch der Einzelne kann von den Folgen der Planung betroffen sein (→ Rn. 201, 423), und daher auf Rechtsschutz angewiesen sein.

2. Raumordnung als „Binnenrecht"

312 Zwar entfalten die Regelungen der Raumordnung als „Binnenrecht" grundsätzlich keine Bindungswirkung gegenüber dem Bürger dar. Da das Raumordnungsrecht nicht direkt auf den Bürger einwirkt, und es daher an einer subjektiven Rechtsverletzung fehlt, besteht für den Bürger grundsätzlich keine Rechtsschutzmöglichkeit.

313 Eine Ausnahme dieses binnenrechtlichen Charakters stellt aber die Ausweisung von Konzentrationszonen nach § 35 Abs. 3 S. 3 BauGB dar. Insofern hat auch der betroffene Bürger die Möglichkeit, raumordnungsrechtliche Vorgaben im Klagewege anzugreifen.

---

461 Vgl. Dörr, in: Ehlers/Fehling/PünderBVwR, § 38, Rn. 63.
462 Dürig in: Dürig/Herzog/Scholz (Hrsg.), GG, Art. 19 Rn. 2.

II. Mögliche Beteiligte

Um ein verwaltungsgerichtliches Verfahren einleiten zu können, müssen die jeweiligen Akteure beteiligtenfähig i. S. von § 61 VwGO sein. Ob der Beteiligungsfähige seine Rechte auch selbst geltend machen kann, also wirksam Prozesshandlungen vornehmen kann, ist dagegen eine Frage der Prozessfähigkeit nach § 62 VwGO.[463] **314**

1. Bund und Länder

Bund und Länder als Beteiligte an gerichtlichen Verfahren werden überwiegend auf der Beklagten- bzw. Antragsgegnerseite zu finden sein. Ausnahmsweise könnte der Bund in den Fällen des § 5 ROG gegen eine Bindungswirkung landesrechtlicher Ziele der Raumordnung Antragsteller sein. **315**

2. Planungsverbände

Gesetzliche Regelungen zu Planungsverbänden finden sich in § 205 BauGB. Nach dieser Vorschrift können sich sowohl Gemeinden untereinander als auch Gemeinden und sonstige öffentliche Planungsträger durch öffentlich-rechtlichen Vertrag zu einem Planungsverband zusammenschließen, um durch gemeinsame zusammengefasste Bauleitplanung den Ausgleich der verschiedenen Belange zu erreichen.[464] **316**

Aufgaben der Planungsverbände sind insbesondere der Beschluss von Regionalplänen und die Mitwirkung an der Ausarbeitung und Aufstellung von Zielen der Raumordnung.[465] Damit sind die Planungsverbände Träger der Regionalplanung. Diese werden in den Bundesländern teils unterschiedlich bezeichnet. So bestehen beispielsweise in Bayern, Sachsen und Mecklenburg-Vorpommern sog. regionale Planungsverbände, in Baden-Württemberg Nachbarschaftsverbände und Regionalverbände, die vergleichbare Funktionen haben.

Regionale Planungsverbände sind Verbandskörperschaften[466] und damit als juristische Personen des öffentlichen Rechts rechts- und beteiligtenfähig **317**

463 Detterbeck, AVwR, § 30, Rn 1347.

464 Koch/Hendler, Baurecht, Raumordnungs- und Landesplanungsrecht, § 13 Rn. 28.

465 S.h. z.B. Satzung des Planungsverbands Region Nürnberg, https://www.nuernberg.de/imperia/md/pim/dokumente/satzung_2013_2014_internet.pdf., Satzung des regionalen Planungsverbands München, https://www.region-muenchen.com/fileadmin/regionmuenchen/Dateien/Pdf_Downloads/Verband/Satzung_Entschaedigungssatzung_RPV_Stand14062018.pdf

466 Detterbeck, VwR § 5 Rn 186.

(§ 61 Nr. 1 Alt. 2 VwGO).[467] Damit können sie ihre Rechte unter eigenem Namen gerichtlich geltend machen.[468]

3. Gemeinden

318 Beteiligte in raumordnungsrechtlichen Verfahren können auch die Gemeinden selbst sein. Gemeinden sind Körperschaften[469] und damit als juristische Personen des öffentlichen Rechts beteiligtenfähig nach § 61 Nr. 1 Alt. 2 VwGO. Wollen Gemeinden gegen Raumordnungspläne vorgehen, so können sie einen Antrag im Wege eines verwaltungsgerichtlichen Normenkontrollverfahrens nach § 47 VwGO stellen, sofern das jeweilige Land ein solches Verfahren vorgesehen hat (§ 47 Abs. 1 Nr. 2 VwGO).[470] Dieses gilt Des Weiteren können sie unter Berufung auf eine Verletzung des kommunalen Selbstverwaltungsrecht durch ein Gesetz des Bundes oder eines Landes kommunale Verfassungsbeschwerde nach Art. 93 Abs. 1 Nr. 4 b GG i.V.m. § 91 BVerfGG erheben.[471] Der Gesetzesbegriff ist hier materiell zu verstehen,[472] so dass auch Raumordnungspläne in Verordnungsform darunter fallen Nach der Rechtsprechung des Bundesverfassungsgericht verlangt das Gebot der Rechtswegerschöpfung einen Antrag nach § 47 Abs. 1 VwGO, sofern dieser statthaft ist.[473] Ist dies nicht der Fall, oder handelt es sich um Raumordnungspläne des Bundes, muss der Rechtsweg durch Erhebung einer Feststellungklage nach § 43 VwGO erschöpft werden.[474] Anders ist es nur, wenn ein Raumordnungsplan als förmliches Gesetz erlassen wird (wie nach § 16a LPlG NRW); in diesem Fall ist die Feststellungsklage unstatthaft, weil ein abstraktes Gesetz regelmäßig kein individuelles Rechtsverhältnis begründen kann. Es kann dann unmittelbar Kommunalverfassungsbeschwerde erhoben werden.[475] Sieht die Verfassung eines Landes ein eigenes gleichwertiges Ver-

467 Vgl. Runkel in: Ernst/Zinkahn/Bielenberg/Krautzberger, BauGB, § 205 Rn. 7; Czybulka/Siegel, in: NKVwGO, § 61 Rn. 22.

468 Detterbeck, VwR § 5 Rn 187.

469 Vgl. stellvertretend § 1 Abs. 4 GemO B.-W.; Art. 1 S. 1 BayGO; § 1 Abs. 1 Satz 3 BbgKVerf; § 1 Abs. 2 GO NRW; § 1 Abs. 2 GO S.-H.

470 Das ist in Baden-Württemberg, Bayern, Brandenburg, Bremen, Hessen, Mecklenburg-Vorpommern, Niedersachsen, Saarland, Sachsen, Sachsen-Anhalt, Schleswig-Holstein und Thüringen uneingeschränkt der Fall. In Rheinland-Pfalz kann das als Rechtsverordnung der Staatsregierung gem. § 4 Abs. 1 Satz 2 AGVwGO Rh.-Pf. nicht der Normenkontrolle nach § 47 VwGO.

471 Koch/Hendler, Baurecht, Raumordnun- und Landesplanungsrecht, § 9 Rn. 14 ff.

472 BVerfGE 26, 228 (236); 56, 298 (309); 71, 25 (34); 107, 1 (8).

473 BVerfGE 76, 107 (114 f.); 107, 1 (8).

474 BVerfGE 71, 305 (334 f.); 74, 69 (74); BVerwGE 111, 276 (278 f.); DVBl. 2004, 382; NVwZ 2004, 1229; DVBl. 2020, 954 ff; Schenke, DVBNl. 2021, 994 (997); krit. Geis, in: FS Bartlsperger, S. 215 (230 f.).

475 Dörr, in: Ehlers/Fehling/Pünder, BVwR, § 38 Rn. 64.

fahren zur Verteidigung der kommunalen Selbstverwaltung vor, ist eine kommunale Verfassungsbeschwerde nach § 91 Satz 2 BVerfGG ausgeschlossen.[476]

Schließlich kommt seitens der Gemeinden auch die Überprüfung der Rechtmä- 319
ßigkeit von Raumordnungsplänen im Rahmen einer verwaltungsgerichtlichen Inzidenzkontrolle in Betracht,[477] etwa im Rahmen der Anfechtung der aufsichtsbehördlichen Genehmigung eines Regionalplans.

4. Sonstige Planungsträger

Unter sonstigen Planungsträgern sind solche zu verstehen, denen „raumbean- 320
spruchende oder raumbeeinflussende öffentliche Fachplanungen obliegen oder die sonst verbindliche Bodennutzungsregelungen vornehmen“[478]. Voraussetzung ist die Eigenschaft als juristische Person des öffentlichen Rechts (§ 61 Zf. 1, 2. Alt. VwGO).

5. Bürger

Die Beteiligungsfähigkeit einzelner Bürger ergibt sich zwar aus § 61 Nr. 1 321
Alt. 1 VwGO. Allerdings ist zu beachten, dass infolge des binnenrechtlichen Charakters des Planungsrechts die Rechtsschutzmöglichkeiten des Bürgers nur eingeschränkt gegeben sind. Denkbare Ansatzpunkte sind unmittelbare Beeinträchtigungen des Grundeigentums (Art. 14 GG), die einerseits die Antragsbefugnis im verwaltungsrechtlichen Normenkontrollverfahren begründen können. Andererseits kann der Bürger unmittelbar gegen Konzentrationsgebiete nach § 35 Abs. 3 S. 3 BauGB vorgehen, da diese als Ziele der Raumordnung ihm gegenüber direkte Wirkung entfalten (→ oben Rn. 313).

III. Streitgegenstand und Statthaftigkeit verwaltungsgerichtlicher Klagen

Eine weitere Voraussetzung für die Erhebung verwaltungsgerichtlichen Klagen 322
ist die statthafte Verfahrensart. Um diese festzulegen, muss das genaue Rechtsschutzziel des jeweils Klagenden bzw. Antragsstellenden (Klagebegehren, § 88 VwGO) – gegebenenfalls im Wege der Auslegung oder durch gerichtlichen Hinweis nach § 86 Abs. 3 VwGO – ermittelt werden, das dann den prozessualen Streitgegenstand bestimmt (§ 90 VwGO).[479]

323

476 Z.B. Art. 76 Verf B.-W.; Magen, in: Umbach/Clemens/Dollinger (Hrsg.), BVerfGG, § 91 Rn. 40.
477 Vgl. Koch/Hendler, Baurecht, Raumordnun- und Landesplanungsrecht, § 9 Rn. 23 ff.
478 Runkel, in: Ernst/Zinkahn/Bielenberg/Krautzberger, BauGB, § 7 Rn. 4.
479 Vgl. Peters/Kujath, in: Sodan/Ziekow, NKVwGO, § 88 Rn. 20.

1. Ziele und Grundsätze der Raumordnung

Die gerichtliche Überprüfung von Rechtsnormen richtet sich danach, in welcher Normebene sie ergangen sind. Ziele der Raumordnung sind regelmäßig untergesetzliche Rechtsnormen des Landesrechts[480]; gegen sie ist daher ein Normenkontrollverfahren nach § 47 Abs. 1 Nr. 2 VwGO statthaft; wenn das Landesrecht kein solches vorsieht, kommt ersatzweise eine Feststellungsklage nach § 43 VwGO in Betracht.[481] Die Letztere ist auch statthaft gegen Ziele der Raumordnung in Plänen des Bundes (→ Rn. 102).

324 Weiter erforderlich ist die Außenwirkung der Norm. Diese liegt vor bei den Planungsträgern, die der Bindungswirkung des § 4 ROG unterliegen.[482] Gegenüber Privaten entfalten Ziele nur im Falle des § 35 Abs. 3 Satz 3 BauGB Außenwirkung; nur in diesem Fall ist ein Antrag nach § 47 VwGO statthaft.

325 Bei den Grundsätzen der Raumordnung hat sich die rechtliche Einordnung gewandelt: Während deren Rechtsnatur früher gesetzlich nicht klar geregelt war und damit auch eine Außenwirkung verneint wurde,[483] kommen Grundsätze heute ausschließlich als Normen[484] vor, entweder auf der Ebene des förmlichen Gesetzes (§ 2 ROG; Landesplanungsgesetze) oder in den Landesentwicklungsprogrammen/-plänen und Regionalplänen als Rechtsverordnungen (→ Rn. 105).[485] Während gegen gesetzlich aufgestellte Grundsätze daher nur verfassungsprozessualen Rechtsbehelfe möglich sind (insb. die kommunale Verfassungsbeschwerde nach Art. 93 Abs. 1 Zf. 4b GG und entsprechende landesverfassungsrechtliche Verfahren wie Art. 76 Verf BW), ist gegen letztere die Normenkontrolle nach § 47 VwGO statthaft.[486]

326 Ein Sonderfall liegt vor, wenn das Landesrecht bei Regionalplänen eine Verbindlicherklärung vorsieht (wie nach Art. 22 Abs. 1 S. 2 BayLplG);[487] sieht man darin eine Präventivgenehmigung, so ist ein Normenkontrollantrag nicht statthaft, weil

480 Battis, Öffentliches Baurecht und Raumordnungsrecht, Rn. 107; Goppel, in: Spannowsky/Runkel/Goppel, ROG, § 4 Rn. 84 ff.; a.A. Koch/Hendler, Baurecht, Raumordnungs- und Landesplanungsrecht, § 3 Rn. 49, der die Ziele als „hoheitliche Maßnahmen eigener Art" qualifiziert, sie aus diesem Grund zu „normähnlichen Maßnahmen" zählt und ihnen auf diese Weise Rechtsnormqualität zuschreibt.

481 VGH Hessen, U.v..2002 – 4 N 3272/01 = DVBl. 2003, 215.

482 Vgl. Koch/Hendler, Baurecht, Raumordnungs- und Landesplanungsrecht, § 3 Rn. 30 ff., Potschies, Raumplanung, S. 182.

483 BVerwG, B.v. – 4 NB 20/91 = NVwZ 1993, 167 (169); Schenke, in: Erbguth, Planungsrecht in der gerichtlichen Kontrolle, S. 73, 77.

484 Vgl. z.B. VGH Bayern, U.v. 25.4.2006 – 8 N 05.542 = juris; Potschies, Raumplanung, S. 184.

485 So z:B. Art. 20 Abs. 2 BayLPlG, § 8 Abs. 1 S. 6 LPlG R.-P., § 10 Abs. 1 LPlG B.-W Art. 8 Abs. 4 LPlV Bln/Bbg; weit. Beispiele bei Koch/Hendler, Baurecht, Raumordnungs- und Landesplanungsrecht, § 5, S. 79 ff.

486 Vgl. Potschies, Raumplanung, S. 174 ff.

487 Vgl. VGH Baden-Württemberg, U.v. .2007 – 3 S 2789/06 = openJur 2012, 65946.

der Plan noch nicht wirksam geworden. Sieht man die Wirksamkeit bereits mit dem Beschluss und der Veröffentlichung (von der der Zeitpunkt der Verbindlicherklärung abweichen kann) als eingetreten an, wäre der Antrag nach § 47 VwGO zwar statthaft, scheitert aber jedenfalls an der mangelnden Antragsbefugnis: Mangelns Verbindlichkeit können noch keine subjektiven Rechte verletzt sein. Daneben besteht für Gemeinden auch die Möglichkeit, gegen die Verbindlicherklärung bzw. Genehmigung – die ihnen gegenüber Verwaltungsakt nach§ 35 VwVfG ist – im Wege einer Anfechtungsklage (§ 42 Abs. 1 VwGO) vorzugehen.[488]

2. Ergebnisse eines Raumordnungsverfahrens

Ergebnisse eines Raumordnungsverfahrens (→ Rn. 275) haben keine unmittelbare normative Wirkung, daher gibt es keine statthafte Rechtsschutzmöglichkeit.[489] Lediglich der Einfluss auf eine mögliche fehlerhafte Abwägung kann im Rahmen einer Inzidenzprüfung thematisiert werden. 327

Auch eine subsidiäre Feststellungsklage nach § 43 VwGO richtet sich allenfalls inzident im Rahmen einer Einzelfallprüfung gegen den Raumordnungsplan, da damit nur das Bestehen bzw. Nicht-Bestehen eines Rechtsverhältnisses festgestellt werden kann, die Ergebnisse und Grundsätze der Raumordnung jedoch aufgrund ihrer fehlenden Bindungswirkung kein solches Rechtsverhältnis begründen.[490] 328

3. Untersagung raumordnungswidriger Maßnahmen

Die Untersagung raumordnungswidriger Planungen (§ 12 ROG) ist aus der Perspektive des Planungsträgers ein Verwaltungsakt.[491] Daher ist die Anfechtungsklage nach § 42 Abs. 1 Alt. 1 VwGO – gegebenenfalls nach vorausgehendem Widerspruch[492] – der statthafte Rechtsbehelf gegen die Untersagung.[493] Widerspruch und Anfechtungsklage haben jedoch nach § 12 Abs. 3 ROG i.V.m. § 80 Abs. 2 S. 1 Nr. 3 VwGO keine aufschiebende Wirkung. 329

488 So VG Stuttgart, U.v. 8.02.2007 – 12 K 2961/06 = openJur 2012, 65641; BVerwG, U.v. 12.12.1969 – IV C 105.66 = juris.

489 Vgl. BVerwG, U.v. 30.8.1995 – 4 B 86/95 = NVwZ-RR 1996; Runkel, in: Ernst/Zinkahn/Bielenberg/Krautzberger, BauGB, § 1 Rn. 98.

490 Vgl. Dörr, in: Ehlers/Fehling/Pünder, BVwR, § 38 Rn. 65.

491 I, in: Spannowsky/Runkel/Goppel, ROG, § 14 Rn. 27.

492 Sofern dieser noch zulässig ist, vgl. Geis, in: Sodan/Ziekow, NKVwGO, § 68 Rn. 131.

493 ,

4. Normerlassklagen?

330 Ob ein Anspruch auf Erlass untergesetzlicher Rechtsnormen, wie Verordnungen oder Satzungen besteht, ist in der Literatur sehr umstritten. In Ausnahmefällen kann sich ein solcher Anspruch aus gesetzlichen Regelungen ergeben,[494] meist im Wege der Auslegung, kaum durch explizite Regelungen. Im Bauplanungsrecht wird ein solcher Anspruch etwa bejaht, wenn ein gültiger Bebauungsplan durch Nichtvollzug oder durch extensive Erteilung von Befreiungen „ausgehöhlt" und damit funktionslos geworden ist und dies im Einzelfall zu schweren, irreversiblen Grundrechtsbeeinträchtigungen des Einzelnen führen würde. Die in § 1 Abs. 4 BauGB festgelegte Anpassungspflicht des Bebauungsplans an die Ziele der Raumordnung begründet für sich kein sog. subjektiv-öffentliches Recht[495], auf das sich der Einzelne berufen könnte. Auch gibt es keinen Anspruch auf Ausweisung einer Konzentrationsfläche nach § 35 Abs. 3 Satz 3 BauGB. Regelmäßig steht ein solcher Anspruch aber im dogmatischen Widerspruch zum Prinzip planerischer Abwägung.

Einen Ausnahmefall angenommen, wäre eine Leistungsklage auf den Erlass Vornahme einer landesplanerischen Norm statthaft.[496] Dabei wird es sich so gut wie nie um den Erlass eines Planes insgesamt, sondern um die Ergänzung oder Hinzufügung einzelner Bestimmungen handeln.

Beispiel: Die Klage einer Gemeinde auf „Hochstufung" im System der zentralen Orte.

5. Klagen auf Beteiligung am Planungsverfahren?

331 Klagen auf Beteiligung am Planungsverfahren können nicht separat geltend gemacht werden, sondern immer nur im Rahmen einer inhaltlichen Überprüfung (§ 44 a VwGO) Der Verstoß gegen eine Verletzung des Verfahrens kann jedoch auf einen Abwägungsfehler (→ Rn. 347 ff) hindeuten.

IV. Klage- bzw. Antragsbefugnis

1. Allgemeines

332 Das Erfordernis der Klagebefugnis für Anfechtungs- und Verpflichtungsklage ergibt sich aus § 42 Abs. 2 VwGO, die Antragsbefugnis im Normenkontrollverfahren richtet sich nach § 47 Abs. 2 S. 1 VwGO. Hintergrund dieser Regelung ist die Vermeidung von Popularanträgen[497], also solchen, die gestellt werden,

494 Pietzcker, in: Schoch/Schneider, VwGO, § 42 Rn. 160.
495 Battis, in: Battis/Krautzberger/Löhr, BauGB, § 1 Rn. 35.
496 Steiner, in Steiner/Brinktrine, BVwR, § 5 Rn. 93.
497 Hoppe, in: Eyermann u.a., VwGO, § 47 Rn. 40.

ohne eine eigene Betroffenheit geltend zu machen. Eine Ausnahme vom Erfordernis der Klagebefugnis erlaubt § 42 Abs. 2 VwGO, wenn eine ausdrückliche gesetzliche Regelung bestimmt, dass eine solche nicht erforderlich ist (vgl. z.B. § 64 BNatSchG).[498]

Die ganz oder teilweise Anfechtung von Raumordnungsplänen durch Normenkontrollantrag setzt eine Antragsbefugnis voraus (§ 47 Abs. 2 S. 1 VwGO): **333**

„Den Antrag kann **jede natürliche** oder **juristische Person**, die geltend macht, **durch die Rechtsvorschrift oder deren Anwendung in ihren Rechten verletzt** zu sein oder in absehbarer Zeit verletzt zu werden, sowie **jede Behörde** innerhalb eines Jahres nach Bekanntmachung der Rechtsvorschrift stellen."

§ 47 Abs. 2 S. 1 unterscheidet zwei Alternativen: den Antrag einer natürlichen oder juristischen Person (Alt. 1) oder von einer Behörde (Alt. 2).

2. Antragsbefugnis natürlicher oder juristischer Personen

Natürliche oder juristische Personen müssen gem. § 47 Abs. 2 S. 1 Alt. 1 VwGO darlegen können, durch eine Rechtsvorschrift gegenwärtig oder in absehbarer Zeit in ihren subjektiven Rechten verletzt zu sein.[499] **334**

Der Antragssteller muss hinreichend substantiiert begründen, dass zumindest die Möglichkeit besteht, durch die Rechtsvorschrift bzw. ihre Anwendung in seinen eigenen Rechten verletzt zu sein[500] Weiterhin muss die behauptete Rechtsverletzung der angegriffenen Rechtsvorschrift zugeordnet werden können.[501] Ausreichend sind auch die sogenannten Fälle faktisch mittelbarer Betroffenheit, das heißt, es kommt erst zu einer Rechtsverletzung aufgrund eines weiteren, eigenständigen Rechtsakts.[502] Voraussetzung ist somit, dass die angegriffene Norm drittschützenden Charakter hat. Das ist der Fall, wenn sie nicht nur dem Schutz von Allgemeininteressen, sondern auch gerade dem Schutz von Interessen eines von der Allgemeinheit abgrenzbaren Personenkreises dient.[503] Im Zweifel ist dies durch Auslegung zu ermitteln. **335**

Beispiele: Das in § 7 Abs. 2 ROG enthaltene Abwägungsgebot erfordert auch die Berücksichtigung privater Belange bei der Aufstellung der Raumordnungspläne. Durch diese ausdrückliche Erwähnung der privaten Belange in die Abwägung dient § 7 Abs. 2 ROG auch den Interessen des Einzelnen hat also drittschützenden Cha-

498 Detterbeck, Allgemeines Verwaltungsrecht, § 31 Rn. 1353.
499 Vgl. Ziekow, in: Sodan/Ziekow, VwGO, § 47 Rn. 144.
500 Giesberts, in: Posser/Wolff, BeckOK VwGO, § 47 Rn. 36.
501 BVerwGE 108, 182 (184).
502 Hoppe, in: Eyermann u.a., VwGO, § 47 Rn. 42.
503 Stüer, Bau- und Fachplanungsrecht, Rn. 5259.

rakter.[504] Abwägungsfehler hinsichtlich privater Belange können daher eine Verletzung eines subjektiven Rechts ergeben.

Auch an § 35 Abs. 3 S. 3 BauGB lässt sich zeigen, dass den Zielen der Raumordnung eine Steuerungswirkung gegenüber privaten Vorhaben zukommen kann. Konzentrationszonen privilegieren typischerweise private Vorhaben an einer Stelle (sog. Konzentrationszonen) festzusetzen und schließen sie an anderer Stelle aus; damit ist auch § 35 Abs. 3 Satz 3 BauGB ein drittschützendes subjektiven Recht.[505]

336 Gemeinden als juristische Personen des öffentlichen Rechts sind dann antragsbefugt, wenn sie durch die in Streit stehende Rechtsvorschrift einen „abwägungserheblichen Nachteil erleiden", insb. wenn eine planungsrechtliche Bestimmung ihr Selbstverwaltungsrecht verletzt..[506] Da Gemeinden jedoch auch Behörde i.S.v. § 47 Abs. 2 S. 1 Alt. 2 sind, wird bezüglich der Antragsbefugnis der Gemeinde auf die folgenden Ausführungen verwiesen.

3. Antragsbefugnis der Behörden

337 Behörden sind antragsbefugt, ohne eine eigene Rechtsverletzung geltend machen zu müssen (§ 47 Abs. 2 S. 1 Alt. 2 VwGO); sie muss allerdings mit der Ausführung der Norm befasst sein. Nach § 1 Abs. 4 VwVfG ist Behörde jede Stelle, die Aufgaben der öffentlichen Verwaltung wahrnimmt. Auch die Gemeinde (als juristische Person) Behörde..[507] Dabei gilt grundsätzlich, dass die Behörde mit der Ausführung der Norm befasst sein muss.[508] So ist beispielsweise eine Gemeinde befugt, das Normenkontrollverfahren anzustrengen, um sich gegen eine verordnungsrechtliche Festsetzung eines Naturschutzgebiets zur Wehr zu setzen..[509]

4. Klagebefugnis bei Klage gegen die raumordnerische Untersagung

338 Auch eine Anfechtungsklage gegen eine Untersagungsverfügung setzt eine Klagebefugnis nach § 42 Abs. 2 VwGO voraus; der Kläger muss also geltend machen, durch die Untersagung möglicherweise in eigenen Rechten verletzt zu sein. Öffentliche Planungsträger haben grundsätzlich keine subjektiven Rechte gegen den Staat, weil sie ja der staatlichen Sphäre zugehören. Einzige Ausnah-

504 Vgl. Koch/Hendler, Baurecht, Raumordnungs- und Landesplanungsrecht, § 9 Rn. 5 ff.

505 Koch/Hendler, Baurecht, Raumordnungs- und Landesplanungsrecht, § 9 Rn. 7.

506 Ziekow, in: Sodan/Ziekow, NKVwGO, Art. 47 Rn. 234 m.w.N.; Stüer, Bau- und Fachplanungsrecht, Rn. 5169.

507 OVG Niedersachsen, U.v. 25.9.2003 – 8 KN 2073/01 = BeckRS 2003, 24662, Stüer, Bau- und Fachplanungsrecht, Rn. 5167.

508 VGH Baden-Württemberg, U.v. 10.12.1976- III 1149/76 – BauR 1977, 182; Kopp/Schenke, VwGO, § 47 Rn. 32.

509 Vgl. BVerwG, U.v. 7.6.2001 – 4 CN 1/01 = NVwZ 2001, 1280.

men sind die Gemeinden, die sich hinsichtlich ihrer Planungshoheit auf eine Verletzung des Selbstverwaltungsrechts (Art. 28 Abs. 2 GG) berufen können.[510]

Personen des Privatrechts, die öffentliche Aufgaben wahrnehmen und nach § 4 ROG an Ziele der Raumordnung gebunden sind, sind klagebefugt, soweit sie einen Eingriff in ihre Grundrechte aus Art. 14 GG (Grundeigentum, Gewerbebetrieb) oder Art. 12 GG (Berufsfreiheit) geltend machen können.[511]. 339

Sonstige Privatpersonen haben dagegen regelmäßig keine subjektiv-öffentlichen Rechte; sie können weder eine Untersagungsverfügung anfechten noch ein entsprechendes Einschreiten der Raumordnungsbehörde verlangen und einklage; überdies liegt ihnen gegenüber mangels Außenwirkung der Untersagungsverfügung schon kein Verwaltungsakt vor.[512]: Beabsichtigt der regionale Planungsträger die Ausweisung einer Konzentrationsfläche etwa für einen Windpark und wird diese Planung raumordnerisch untersagt, so könnte dadurch in die Berufsfreiheit oder das Eigentum eines Investors eingegriffen werden, der insoweit klagebefugt wäre. 340

Darüber kann ein Privater im Rahmen einer Verpflichtungsklage auf Erteilung einer Baugenehmigung die inzidente Überprüfung einer befristeten Untersagung veranlassen. Unterstellt, das Vorhaben wäre genehmigungspflichtig und genehmigungsfähig, hätte der Bürger einen Anspruch auf Erteilung der Baugenehmigung, der durch die befristete Untersagungsverfügung gegenüber der Baugenehmigungsbehörde zeitlich vereitelt.[513] Bestehende Genehmigungen werden nicht erfasst, da sie dem Bestandsschutz unterliegen. 341

V. Begründetheit

1. Formelle Rechtmäßigkeit: Zuständigkeit und Verfahren

Die formelle Rechtmäßigkeit einer Norm umfasst die Zuständigkeit der handelnden Behörde, die Einhaltung der Verfahrensvorschriften und die richtige Rechtsform. 342

Zu beachten sind hier insbesondere die Heilungsmöglichkeiten von formellen Fehlern. § 11 ROG, der den §§ 214, 215 BauGB nachgebildet ist, beinhaltet den sog. Grundsatz der Planerhaltung.[514] Sein Sinn und Zweck ist es, die Geltung der erlassenen Planungsnormen nicht gleich bei jeder Verletzung einer Verfahrensvorschrift in Frage zu stellen, da ansonsten wegen der Wiederholung

510 Hager, in: Kment, ROG, § 12 Rn. 64, VG Braunschweig, U.v. 1.8.2013 – 2 B 798/13 = BeckRS 2013, 54442.
511 Hager, in: Kment, ROG, § 12 Rn. 64.
512 BGH, U.v. 22.12.1983 – X ZB 17/82 = NJW 1984, 2703 (2704).
513 Steiner, in: Steiner/Brinktrine, BesVwR, § 5, Rn. 85.
514 Vgl. z.B. Battis. in: Battis/Krautzberger/Löhr, BauGB, Vorb §§ 214–216 Rn. 1 ff.

des ganzen Verfahrens u.U. zeitraubende „Dauerwarteschleifen“ entstünden. Danach sind die meisten Fehler des Verfahrens oder der Form nach rügelosem Ablauf einer Jahresfrist unbeachtlich (§ 13 Abs. 4 ROG) oder durch ein ergänzendes Verfahren rückwirkend heilbar (§ 13 Abs. 6 ROG). Verfahrensbedingte Mängel im Abwägungsvorgang sind nur erheblich, wenn sie offensichtlich und auf das Abwägungsergebnis von Einfluss gewesen sind (§ 13 Abs. 3 Satz 2 ROG), was aber erst in der materiellen Rechtmäßigkeit geprüft wird.

2. Materielle Rechtmäßigkeit

343 In der materiellen Rechtmäßigkeit wird überprüft, ob die in der Zulässigkeit behauptete Rechtsverletzung tatsächlich besteht. Dabei sind die folgenden drei Punkte zu prüfen:

a) Übereinstimmung mit höherrangiger Planung

344 Die angefochtene planerische Maßnahme wird darauf untersucht, ob sie gegen höherrangige Pläne verstößt und ob das Entwicklungsgebot, dass Regionalpläne aus dem LEP zu entwickeln sind, beachtet wurde (§ 13 Abs. 2 Satz 1 ROG). Auch dieses ist dem Baurecht nachgebildet (§ 8 Abs. 2 BauGB). Da es sich allerdings – anders als im Bauplanungsrecht – um unterschiedliche Planungsträger handelt, gibt es kein Parallelverfahren.

b) Beachtung des Abwägungsgebots; die Abwägungsfehlerlehre

345 Zentrales planerische Norm ist das Abwägungsgebot (§ 7 Abs. 2 Satz 1 ROG). Da die Norm dem § 1 Abs. 7 BauGB nachgebildet ist,,[515] kann die hierzu entwickelte Dogmatik weitgehend übernommen werden..[516] § 11 Abs. 3 ROG bestimmt als für die Abwägung maßgeblichen Zeitpunkt den der Sach- und Rechtslage im Zeitpunkt der Beschlussfassung.

346 Die Kontrolle des Abwägungsgebots erfolgt durch Zusammenstellung des Abwägungsmaterials und der Gewichtung des Materials.[517] Planung ist ein komplexer Willensbildungsprozess, der der Behörde einen weitreichenden Gestaltungsspielraum einräumt, der gerichtlich nur begrenzt überprüfbar ist.[518] Das

515 Schmidt-Aßmann, in: Maunz/Dürig, GG, Art. 19 IV, Rn. 208.

516 BVerwG, U.v. 27.1.2005 – 4 C 5.04 = BRS 69, Nr. 107; VGH Hessen, U.v. 10.5.2012 – 4 C 841/11.N = BeckRS 2012, 51540.

517 BVerwGE 34, 301 (307 ff.); 59, 253 (257).

518 Schmidt-Aßmann, in: Dürig/Herzog/Scholz (Hrsg.), GG, Art. 19 IV . 213.; Kment u.a. Bauplanungsrecht, § 5 Rn. 24 m.w.Nw.; Brohm, Öffentliches Baurecht, § 13 Rn. 15 ff.

Gericht überprüft nur, ob Fehler in der Abwägung vorliegen. Dies ergibt sich aus einer analogen Anwendung von § 114 VwGO zur Kontrolle des Ermessens.

Auf der Grundlage der Ermessensfehlerlehre hat das Bundesverwaltungsgericht in seinem „Flachglas"- („Floatglas") Urteil[519] die **Abwägungsfehlerlehre** entwickelt, die von der verwaltungsrechtlichen Literatur weitgehend rezipiert worden ist.[520] Dabei ist zwischen formellen Fehlern und materiellen Fehlern zu unterscheiden. **Formelle Fehler** können in der Verletzung von Verfahrensvorschriften, etwa der Unterlassung der Anhörung von betroffenen Behörden oder der Öffentlichkeit, oder in der Verletzung von Formvorschriften beim Planerlass bestehen; **materielle Fehler** können sich durch falsche Gewichtungen im Abwägungsvorgang ergeben. 347

aa) Formelle Abwägungsfehler

Erste Kategorie ist der **Abwägungsausfall**: Die planende Stelle fühlt sich normativ gebunden und nimmt daher überhaupt keine Abwägung vor. 348

Beispiel: Die Behörde von einem bindenden Ziel der Raumordnung aus, obwohl es sich um einen abwägungstauglichen Grundsatz handelt.

Zweite Kategorie ist das **Abwägungsdefizit**: Die planende Stelle übersieht einen oder mehrere Belange oder ermittelt den Sachverhalt nicht ausreichend. 349

Beispiel: Die planende Stelle übersieht, dass ein Planvorhaben den letzten europäischen Lebensraum einer seltenen Pflanze/einer gefährdeten Tierart vernichtet.

bb) Materielle Abwägungsfehler[521]

Dritte Kategorie ist die **Abwägungsfehleinschätzung**: Die planende Stelle hat zwar alle Gesichtspunkte ordnungsgemäß ermittelt, die für das Vorhaben relevant sind, gewichtet sie aber nicht hinreichend. 350

Beispiel: Dem Planungsträger ist bewusst, dass ein Planungsvorhaben (z.B. Flussregulierung) Auswirkungen auf den Grundwasserspiegel haben kann, hat aber die dabei möglicherweise eintretenden Fernwirkungen und –schäden (z.B. Gebäuderisse durch Bodensenkungen, Veränderungen in Fauna und Flora) nicht im Blick.

---

519 BVerwGE 35, 309; zum Optimierungsgebot: BVerwGE 71, 163.

520 Köck, in: Hoffmann-Riem/Schmidt-Aßmann/Voßkuhle, Grundlagen des Verwaltungsrechts, Bd. II, § 37 Rn. 194 ff.; Geis, in: Schoch/Schneider, VwVfG, § 40 Rn. 206 ff.

521 Wie etwa den durch „Stuttgart21" berühmt gewordenen „Juchtenkäfer" der zu einem vorläufigen Baustopp durch den VGH Baden-Württemberg, U.v. .12.2011 – 5 S 2100/11 führte.

351 Vierte Kategorie ist der **Abwägungsfehlgebrauch**: Hier wird ein Planvorhaben aufgestellt, durchgesetzt, das inhaltlich nicht gerechtfertigt werden kann, mit dem Ziel es politisch gerade zu verhindern.

Beispiele: (1) In einer Planung werden von Bebauung freizuhaltende Polderflächen zum Hochwasserschutz ausgewiesen, die aber so hoch liegen, dass sie zur Hochwasseraufnahme nicht tauglich sind. (2) Um Windkraftanlegen zu verhindern, werden Vorranggebiete für Windkraftnutzung ausgewiesen, die im Windschatten eines Berges liegen und deshalb nur eine minimale „Windhöffigkeit" aufweisen.

352 Eine Variante ist der – freilich seltene – Fall des **Abwägungsmissbrauchs**: Hier wird hinter dem Deckmantel einer objektiven Abwägung eine Planung verwirklicht, die Dritten aus sachwidrigen Gründen Schaden zufügen sollen.

Beispiel: Eine Landesregierung verhindert durch entsprechende Ziele im LEP den Ausbau eines bestimmten Flughafens, um den Flughafen der Landeshauptstadt vor Konkurrenz zu bewahren, an dessen Träger in Form einer AG das Land beteiligt ist.

353 Die letzte Kategorie ist die Abwägungsdisproportionalität: Die planende Stelle gewichtet einzelne Belange so stark, dass die Nachteile außer Verhältnis zum verfolgten Planungsziel stehen.

Es liegt auf der Hand, dass sich die einzelnen Fehlerkategorien nicht streng voneinander abgrenzen lassen; oft wird eine Gemengelage aus verschiedenen Kategorien vorliegen.

Beispiel: Eine finanziell klamme Gemeinde plant ein Industriegebiet, um durch die Ansiedlung von Betrieben die Gewerbesteuereinnahmen erheblich zu steigern, jedoch an einem Ort, an dem das Vorhaben gravierende Beeinträchtigungen der Umwelt herbeiführen wird.

354 Weiter ist zu unterscheiden zwischen Fehlern im Abwägungsvorgang und solchen im Abwägungsergebnis, da sich die gerichtliche Kontrolle auf beides bezieht.[522] Fehler im Abwägungsvorgang sind generell nur beachtlich, wenn sie offensichtlich und auf das Abwägungsergebnis von Einfluss gewesen sind (§ 11 Abs. 3 S. 2 ROG). Offensichtlich ist ein Fehler, wenn er sich in den verfahrensbegleitenden Unterlagen widerspiegelt, beispielsweise in Gutachten, Sitzungsprotokollen oder der Begründung.[523]

355 Von Einfluss auf das Abwägungsergebnis sind offensichtliche Mängel im Abwägungsvorgang nur, wenn sich bei einer Einzelfallbetrachtung die konkrete Möglichkeit ergibt, dass es ohne den Fehler zu einer anderen Planungsentscheidung gekommen wäre.[524] Dagegen sind Mängel im Abwägungsergebnis immer beachtlich, da dort insbesondere kein Planerhaltungstatbestand eingreift.[525]

522 Martini/Finkenzeller, JuS 2012, 126.
523 Hager, in: Kment, ROG, § 11 Rn. 92.
524 BVerwGE 64, (38 f.). BVerwGU.v..1981 – 4 C 57/80 = NJW 1982, 591; BVerwG, U.v.11.4.2013 – 4 CN 2.12 = ZfBR 2013, 569 ff.
525 Hager, in: Kment, ROG § 11 Rn. 95.

Rechtsfolge eines beachtlichen Fehlers ist die Unwirksamkeit der planerischen Maßnahme. Kann der Plan auch ohne den unwirksamen Teil sinnvoll fortbestehen, ist nur dieser unwirksam.

c) Rücksichtnahmegebot

Das in § 1 Abs. 3 ROG festgelegte Gegenstromprinzip kann als Ausprägung eines Rücksichtnahmegebots zwischen den verschiedenen Planungsträgern gedeutet werden, das diesen ein subjektives Recht verleiht.[526] Da das Gegenstromprinzip festlegt, dass bei Planung der Teilräume diese sich in die Gegebenheiten des Gesamtraums einfügen sollen, der Gesamtraum die Gegebenheiten der Teilräume indes nur berücksichtigen soll, lässt sich grundsätzlich ein Vorrang des Gesamtraums ableiten. Jedoch bedeutet das nicht, dass die Planungen und Maßnahmen der Teilräume automatisch zurücktreten, d.h. einfach „weggewogen“ werden dürfen; vielmehr verlangt das Rücksichtnahmegebot gewichtige und triftige Gründe für deren Zurücktreten.[527] 356

d) Systemgerechtigkeit

Das – nicht unumstrittene – verfassungsrechtliche Prinzip der Systemgerechtigkeit begründet eine Verpflichtung von Normgebern, bei der Schaffung von Normen dogmatisch-systematisch grundlegende Widersprüche zu vermeiden[528] – nicht nur solche im Einzelfall, die meist durch eine lex-specialis- Interpretation auflösbar sind. Die sog. Verhinderungsplanung kann als eine Ausprägung dieses Prinzips verstanden werden, wenn also einziger Zweck eines Plans ist, bestimmte nach § 35 Abs. 1 BauGB privilegierte Vorhaben ganz auszuschließen, und damit bewusst die Entscheidung des Gesetzgebers konterkariert.[529] 357

526 VGH Hessen, U.v. 10.5.2012 – 4 C 841/11.N = BeckRS 2012, 51540; Dallhammer, in: Cholewa/Dyong/von der Heide/Arenz, Raumordnung in Bund und Ländern, § 7 Rn. 169. Es ist nicht zu verwechseln mit dem baurechtlichen Rücksichtnahmegebot aus § 34, 35 BauGB, § 15 BauNVO, das eine unzumutbare Belastung im Bereich des Nachbarschutzes verhindert.

527 VGH Hessen, U.v. .2012 – 4 C 841/11.N = BeckRS 2012, 51540; Hofmann, in: Kment, ROG, § 1 Rn. 33; , in: Cholewa/Dyong/von der Heide/Arenz, Raumordnung in Bund und Ländern, § 7, S. 168.

528 Vertiefend Payandeh, AöR 136 (2011), S. 578 (583); Dieterich, Systemgerechtigkeit und Kohärenz, 2014, passim.

529 Vgl. z.B. VGH Bayern, U.v. 19.11.2007 – 1 N 05.2521 – juris.

VI. Inzidente Kontrolle

358 Neben der direkten Kontrolle kommt in bestimmten Fällen auch eine sog. inzidente Kontrolle Betracht. Eine solche ist möglich, wenn ein Einzelakt (meist Verwaltungsakt) auf einem Plan beruht. Dann kann im Rahmen eines Vorgehens gegen den Einzelakt mit überprüft werden, ob der zugrundeliegende Plan eine gültige Rechtsgrundlage darstellt.[530] Der Anwendungsbereich ist jedoch sehr beschränkt, weil Einzelakte nur selten direkt auf Normen in Raumordnungsplänen beruhen. Denkbar sind aus der Sicht Einzelner baurechtliche Genehmigungen (bzw. deren Ablehnung) für privilegierte Vorhaben in Konzentrationszonen nach Art. 35 Abs. 3 BauGB[531] Aus der Sicht von Gemeinden sind inzidente Überprüfungen einmal bei Anfechtungsklagen von raumordnerischen Untersagungsverfügungen, zum anderen bei Verpflichtungsklagen auf Erteilung der Genehmigung eines Flächennutzungsplans, die damit begründet werden, dass diese durch eine irrig angenommenen Verstoß gegen das Anpassungsgebot (§ 1 Abs. 4 BauGB) verweigert wird, obwohl ein entsprechendes Ziel der Raumordnung rechtswidrig ist.[532]

359 Die zu überprüfende Norm ist selbst nicht Streitgegenstand der Klage.[533] Kommt das Gericht zum Ergebnis, dass im Rahmen einer Inzidenzprüfung eine raumplanerische Norm gegen höherrangiges Recht verstößt, hebt es den Einzelakt auf; die Entscheidung wirkt dann nur zwischen den Parteien *(inter partes)*. Ein generelle Unwirksamkeit (*inter omnes*) ist nur im Wege eines Normenkontrollantrags möglich (§ 47 Abs. 5 S. 2 VwGO). Für die Inzidentkontrolle ist jedes Gericht im Rahmen seiner Gerichtsbarkeit zuständig;[534] das können auch die Zivilgerichte sein, z.B., wenn durch rechtwidrige Ziele oder Untersagungsverfügungen Einzelvorhaben blockiert werden und daraus Schadensersatzforderungen entstehen.

360 Formelle Gesetze können inzident von Gerichten nicht überprüft werden; sind diese von der Verfassungswidrigkeit eines Gesetzes überzeugt, so haben sie einen Antrag auf konkrete Normenkontrolle nach Art. 100 GG beim Bundesverfassungsgericht zu stellen, bei Landesgesetzen gegebenenfalls bei den jeweiligen Landesverfassungsgerichten.

---

530 Steiner, in: Steiner/Brinktrine, BesVwR, § 5 Rn. 90; Dörr, in: Ehlers/Fehling/Pünder, BesVwR, § 38 Rn. 72.

531 Koch/Hendler, Baurecht, Raumordnungs- und Landesplanungsrecht, § 9 Rn. 12; Goppel, in: Spannowsky/Runkel/Goppel, ROG, § 4 Rn. 98.

532 So z.B. VG MünchenU.v..12.2007 – M 1 K 07.2772 = BeckRS 2007, 37237.

533 Panzer, in: Schoch/Schneider/Bier, VwGO, § 47 Rn. 8.

534 Reidt, in: Battis/Krautzberger/Löhr, BauGB, § 10 Rn. 27.

Stichwortverzeichnis

Die Angaben verweisen auf die Paragrafen des Buches (**fette Zahlen**) sowie die Randnummern innerhalb der einzelnen Paragrafen (magere Zahlen).
Beispiel: § 9 Rn. 10 = **9** 10

Abstimmungsgebot
- Grundsatz der Bundestreue **6** 258
- Inhalt **6** 258
- Verfahren **6** 260

Abwägung **6** 179

Abwägungsgebot
- Abwägungsfehler **6** 190
- Parzellenschärfe **6** 191
- rahmensetzende Planung **6** 191
- Relevanz von Entwicklungskonzepten **6** 193
- Schutzgebiete **6** 193 f.
- Umfang **6** 189
- Umweltprüfung **6** 195

Akademie für Raumforschung und Landesplanung (ARL) **3** 90

Alpenkonvention **4** 107

Alpenplan **4** 107 ff.

Alpentransversalen **1** 23 ff.
- Basistunnel **1** 26
- Zulaufstrecken **1** 26

Anpassungsgebot **6** 238 ff.

Anpassungspflicht **6** 240 ff. 248
- Durchsetzung **6** 251

AWZ
- Eignungsgebiet für den Meeresbereich **5** 150
- Entenschnabel **4** 98
- Festlegung **4** 98 ff.
- Nordsee **4** 99
- Nutzungskoordination **4** 99
- Ostsee **4** 100

Bananenmodell **1** 19 ff.

Banlieusierung **1** 7

Baurechtsgutachten **4** 93

Beachtenspflicht **5** 122

Behördenaufbau **3** 73 ff.

Beirat für Raumentwicklung **3** 69

Berücksichtigungspflicht **5** 126

Beteiligungsgebot **6** 180 ff.

Bindungswirkung **6** 255
- Ausnahmen **6** 212
- Bundeshehörden **6** 261
- Kommunen **6** 232 ff.
- Konfliktsbereinigungsverfahren **6** 264
- Konzentrationswirkung **6** 234
- Öffentliche Stellen **6** 200 ff.
- Öffentliche Stellen des Bundes **6** 209 ff.
- Personen des Privatrechts **6** 201, 206
- Planungen des Bundes **6** 263
- Private Grundstückeigentümer **6** 205
- Widerspruch **6** 211, 262

Blaue Banane **1** 19 f.

Blauer Stern **1** 22

Bundesamt
- für Bauwesen und Raumordnung **3** 66
- weitere **3** 67

Bundesberggesetz **4** 101

Bundesinstitut für Bau-, Stadt- und Raumforschung **3** 66

Charta von Athen **1** 7

Deutsches Institut für Urbanistik (DI-FU) **3** 90

Dotcom-Blase **1** 10

Energiewende **1** 28

Entwicklungsgebot **4** 113 f.

„Ersatzfachplanung" **5** 123

ESPON **3** 92

Europäische Agenden
- EUREK **1** 30
- INTERREG **1** 32
- Leipzig-Charta **1** 34
- METREX **1** 33
- TAEU **1** 32
- Umweltschutz **1** 29 ff.
- Zehnjahresprogramme **1** 31

Europarecht
- SUP-Richtlinie **2** 60
- UVP-Richtlinie **2** 58
- Vogelschutzrichtlinie **2** 58

Fachplanung **1** 2

Finalnorm **1** 35 f.

Föderalismusreform **2** 61 f., **3** 64

Forschungseinrichtungen **3** 90 f.

Gebietstypen **5** 135 ff.
- Ausschlussgebiete **5** 151
- Eignungsgebiete **5** 146 ff.
- Eignungsgebiete für den Meeresbereich **5** 150
- Konzentrationsflächen **6** 243
- Vorbehaltsgebiete **5** 142 ff.
- Vorranggebiete **5** 136 ff.
- „weiße Flächen“ **5** 155

Gegenstromprinzip **1** 15
- Anpassungsgebot **6** 170
- Definition **6** 169 ff.
- Entwicklungsgebot **6** 175
- Gesamtraum und Teilräume **6** 172 f.
- „Sich-Einfügen“ **6** 174
- Verfahren **6** 177

GeROG 2008 **2** 62, **4** 97

Gesamtplanung, räumliche **6** 249

Gründerkrise **1** 11, **2** 43

Grundsatz der Konfliktbewältigung
- Feinsteuerung **1** 38 ff.
- Grobsteuerung **1** 38 ff.
- Inhalt **1** 37 ff.

Kommunale Planungshoheit **6** 235
- Erstplanungspflicht **6** 244 ff.
- Vorrang der Fachplanung **6** 233 ff. 236

Konditionalnorm **1** 35

Konzentrationszonen **5** 158, **6** 257, **8** 358

Kreuzbergurteil **2** 43

Landesentwicklungsprogramm
- Inhalte **4** 106
- Rechtsnatur **4** 105

Landesplanungsgesetze **4** 104 ff.

Le Corbusier **1** 7

Limes **2** 42

Metropolregionen **3** 71

Ministerium
- zuständiges **3** 65

Ministerkonferenz für Raumordnung (MRKO) **3** 70 f.

Monitoring **7** 306

Negativplanung **5** 156 ff.

Normerlassklage **8** 330

Optimierungsgebot **1** 36

Planerhaltung **4** 115

Planerhaltung, Grundsatz der
- Inhalt **6** 196 ff.
- Unbeachtlichkeit von Fehlern **6** 198
- Verfahrens- und Formverstöße **6** 197
- Verwerfungskompetenz **6** 199

Planung
- Arten **1** 1 ff.
- Definition **1** 1
- influenzierende **4** 119

Planungseuphorie **2** 56

Planungsgemeinschaften **3** 85, 88, 89

Planungspflicht **6** 247

Rahmengesetzgebung **3** 63 f., **4** 96

Raumordnung **1** 5
- Bindungswirkung **5** 121 ff.
- Bundesebene **4** 96
- Erfordernisse **5** 120
- Funktionen **1** 13
- Grundsätze **5** 125 f.
- Grundsätze-Pläne **4** 103
- Hochwasserschutz **4** 102
- Leitvorstellung **1** 6
- nachhaltige **1** 6
- Privatisierte Träger **3** 68
- Sonstige Erfordernisse **5** 128 f.
- Ziele **5** 121 ff. 138, 153, **6** 202

Raumordnungklauseln
- Bauleitplanung **6** 215 ff.

Raumordnungsgesetz **2** 55, **4** 93 f.

Raumordnungsklauseln **5** 124, 128, **6** 207
- Abfallbeseitigung **6** 227 ff.
- Abfallwirtschaftsplanung **6** 227 ff.
- Fernstraßengesetz **6** 220
- Immissionsschutz **6** 225 f.
- in Fachplanungsgesetzen **6** 214 ff.
- Landesstraßengesetze **6** 221 ff.
- Landschaftsplanung **6** 224
- Schulrecht **6** 231

Raumordnungsrecht
- Binnenrecht **8** 312 f.

Raumordnungsverfahren
- Anwendungsbereich **7** 272
- Entbehrlichkeit **7** 274
- Ergebnis **7** 275 f.
- Funktion **7** 269 f.
- Unterlagen **7** 273
- vereinfachtes **7** 280 f.
- Verfahren **7** 271
- Zuständigkeiten **7** 273

Raumplanung **1** 4 f.
- als „Ersatzfachplanung“ **6** 204
- nach der Wiedervereinigung **2** 57
- Nachkriegszeit **2** 50 ff.
- Verhältnis zur Fachplanung **6** 237

Raumstruktur
- Agglomerationen **2** 45, **5** 163 f.
- Ballungsräume **5** 161 ff.
- Ländliche Räume **5** 166
- strukturschwache Räume **5** 167
- Strukturverbesserung **5** 165
- Verdichtete Räume **5** 163 f.

Rechtsschutz **8** 310 ff.
- Begründetheit **8** 342 ff.
- Beteiligte **8** 314 ff.
- Bürger **8** 321
- gegen Verbindlicherklärung **8** 326
- Gemeinden **8** 318
- Inzidentkontrolle **8** 358 ff.
- Klage-/Antragsbefugnis **8** 332 ff.
- Materielle Abwägungsfehler **8** 350 ff.
- Rücksichtnahmegebot **8** 356
- statthafte Klagearten **8** 322
- Systemgerechtigkeit **8** 357

Regionale Planungsverbände
- Baden-Württemberg **3** 74
- Bayern **3** 75
- Sachsen **3** 87

Regionaler Flächennutzungsplan **4** 116

Regionaler Teilgebietsentwicklungsplan (LSA) **4** 118

Regionalplanung **4** 111 ff.

Regionalverband Ruhr **3** 84

Regiopolregionen **3** 72

Reichsstelle für Raumordnung **2** 49

Ressortforschungsinstitute **3** 90

Römerstraßen **2** 42

Rücksichtnahmegebot **1** 41

Sachlicher Teilflächennutzungsplan **4** 117

ScanMedCorridor **1** 24

Scoping **4** 110

Seeanlagengesetz **4** 101

Seerechtsübereinkommen (UNCLOS) **4** 98

Siedlungsverband Ruhrkohlenbezirk **2** 46

Speckgürtelphänomen **1** 8

Staatliche Kontrolle **7** 304 ff.
- Auskunftspflichten **7** 305
- Kommunalaufsicht **7** 308
- Unterrichtung des Landtags **7** 309

Stadt
- als Lebensraum **1** 9
- funktional gegliederte **1** 7

System der Zentralen Orte
- Geschichte **5** 131
- Kategorien **5** 133
- Kritik **5** 134
- Regelung **5** 130 ff.
- Spatial analysis **5** 132

Umweltbericht **4** 109 f.

Umweltprüfung **4** 109 f.

Umweltverträglichkeit **1** 16 ff.

Untersagung, raumordnungsrechtliche **6** 254, **7** 283
- befristete **7** 290 ff.
- Rechtsnatur **7** 296
- Rechtsschutz **8** 329
- teilweise **7** 295
- unbefristete **7** 284 ff.
- Zuständigkeit **7** 296

Verbindlicherklärung **4** 115

Verhinderungsplanung **5** 156 ff.

Vorbelastungen **5** 145

Wirtschaftsliberalismus **2** 43

Wohnsiedlungsgesetz 1933 **2** 47

Zielabweichungsverfahren **6** 213, 268

Zusammenarbeitsgebot **6** 186 ff.

Zweckverband Groß-Berlin **2** 45